Compartilhar em terapia

Seleções em Ramain-Thiers

Dados Internacionais de Catalogação na Publicação(CIP)
(Câmara Brasileira do Livro, SP, Brasil)

Compartilhar em terapia : seleções em Ramain-Thiers / Elaine Thiers
(organizadora) / comissão científica Leila Maggio Teixeira de Mello,
Maria Monteiro Drummond Poyares, Marilú Miranda e Almeida.
– São Paulo : Casa do Psicólogo, 1998.

Vários autores.
Bibliografia.
ISBN 85-7396-024-8

1. Método Ramain Thiers 2. Psicometria – Aspectos sociais 3.
Psicoterapia de grupo I. Thiers, Elaine. II. Mello, Leila Maggio Teixeira de.
III. Poyares, Maria Monteiro Drumond. IV. Almeida.

98-3197

CDD-152.3

Índice para catálogo sistemático:

1. Psicoterapia de grupo: Método Ramain-Thiers :
Sócio-psicomotricidade :Psicologia   152.3

Editor: Anna Elisa de Villemor Amaral Güntert

Editor-assistente: Ruth Kluska Rosa

Revisão: Ivete Batista

Capa: Emil Molde, *Crianças numa dança turbulenta*, 1909. Óleo sobre contraplacado,
73 x90,5 cm, Kiel, Keinsthalle.

Digitação: Edilene de Souza

Editoração: Tarlei E. de Oliveira

Elaine Thiers
(Organizadora)

Compartilhar em Terapia

Seleções em Ramain-Thiers

Comissão Científica
LEILA MAGGIO TEIXEIRA DE MELLO
MARIA MONTEIRO DRUMOND POYARES
MARILÚ MIRANDA E ALMEIDA

Autores
ANA LÚCIA MANDACARU LOBO • ANGELA MARIA DE ALBUQUERQUE DUARTE • ANGELA RENNER • BEATRIZ PINHEIRO MAZZOLINI • CYBELE AMADO DE OLIVEIRA • DAISY FLORIZA C. AMARAL • ELISABETE CERQUEIRA MANCEBO • ETHEL QUERINO BASTOS • FÁTIMA ALVES • FÁTIMA PRADO MAIA • GREGÓRIO BAREMBLITT • HELENICE SOARES • HELOISA R. MUNERATTI • HENRIQUETA FERREIRA BRUNORO • JUSSARA TEIXEIRA ORLANDO • KARINA CODEÇO BARONE • LUÍS CARLOS ALVARENGA VALIM • MARGOT DUARTE • MARIA DA GRAÇA VEIGA CONCEIÇÃO • MARIA GORETTI ESTIMA NUNES • MARIA LÚCIA GOMES • MARIA PAULA COSTA RAPHAEL • MARILENE VERÃO • SOLANGE THIERS • SONIA AROUCHA • SONIA GRUBITS • VIRGÍNIA CHAMUSCA

Casa do Psicólogo®

© 1998 Casa do Psicólogo Livraria e Editora Ltda.

Reservados todos os direitos de publicação em língua
portuguesa à Casa do Psicólogo Livraria e Editora Ltda.
Rua Alves Guimarães, 436 – Cep 05410-000 – São Paulo – SP
Fone: (011) 852-4633   Fax: (011) 3064-5392
E-mail: Casapsi@uol.com.br
http//www.casapsicologo.com.br

É proibida a reprodução total ou parcial desta publicação, para
qualquer finalidade, sem autorização prévia por escrito dos editores.

Impresso no Brasil / *Printed in Brazil*

A Solange Thiers,

Por sua condição pessoal criativo-integradora
e sua capacidade de doação ao mundo
científico, o eterno agradecer dos
Sociopsicomotricistas Ramain-Thiers.

O importante e bonito do mundo é isso:
Que as pessoas não estão sempre iguais,
ainda não foram terminadas mas que elas vão
sempre mudando. Afinam e desafinam.

(Guimarães Rosa, em *Grande Sertão: Veredas*)

Índice

Prefácio 11

Introdução 15

Capítulo I – REFLEXÕES

1. O Ser em Harmonia
   SOLANGE THIERS 23
2. Introdução às Terapias Intensivantes
   GREGÓRIO BAREMBLITT 31
3. Quem Pode Ser Terapeuta
   LUÍS CARLOS ALVARENGA VALIM 41
4. Trabalho Corporal Ramain-Thiers
   ELISABETE CERQUEIRA MANCEBO 45
5. A Abrangência do Processo Ramain-Thiers em Pernambuco
   SONIA AROUCHA 59
6. A Atuação do Psicólogo na Sociopsicomotricidade
   Ramain-Thiers: Relato da minha Experiência Clínica
   VIRGÍNIA CHAMUSCA 61

Capítulo II – PSICOTERAPIA RAMAIN-THIERS

1. Desenvolvimento e Transicionalidade – Aplicação do Método
   Ramain-Thiers, em pacientes com comprometimentos
   neurológicos graves
   ANA LÚCIA MANDACARU LOBO 67
2. Um Experimentar Mudar...
   ANGELA DUARTE 81
3. Sociopsicomotricidade Ramain-Thiers – Caso Clínico
   JUSSARA TEIXEIRA ORLANDO 85
4. Trabalho de Sensibilização – Uma Técnica Abrangente e Eficaz
   VIRGÍNIA CHAMUSCA 95
5. A Psicomotricidade nos Estados-Limite
   MARIA DA GRAÇA VEIGA CONCEIÇÃO 105

6. Simbiose e Mito Familiar
   MARILENE VERÃO 121
7. Da Elaboração do Luto à Possibilidade de Re-encontrar-se:
   a história de um adolescente com queixas escolares
   BEATRIZ PINHEIRO M. MAZZOLINI 149
8. Coragem e Afetos Livres – Um caso clínico Ramain-Thiers
   MARGOT DUARTE 181
9. A Reintegração Social de Jovens Infratores (PROMOSUL)
   SOLANGE THIERS e SONIA GRUBITS 187

Capítulo III – ABORDAGEM SOCIOTERAPÊUTICA

1. A Sociopsicomotricidade Ramain-Thiers na Empresa
   MARILENE VERÃO 207
2. Ramain-Thiers Empresa
   DAISY FLORIZA C. AMARAL e MARIA GORETTI ESTIMA ALVES
   NEIVA NUNES 229
3. Programa de Assistência Global
   ANA LÚCIA LOBO, BEATRIZ MAZZOLINI, HELOISA MUNERATTI,
   HENRIQUETA BRUNORO, KARINA CODEÇO BARONE
   e MARIA LÚCIA GOMES 235
4. A Sociopsicomotricidade Ramain-Thiers contribuindo na
   recuperação de adolescentes em dependência química
   ANGELA RENNER 251
5. A Sociopsicomotricidade Ramain-Thiers na Zona Rural –
   Relato de uma experiência
   CYBELE AMADO DE OLIVEIRA 261
6. Possibilitando a Estruturação Afetiva de uma Criança
   ETHEL QUERINO BASTOS 271
7. A Redescoberta do Afeto
   HELENICE SOARES 277
8. Caso Clínico
   FÁTIMA ALVES e MARIA PAULA COSTA RAPHAEL 285
9. Caso Clínico
   FÁTIMA PRADO MAIA 291

Capítulo IV – CONCLUSÃO

A Ciranda do Compartilhar
SOLANGE THIERS 303

Anexos 313

Prefácio

REGINA MORIZOT*

No final dos anos 60, foi introduzido no Brasil o Método Ramain, uma proposta pedagógico-terapêutica que nos chegava da França, através de sua principal mentora, Simonne Ramain. Nossos conhecimentos a respeito da psicomotricidade eram bastante precários naquela época. Entretanto, há quase vinte anos, as técnicas reeducativas vinculadas aos distúrbios psicomotores já eram utilizadas na França, valorizando a unidade do Ser e a vida psicoafetiva. Ramain surge no panorama da psicomotricidade no Brasil, constituindo um marco, com toda a sua singularidade, viabilizando uma formação pessoal e profissional à qual, até então, não tínhamos acesso.

Ao rastrear o percurso Ramain ... Thiers, algumas associações se presentificam, neste retrospecto, num quase retorno ao túnel do tempo, talvez porque considero o Ramain como a minha primeira formação em psicomotricidade, iniciada em 1971, no seu próprio berço, em Paris, e concluída quatro anos depois, já sob a Coordenação de Solange Thiers e Maria Angela Kallás. Durante alguns anos, trabalhei com grupos de crianças e adolescentes utilizando o método em questão. Seu valor terapêutico era inegável, porém interrogado como terapia, pois deixava entrever sua fragilidade relacionada à fundamentação teórica. Com o advento de novos modelos em psicomotricidade, a partir da década de 80, o psiquismo passou a ocupar um lugar privilegiado nessas abordagens, e o corpo alcançou seu *status* de corpo integrado – biológico, fantasmático e social, sintetizando o psicomotor.

---

* Psicomotricista, Psicanalista, Membro da SPAG-RJ (Sociedade Psicanalítica Gradiva), Diretora de Divulgação e Eventos da SPAG-RJ, Terapeuta de Grupo de Família, Sócia fundadora e Titular com Especialização da SBP (Sociedade Brasileira de Psicomotricidade).

Durante quase trinta anos, acompanhei o processo de transformação do Ramain, através de palestras e conferências de Solange Thiers, de nossa convivência e amizade, enquanto sócias-fundadoras e participantes da Sociedade Brasileira de Psicomotricidade. É através de pesquisas consistentes de profundo comprometimento com a verdade e alicerçada no seu desejo, que Thiers dá contornos próprios ao Ramain, no desenvolvimento de sua teoria, e reformula o método com uma leitura emocional, corporal e social. Neste percurso, Ramain ... Thiers, o advento do hífen, Ramain-Thiers, sociopsicomotricidade era só uma questão de tempo!

Compartilhar em Terapia é uma publicação científica, que resulta de uma coletânea de trabalhos de profissionais da sociopsicomotricidade Ramain-Thiers, organizada e selecionada de modo magistral por Elaine Thiers.

Os textos selecionados resumem de um modo extremamente coeso o pensamento da Escola Ramain-Thiers, representado por Núcleos de vários Estados do Brasil. Cada trabalho é apresentado de modo personalizado com a exposição de idéias e experiências pessoais de cada autor, mas no conjunto entram em perfeita consonância, no que concerne ao arcabouço teórico e à metodologia. Convenhamos que não é um lugar-comum em um livro escrito por vários autores esta sintonia que o diferencia de uma publicação de Anais de Congresso, com as divergências, contradições e polêmica peculiares deste gênero de publicação.

Reflexões é o título do primeiro capítulo, iniciado pela conferência O Ser em Harmonia. Neste texto de grande sensibilidade, sua autora, Solange Thiers, discorre sobre a ambivalência de sentimentos de amor e ódio tão presente nas crianças em suas relações parentais e enfatiza a construção da harmonia do ser, que é uma construção de amor. A seqüência é dada através da transcrição de outro extraordinário trabalho, apresentado por Dr. Gregório Baremblitt – *Terapias Intensivantes*, um pensamento crítico e reflexivo sobre o panorama do Poliverso Psi.

É através da valorização da dimensão do encontro humano, que se coloca em questão *Quem pode ser terapeuta?* São reforçadas a importância das características pessoais, vivência, formação pessoal consistente e técnica. Não basta apenas querer ser, mas é preciso poder ser terapeuta.

A técnica é apresentada através de um dos eixos da Sociopsicomotricidade Ramain-Thiers, que é o *Trabalho Corporal*. As propostas realizadas, a partir da leitura grupal, têm como objetivo, desde a liberação dos recalques e repressões, à integração mente – consciência corporal – afetos-social, propiciando também uma integração egóica. É utilizado amplo material com a adequação necessária aos momentos diferentes do desenvolvimento psicossexual, correspondentes à construção da maternagem, entrada do limite, movimento Edipiano e descoberta do eu social – busca da identidade. É bem interessante a maleabilidade das propostas – diretivas, não-diretivas ou semidiretivas – conectadas à leitura do momento grupal ou de um trabalho individual.

Os dois trabalhos subseqüentes encerram o primeiro capítulo, apresentando a abrangência do processo Ramain-Thiers, inserido no trabalho social com população de baixa renda, em escolas e empresas, numa postura ético-filosófica, na qual a construção de uma identidade não exclui o outro e o coletivo.

De um modo mais específico, a prática é relevada no capítulo destinado à *Psicoterapia Ramain-Thiers*. É com muita coragem e transparência que os sociopsicomotricistas se deixam ver, no relato detalhado de seus casos clínicos ou dos trabalhos em grupo. Fiéis à sua formação e à metodologia em questão, conseguem imprimir a sua própria marca nos casos apresentados: são trabalhos com crianças, adolescentes, adultos e famílias; atendimentos com pacientes portadores de danos neurológicos, sintomatologia psicossomática, dificuldades de aprendizagem e de relacionamento, e uma rica experiência de aplicação do método nos Estados-Limite. Note-se a beleza ímpar do projeto ligado a jovens infratores, visando a uma integração social e que encerra o capítulo em questão.

Existe um enriquecimento adicional pelo referencial conceitual de autores, que desliza de Freud e Melanie Klein para Winnicott, Mahler, Anzieu, Mannoni, Bion, Pichon Rivière e outros. Pela exigüidade de espaço destinado a um prefácio, abstenho-me de mencionar isoladamente cada artigo. Mas, indiscutivelmente, deparamos com apresentações de alto nível, profundas, compromissadas com o saber e o agir. São relatos que não conseguem simular a paixão dos terapeutas...

A temática do módulo final converge para a *Abordagem Socioterapêutica*. É constatada a eficácia em Empresas envolvidas em Programas de Qualidade e na área de Recursos Humanos e Treinamento de Pessoal, como recurso empresarial valioso. Um projeto de assistência global, desenvolvido em São Paulo, constitui uma bem sucedida experiência, visando possibilitar o atendimento de estudantes que apresentem dificuldades relativas à aprendizagem. A dependência química de um adolescente e uma experiência na zona rural com crianças constituem temas de profundo interesse.

A conferência de Solange Thiers, "A Ciranda do Compartilhar", valorizando as cirandas infantis, num movimento de compartilhar e com uma análise simbólica das cantigas do folclore brasileiro, vinculadas às fases de evolução psíquica da criança, encerra de modo brilhante esta publicação – *Compartilhar em Terapia – Seleções em Ramain-Thiers*.

Quase três décadas se passaram desde o surgimento da psicomotricidade entre nós, ainda que através de um pálido esboço, e continuam a ser extremamente escassas as publicações nacionais referentes ao tema em questão. Do ponto de vista de conteúdo, *Compartilhar em Terapia – Seleções em Ramain-Thiers* é uma contribuição científica de grande interesse para todos os profissionais implicados na área, independentemente de convicções doutrinárias, constituindo uma valiosa contribuição no panorama da psicomotricidade no Brasil.

Introdução

ELAINE THIERS

É com grande satisfação e orgulho que reuni e organizei trabalhos científicos de alguns profissionais Ramain-Thiers, apresentados no nosso I Encontro Regional, em outubro de 1995, no Rio de Janeiro, e no I Encontro Nacional/II Regional, em julho de 1996, no Rio de Janeiro, promovidos pela Sociedade Brasileira Ramain-Thiers.

Trata-se de um marco histórico pela possibilidade pioneira de mostrar, em uma mesma obra – *Compartilhar em Terapia* – as perspectivas de diferentes profissionais, socioterapeutas Thiers, onde cada qual apresenta, de forma singular, sua maneira de trabalhar, seja em consultórios, instituições, empresas e/ou trabalhos sociais.

O meu envolvimento com a *Sociopsicomotricidade Ramain-Thiers* vem de longa data. Sou filha de Solange Thiers e, desde 1968, ainda criança, acompanho a evolução do seu trabalho. Tive o privilégio de conviver, em minha casa, com Simonne Ramain, pessoa muito serena e suave, mas, ao mesmo tempo, firme e segura, que escolheu Solange Thiers para o desenvolvimento do Ramain no Brasil.

Em minha adolescência, fui submetida ao Ramain, naquela época, pedagógico, terapia pré-verbal, sem devolutiva.

Hoje, profissional Ramain-Thiers, constato a grande transformação pela fundamentação científica dada ao trabalho por Solange Thiers.

Para criar a metodologia designada *Sociopsicomotricidade Ramain-Thiers*, em 1992, Solange desenvolveu vários estudos teóricos, na área da Psicologia, Psicanálise e Psicomotricidade. Redigiu *Orientadores Terapêuticos Thiers: para Crianças – CR, para Adolescentes – AD e para Adultos – E*, editados pelo CESIR-Núcleo Ramain-Thiers Ltda.

Heitor Thiers, arquiteto, seu marido, meu pai, traduziu para o grafismo, através de desenhos, as criações de Solange nos Orientadores Terapêuticos Thiers.

Ramain-Thiers trabalha na transferência. O setting terapêutico é composto de três momentos interligados: a verbalização, a psicomotricidade diferenciada e o trabalho corporal. Desta forma, a transferência poderá ocorrer em cada um destes momentos. O tipo de material utilizado também causa diferentes tipos de transferências.

No trabalho corporal, por exemplo, a transferência pode ser trazida pelo tipo de proposta. No momento da verbalização, são trabalhadas todas as questões suscitadas, tanto na psicomotricidade diferenciada, como no trabalho corporal.

O sujeito, ao falar, vai associar os quadradinhos e outros materiais à sua história de vida, porque a vivência o remete a estas lembranças que surgem da transferência com o objeto.

Na *Sociopsicomotricidade Ramain-Thiers*, ocorrem, também, as transferências laterais, entre os membros do grupo, e a transferência central com a Sociopsicomotricista.

Como em toda grupoterapia, há, ainda, a transferência grupal para o terapeuta, que sempre centraliza a dinâmica.

O Sociopsicomotricista deve ter seus conteúdos emocionais trabalhados, para apropriar-se do Ser Terapeuta, lidando, de maneira produtiva, com as situações contratransferenciais.

O grupo terapêutico Ramain-Thiers estrutura-se como uma grande família, onde são reeditadas as diferentes situações de vida: ciúmes de irmãos, inveja da mãe, disputa e rivalidade, sendo o Complexo de Édipo o ponto que centraliza a dinâmica. O trabalho corporal, pela Psicomotricidade com leitura emocional de Thiers, facilita a reedição e a elaboração edipiana.

As devolutivas do Sociopsicomotricista, quando num trabalho terapêutico, se dão através das leituras horizontal, vertical e transversal. A leitura horizontal refere-se à leitura da fala de um membro do grupo, correspondendo ao desejo de comunicação do grupo.

A leitura vertical refere-se à fala de cada sujeito; é o trabalho terapêutico dos conteúdos emocionais de cada um, interligado pelas identificações.

A leitura transversal é a leitura dos fatos socioeconômico-políticos da atualidade que afetam as pessoas e o momento terapêutico grupal.

Há, também, a devolutiva que passa pelo agir. O terapeuta faz a leitura do momento e oferece a proposta que permitirá ao grupo revivenciar uma situação necessária ao seu crescimento.

Quando o Sociopsicomotricista está trabalhando numa empresa, serão feitas apenas as leituras horizontal e a transversal. Não seria ético e pertinente trabalharmos as questões pessoais de cada sujeito, dentro da empresa em que ele trabalha.

Utilizamos os conceitos freudianos das fases do desenvolvimento psicossexual, correspondentes ao desenvolvimento psicomotor.

Procuramos identificar, no grupo, quais as características da fase do desenvolvimento psicossexual em que o mesmo se encontra: oral, anal, fálico ou genital. A partir desta constatação, escolheremos as propostas nos Orientadores Terapêuticos Thiers.

As propostas são classificadas de acordo com as referidas fases, e as tônicas das propostas corporais utilizadas serão escolhidas a partir da constatação do momento emocional do grupo, com referência às fases do desenvolvimento psicossexual freudiano.

Um grupo terapêutico, quando se apresenta no momento oral, coloca-se de uma forma bastante dependente do terapeuta, o que, transferencialmente, é explicado pela dependência materna. Apresenta uma grande voracidade, seja na oralidade excessiva do comer compulsivo, seja no querer realizar as propostas muito rápido, na ânsia de receber outras propostas a serem devoradas.

Cada qual, dentro do grupo, fica muito voltado para si mesmo e não aceita a participação do outro, havendo uma criatividade pobre, narcísica. Este momento terapêutico é, atualmente, denominado por Solange Thiers de Reconstrução da Maternagem, pois, quando o grupo se apresenta desta forma, o terapeuta, transferencialmente, irá reconstruir com o sujeito as suas relações maternas mal resolvidas.

Um grupo terapêutico, quando se apresenta no momento anal, vive a agressividade. Segundo a teoria psicanalítica freudiana, neste estágio, a criança obtém prazer com a expulsão ou retenção de suas fezes, e estas passarão a ser vivenciadas como conteúdos internos que a criança exterioriza, com enorme importância para ela e para os seus pais, e ela pode utilizar o sadismo em suas relações parentais, através do controle desta sua primeira produção.

Em Ramain-Thiers, atualmente, este momento é denominado de A Entrada do Limite, pois é o momento terapêutico em que o Sociopsicomotricista deve colocar os limites para o sujeito, uma vez que ele já vivencia experiências de limite a nível anal, entre o que está interno a si e o que é externo, ao eliminar suas fezes. São oferecidas propostas corporais de autoridade, ritmo e toque corporal.

No momento terapêutico denominado fálico, surge uma oposição ao Sociopsicomotricista, havendo uma disputa pelo seu lugar. Segundo Freud, nesta fase, os órgãos genitais passam a concentrar a energia pulsional, há a curiosidade sexual infantil e a descoberta da diferença sexual entre meninos e meninas. A criança pode sentir-se excluída da relação com o progenitor do sexo oposto. Ao perceber as diferenças sexuais, vivencia a angústia de castração: o menino vive a angústia de perder algo que ele possui, e a menina busca o complemento para algo que ela não possui. O menino, ao viver a angústia de castração, iniciará um movimento de saída edípica; já a menina iniciará um movimento de entrada no Édipo.

Desta forma, transferencialmente, percebemos que o sujeito, sua criança interna, vive uma disputa com o progenitor do sexo oposto, e que, no processo terapêutico, ele vivenciará esta disputa de querer o lugar do terapeuta e de outros membros do grupo. Ocorrem, também, as situações de traição dentro do grupo, da mesma forma que situações de traição na tríade Edípica (pai-mãe-criança).

Atualmente, em Ramain-Thiers, este momento é denominado de O Movimento Edipiano, no qual utilizamos propostas corporais de situações tríades, exclusão e disputa.

No momento terapêutico, denominado de genital, percebemos, no grupo, um maior amadurecimento na fala das pessoas, maior cooperação e respeito aos outros, tendo como resultado uma produção criativa de boa qualidade.

Na visão freudiana, o Édipo é a história do primeiro amor infantil, e esta história se repete durante a vida do sujeito, pois falar do Complexo de Édipo, não implica superá-lo. O Complexo de Édipo adquire características universais.

No momento denominado em Ramain-Thiers de A Descoberta do Eu Social, o sujeito busca a sua própria identidade, interagindo melhor em grandes grupos, saindo da tríade familiar, para descobrir a sua potencialidade no mundo.

É, nesse contexto, que trazemos a público o nosso novo livro *Compartilhar em Terapia*, em quatro capítulos, onde 27 (vinte e sete) terapeutas Thiers, de todo o Brasil, relatam as suas experiências, calcadas em um dos Orientadores Terapêuticos Thiers, por eles utilizados, de acordo com a faixa etária de seus clientes.

O Capítulo I – Reflexões – apresenta, além de uma conferência de Solange Thiers sobre O Ser em Harmonia, tema do I Encontro Regional Ramain-Thiers, o Dr. Gregório Baremblitt, sócio de honra da Sociedade Brasileira Ramain-Thiers, com Introdução às Terapias Intensivantes, sobre Quem pode ser terapeuta?, de Luís Carlos Alvarenga Valim; Trabalho Corporal Ramain-Thiers, de Elisabete Cerqueira Mancebo; A Abrangência do Processo Ramain-Thiers em Pernambuco, na visão de Sonia Aroucha, e, finalmente, O relato de uma experiência clínica, como psicóloga, atuando com Ramain-Thiers, de Virgínia Chamusca.

No Capítulo II – Psicoterapia Ramain-Thiers – Ana Lucia Mandacaru Lobo explana sua experiência, atendendo pacientes com comprometimentos neurológicos graves; Angela Duarte apresenta um trabalho Ramain-Thiers, realizado numa Instituição da área de saúde da Rede Municipal do Rio de Janeiro; Jussara Teixeira Orlando traz sua prática clínica num atendimento de um adulto do sexo masculino; Virgínia Chamusca mostra a possibilidade de trabalhos de sensibilização com professores e com a família; Maria da Graça Veiga Conceição apresenta A Psicomotricidade nos Estados-Limite, ilustrando com o atendimento de uma criança de 6 anos; Marilene Verão trará sua contribuição clínica tratando da Simbiose e Mito Familiar de um adulto do sexo feminino; Beatriz Pinheiro M. Mazzolini apresenta um adolescente com queixas escolares, buscando reencontrar-se; Margot Duarte contribui com seu trabalho Coragem e Afetos Livres e, finalizando, Solange Thiers e Sonia Grubits apresentam um trabalho clínico realizado na PROMOSUL com jovens infratores.

O Capítulo III se voltará para a Abordagem Socioterapêutica. Marilene Verão traz sua contribuição, aplicando a sociopsicomotricidade na empresa; Dayse Floriza C. Amaral e Maria Goretti Estima N. Neves também trazem sua visão empresarial do trabalho com Ramain-Thiers.

Da cidade de São Paulo, Ana Lúcia Lobo, Beatriz Mazzolini, Heloisa Muneratti, Henriqueta Brunoro, Karina Codeço Barone e Maria Lúcia Gomes apresentam o Programa de Assistência Global. Angela Renner enfoca a Recuperação de um adolescente com dependência química; Cybele Amado de Oliveira relata sua experiência no atendimento de um grupo de crianças da Zona Rural; Ethel Querino Bastos enfoca a possibilidade de Reestruturação Afetiva de uma criança de 5 anos; Helenice Soares, também, trará sua contribuição no atendimento de uma criança de 5 anos e 6 meses; Fátima Alves e Maria

Paula Costa Raphael apresentam um atendimento de um grupo de adolescentes e, finalizando, Fátima Prado Maia trará sua experiência no atendimento de uma adolescente de 18 anos.

O Capítulo IV – Conclusão – apresenta a conferência de encerramento do I Encontro Nacional Ramain-Thiers, proferida por Solange Thiers, cujo tema foi A Ciranda do Compartilhar.

Este nosso livro *Compartilhar em Terapia* é, portanto, o resultado de um momento de Descoberta do Eu Social, em que cada autor, de forma amadurecida, cooperou, confiou, produzindo um trabalho individual que, integrado aos demais, pôde gerar esta produção original da qual pude ser continente e organizadora.

Agradeço à Comissão Científica, aos amigos Sociopsicomotricistas Thiers e, em especial, ao Dr. Gregório Baremblitt, sócio de honra de nossa sociedade!

Capítulo I

REFLEXÕES

1. O Ser em Harmonia
   SOLANGE THIERS
2. Introdução às Terapias Intensivantes
   GREGÓRIO BAREMBLITT
3. Quem pode ser Terapeuta?
   LUÍS CARLOS ALVARENGA VALIM
4. Trabalho Corporal Ramain-Thiers
   ELISABETE CERQUEIRA MANCEBO
5. A Abrangência do Processo Ramain-Thiers em
   Pernambuco
   SONIA AROUCHA
6. A Atuação do Psicólogo na Sociopsicomotricidade
   Ramain-Thiers: Relato da minha Experiência Clínica
   VIRGÍNIA CHAMUSCA

1

O Ser em Harmonia

CONFERÊNCIA DE ENCERRAMENTO DO I ENCONTRO REGIONAL RAMAIN-THIERS DO RIO DE JANEIRO

SOLANGE THIERS*

Harmonia pode trazer à mente de cada um imagens de formas diferentes, que se completam na beleza de uma tela ou na sonoridade de acordes fortes e fracos que compõem uma sinfonia.

No ser humano, a condição de harmonia está no Amor, e o seu segredo está na predisposição interna de cada um, na capacidade de superar ressentimentos, aceitar perdas, viver a realidade.

A capacidade amorosa com que o ser se relaciona consigo, com o outro, partilhando de tristezas e alegrias pressupõe a mobilidade da libido como facilitadora da circulação da afetividade, como dinamizadora de um corpo, que pode sentir que é vivo pela sua interpelação com o pensar, com o agir.

E, falando de corpo, cito Thérèze de Bertherat, que nos diz de forma muito peculiar.

> *Esteja você onde estiver, há uma casa com o seu nome. Você é o único proprietário, mas há tempo perdeu as chaves. E por isso, fica de fora, só vendo a fachada, não chega a morar nela.*

---

* Psicanalista, Psicóloga, Fonoaudióloga, Psicomotricista, Pedagoga, Diretora do CESIR, Presidente da SBRT, criadora da Metodologia Ramain-Thiers, Presidente do I Encontro Regional Ramain-Thiers.

Essa casa, teto que abriga suas mais recônditas e reprimidas lembranças, é o seu corpo.[1]

Este corpo biológico, fantasmático, psicanalítico, que é o corpo de cada um, recebeu impregnações e marcas que tanto podem ser de violência e abandono, como a carícia, e a ternura. É assim que cada Ser se torna uma singularidade.

O corpo não pode ser concebido apenas como a massa, a forma, um receptáculo do mundo externo, mas sim como um conjunto de conteúdos sensíveis, que pulsa, que tem vida.

E, no interior deste corpo, existe a essência de um Ser que, ao longo da sua estrada de vida, ao longo da própria evolução da espécie humana, perdeu a capacidade de amar porque aprendeu a reprimir emoções arcaicas, que geraram o abandono das sensações corporais de um passado que se devia fazer presente. Este corpo órfão vive a lamentar, no nível consciente, a ruptura, a separação, a perda da capacidade de relação, a falta do sentir na ação.

Acompanhemos a história desde a Idade da Pedra: o homem externalizava seus impulsos para conquistar a sobrevivência, pouco a pouco, o homem foi reprimindo suas sensações para adaptar-se à sociedade e, neste movimento, precisou modificar também o seu corpo, o seu sentir, utilizando mecanismos de defesa para superar a desarmonia e reconquistar uma suposta harmonia. A desarmonia surge quando a necessidade deixa de ser atendida. Neste longo processo de transformação pessoal-social, as emoções primárias deixaram de ter tanta importância, e o indivíduo abandonou a busca de um estado de felicidade, do real prazer de viver, para sentir prazer no destruir.

Na atualidade, há tanta desarmonia no mundo que o ser humano, perdido em si mesmo está se autodestruindo e destruindo a natureza. O desequilíbrio ecológico é uma realidade, e isto traz de retorno ao homem a grande ameaça do aumento do buraco da camada de ozônio e o aparecimento de vírus mortais, como o HIV e o Ebola. Associo livremente o buraco na camada de ozônio com o espelhamento do vazio interno do homem, que, preso ao seu narcisismo primário, se sente incapaz de perceber o outro, de discriminar valores morais e sociais e participa da vida em sociedade, como um parasita. Tudo isto abre um

---

1. BERTHERAT, T. *O correio do corpo.* São Paulo: Martins Fontes, 1981.

espaço, cada vez maior, para a violação de direitos humanos, de desrespeito à vida.

Há mundialmente a intensificação da pulsão de morte, nas diferentes sociedades, comunidades, famílias.

A solução para a pulsão de morte é intensificar as pulsões libidinais que resgatam o Amor.

Fazendo uma leitura dialética entre Amor e Harmonia, cito uma passagem da mitologia grega: Harmonia era filha de Afrodite, a deusa do Amor, e Ares:

– Quando Harmonia se tornou jovem, em condições de casar, Zeus, o deus supremo do Olimpo, decidiu casá-la com Cadmo e exigiu que ele fundasse uma cidade. Como Cadmo estava apaixonado por Harmonia, ele funda a cidade e a designa Tebas. O Casamento dos dois realizou-se com a presença dos deuses do Olimpo.

Que coincidência: Harmonia, filha da deusa do Amor, e Tebas, cenário do trágico e amoroso mito de Édipo Rei, de Sófocles.

A harmonia só faz sentido em contraste ao seu oposto: a desarmonia. Na natureza, as folhas caem no outono, porque houve um período de florescer na primavera.

Léo Buscaglia nos diz:

As folhas começam a dançar na primavera, a se esquentar indolentemente ao sol do verão, a se lavar na chuva fresca.

... Só que no outono, apesar do arco-íris de cores das folhas vermelhas, douradas, verdes, amarelas, pelas diferentes experiências na relação com o sol, a brisa do passado que as fazia brincar, agora começava a empurrar, puxar suas hastes, quase como se estivesse zangada, arrancando folhas estremecidas que bailavam no ar, antes de morrer no chão.[2]

Assim, também, um mito contém em si opostos que se completam simetricamente.

E, fazendo uma releitura do lendário mito edípico, encontramos, concomitantemente, amor e ódio presentes.

A violência de Laio contra o filho Édipo; o filicídio de Jocasta abandonando o próprio filho, a crueldade de amarrar Édipo a uma

---

2. BUSCAGLIA. *A história de uma folha.* Rio de Janeiro: Record, 1982.

árvore pelos pés, para ser devorado pelas aves. Em oposição, o amor do pastor que o salvou, a acolhida amorosa dos reis de Corinto que o criaram como filho, ignorando suas origens.

Na lendária tragédia amorosa, a profecia do oráculo se cumpriu e Édipo, anos mais tarde, assassina o pai Laio, apaixona-se por Jocasta, sua mãe, e o incesto se consuma.

O mito edípico serviu de inspiração a Freud, para descrever o movimento mais importante do amadurecimento humano.

O movimento edipiano é um estágio de desarmonia, de confusão afetiva e desejo incestuoso. Já na adolescência, por deslocamento, o indivíduo procura um outro parceiro que não a figura parental, para realizar-se sexualmente. A realização sexual é um estado de harmonia. A vida, porém, é construída através de momentos de harmonia e de desarmonia.

O estado de harmonia começa no útero materno, em um aconchego que se rompe com o trauma do nascimento, que é o primeiro momento de desarmonia e onde o bebê vive o primeiro grande medo de aniquilamento: o medo da morte.

O bebê reinstala a harmonia, quando se sente parte da mãe em uma relação fusional, o que lhe traz sensações de plenitude oceânica. Ela só é perturbada pelas suas fantasias alucinatórias: medo de destruir e ser destruído.

Os sentimentos de amor e ódio são vividos intensamente pela criança, e é pela possibilidade de internalização do amor que as perseguições internas diminuem.

Parece que a violência dos homens nas sociedades atuais começa lá, na relação arcaica, na incapacidade de introjetar amor. É a partir da mãe, que sacia a fome e afaga, é através do contato de pele, toque, carícia, que a mãe inscreve no corpo do filho uma canção de amor, e a criança vai descobrindo novas sensações, sentimentos que funcionam como ingredientes do amor.

Os sentimentos contrastantes se integram pela presença e afeto materno, desenvolvendo a criança para a vida.

A entrada da função paterna, através da noção de autoridade-limite, é outro marco fundamental. Assim como o pastor de Corinto separou Édipo daquela árvore que o amaldiçoava à morte, a função paterna impede a criança de permanecer alheia ao mundo. Só assim se separa psiquicamente da mãe.

A descoberta de que há outro, diferente de si, faz surgir um sentimento de desamparo e insegurança, que vai acompanhar o homem por toda uma vida, gerando a necessidade de buscar amor, como condição de felicidade, harmonia. É o desejo que nunca mais se completará, é a ferida narcísica, espaço de desejo que não terá mais completude.

O amor parental é que ampara a criança no seu crescimento, na introjeção da confiança interna, na introjeção do sentimento de gratidão, que hoje está deixando de existir nas relações humanas. Pouco a pouco, lidando com o bom, lidando com o mau, sendo compreendida em suas faltas, sendo amada como é, surge na criança a capacidade de, no futuro, efetivar trocas maduras, quando adulta, podendo dar e receber. Entretanto, o amor não é algo fantasioso ou nirvânico. Ele precisa de cuidados a cada dia, como as plantas, para sobreviver. Os fios que tecem o entrelaçamento do Amor passam pelo ódio, pela culpa, pela capacidade de reparação, pela identificação.

O Ser humano convive com ódio em relação às pessoas que ama e se sente muito culpado por isto. Sente-se inferior, mas, na verdade, o sentimento de inferioridade tem origem em outro medo, que é o de não dominar os seus impulsos agressivos e acabar por não ser amado.

A capacidade de amar está também na aceitação do bom e mau, do agressivo, amoroso. É só na descoberta do amor, na integração do bom x mau, que se pode na vida ser autêntico, mais feliz, estar em harmonia.

Aqueles que, na infância, puderam experienciar de forma saudável seus conflitos entre impulsos agressivos e sentimentos amorosos, que puderam viver questões de ciúme entre irmãos, nas relações parentais e que puderam resolver melhor suas rivalidades, é que, como adultos conseguem ser produtivos. A rivalidade, a competição, a luta pelo poder cedem espaço à admiração, ao respeito mútuo, ao desejo de partilhar, embora não exista nenhuma atividade produtiva que não carregue no seu bojo algum tipo, alguma forma de agressividade elaborada.

Outro ingrediente no tempero do Amor é a capacidade de reparação e também a identificação.

A identificação é o elemento mais importante nos relacionamentos humanos e também a manifestação mais sensível de expressão de amor. A identificação passa por uma via muito própria do sentir, porque uma pessoa só se identifica com outra, quando pode aceitar em primeiro plano as emoções do outro que, de alguma forma, mobilizaram sentimentos comuns do mundo interno de cada um e, em uníssono, compartilhar com o outro.

A capacidade de internalização do amor recria no indivíduo o pai bom, a mãe boa, recria a bondade dos pais para com o outro, podendo, neste momento, lidar melhor com as suas frustrações de um passado.

É pela importância do renascimento do Amor, neste momento social de violência, que nós buscamos neste I Encontro Regional Ramain-Thiers a temática "O Ser em Harmonia – Possibilidades Terapêuticas".

Aqui estivemos reunidos debatendo, partilhando, atualizando nossa condição profissional de estar com o outro, em possibilidades terapêuticas, em ser produtivo em nossa sociedade doente, em reencontrar a harmonia, permitindo que o outro a encontre também.

Deixei para falar no final da capacidade de reparação. A reparação é, em si própria, a condição de lidar melhor com seus impulsos destrutivos, de aceitar que saiu da bolha narcísica, que na vida não se é perfeito, e que a reparação surge após uma dinâmica interna intensa que passa pela raiva, pela culpa e exige maior flexibilidade superegóica, para não paralisar no sentimento ou no remorso e agir no sentido de restaurar a relação danificada.

Assim como os artistas plásticos restauram obras danificadas, os terapeutas podem reparar as relações parentais. E nós, em Ramain-Thiers, como foi apresentado neste Encontro, promovemos a capacidade de reparação, em um *setting* próprio.

A confiança se restabelece em si e no outro, dentro do grupo terapêutico Ramain-Thiers, com uma forma muito própria. É uma grande família e, através de cores, dos papéis, lápis, durex, cada um revivencia, amparado pelo grupo e pelo terapeuta, as suas atualizações parentais, onde os temperos do Amor aparecem na raiva, na culpa, na reparação, na identificação.

A reparação é um dos seus pilares em Ramain-Thiers, é um dos seus aspectos mais importantes. Reparar em Ramain-Thiers é lidar com seu erro e o erro do outro.

Na relação corporal, restabelece pela experiência a bondade, no equilíbrio entre dar e receber afeto.

É por isto, talvez, que, entre tantas outras vertentes de trabalho sociopsicoterapêutico, Ramain-Thiers ganha espaço maior na realidade brasileira com crianças, adolescentes e adultos, jovens infratores e menores carentes, porque, na sua essência, promove em cada um a redescoberta do estado de Harmonia que é a convivência amorosa com as adversidades da vida, com seu mundo interior.

A construção da harmonia do Ser é uma construção de amor, feita com amor, por aqueles que na vida se dispuseram a despertar a pulsão de vida: os terapeutas.

Coube a nós, terapeutas de final de milênio, a tarefa de estarmos íntegros com o nosso sentir, para amenizar o sofrimento humano, favorecendo que, pouco a pouco, cada um encontre as chaves da sua casa interna, se aproprie de seu psiquismo, de suas sensações corporais.

As possibilidades terapêuticas são facilitadores, para que cada um ilumine cada cômodo escuro de sua casa, com as luzes de lembranças, que um dia foram proibidas e que poderão ser acolhidas em harmonia, porque são partes constitutivas de uma vida.

E, para finalizar, deixo a frase de Klein (1960) como referência conclusiva do Ser em Harmonia.

Se no mais fundo do inconsciente conseguimos superar os ressentimentos contra nossos pais e perdoar-lhes as frustrações que tivemos de sofrer, poderemos então viver em Paz conosco mesmo e amar ao outro no verdadeiro sentido da palavra.[3]

BIBLIOGRAFIA

BERTHERAT, T. *O correio do corpo*. São Paulo: Martins Fontes, 1981.

BRIGANTI, C. *Corpo virtual – Reflexões sobre a clínica psicoterápica*. São Paulo: Summus, 1987.

BUSCAGLIA. *A história de uma folha*. Rio de Janeiro: Record, 1982.

CALASSO, R. *As núpcias de Cadmo e Harmonia*. São Paulo: Cia. Das Letras, 1990.

KANCYPER, L. *Ressentimento e remorso – Estudo psicanalítico*. São Paulo: Casa do Psicólogo, 1994.

KLEIN, M. & RIVIERE. *Amor, ódio e reparação*. Rio de Janeiro: Imago, 1975.

KLEIN, M. *O sentimento de solidão*. Rio de Janeiro: Imago, 1975.

THIERS, S. & cols. *Sociopsicomotricidade Ramain-Thiers – Uma leitura emocional, corporal e social*. São Paulo: Casa do Psicólogo, 2.ª ed., 1998.

---

3. KANCYPER, L. *Ressentimento e remorso – Estudo psicanalítico*. São Paulo: Casa do Psicólogo, 1994.

2

Introdução às Terapias Intensivantes

GREGÓRIO F. BAREMBLITT*
(Trad. Rosângela Bicalho Teixeira Rezende)

Nos últimos trinta ou quarenta anos, o panorama do que chamei Poliverso Psi mostrou uma proliferação surpreendente. Denomino Poliverso Psi a um conjunto de limites externos difusos e de composição interna heteromorfa, heterogênea, heterológica e até heteroclítica, cujos meios e fins apresentam desiguais características.

O sociólogo R. Castel, em seu excelente livro *A gestão dos riscos*, historiando este Poliverso (embora ele não o defina assim), explica que seu panorama atual se deve, não só à progressão, como também à coexistência contemporânea de uma série de doutrinas e de recursos que se sucederam com o objetivo de produzir e gerenciar uma subjetividade funcional no período da Modernidade e Pós-Modernidade.

Ao surgimento da Psiquiatria clássica (em suas versões Positivista e Fenomenológica) somou-se a contribuição de diversas Psicologias (fundantes de vários sistemas psicoterapêuticos), que culmina com o surgimento da Psicanálise. Entretanto, posteriormente, acrescentam-se as terapias pós-psicanalíticas, e este desenvolvimento culmina com as orientações paraterapêuticas, cujo exemplo principal são Movimentos, como os de Potencial Humano, Psicologia Transpessoal, Humanística, Holística etc.

---

* Médico Psiquiatra e Esquizoanalista. Atualmente, alterna suas tarefas entre diversos países da Europa e América Latina. É membro fundador e Coordenador Geral do Instituto Félix Guattari de Belo Horizonte, Fundador do Grupo Psicanalítico Plataforma.

No citado panorama atual, a peculiaridade difusa dos limites externos do Poliverso Psi (PP) acentua a interpenetração dos recursos do mesmo com outras disciplinas (Sociologia, Antropologia, Semiótica, Pedagogia, Teoria da Comunicação, dos Sistemas etc.), como expressão das tendências à Poliintertransdisciplinaridade, mas também com noções e procedimentos empíricos, místicos e populares, em complexa combinação.

Como uma das conseqüências da ênfase desta interpenetração, os dois pilares, nos quais se baseava o PP tradicional, o Profissionalismo e a Especificidade, estão sofrendo profundas transformações, frente às quais é preciso situar-se criticamente.

As tradicionais finalidades Preventivas, Terapêuticas e Reabilitantes dos sistemas do PP vão dando lugar a objetivos menos precisos, nos quais se põe de manifesto, o que, em realidade, foi sempre a meta latente de todos esses recursos: a produção, reprodução ou adequação (passiva e ativa) das subjetividades à estrutura dominante das estruturas sociais em vigência.

Esta proliferação gerou conhecimentos e instrumentos de intervenção, cuja avaliação é complexa e interminável, mas que se torna imperiosa para quem desejar um PP, prevalentemente produtivo, a serviço dos valores mais propícios para a Saúde e a Vida das populações.

Nesse sentido, preconizo uma atitude que denominei, parafraseando o filósofo Gilles Deleuze, um ECLETISMO SUPERIOR, que tome o maior número possível dessas propostas, a fim de extrair, sem o menor compromisso ortodoxo com a coerência sistemática do conjunto, cada uma das reais contribuições que a citada massa de achados contém potencialmente, para configurar o arsenal e o perfil de um trabalhador contemporâneo polivalente da Saúde Mental.

Do exame limitado (considerando que hoje existem mais de mil sistemas de compreensão e de intervenção neste terreno), que me foi dado efetuar, cheguei a uma conclusão provisória, que tratarei de enunciar sinteticamente.

O mencionado filósofo G. Deleuze, concomitantemente com seu colaborador F. Guattari, baseando-se (entre outras) em idéias de Spinoza, Nietzsche e Bergson, elaborou uma ampla Ontologia que os leva a postular o seguinte: As realidades que conhecemos, classificadas em especificidades, tais como Natureza, Sociedade, Sistemas de Sinais e Signos, Subjetividade, Máquinas tecnológicas etc., nada são senão materialidades e energias dinâmicas especificadas no tempo e no espaço convencionais, em função de parâmetros de qualidade e quantidade. Esse mundo é regido por certa regularidade e uma ordem que funcionam de acordo com leis.

A perspectiva que se tem de interligar e de controlar as causas e os efeitos a esse nível, que está dada pela soma do conhecimento e das capacidades instrumentais próprias da Modernidade, não é nada desprezível, mas está circunscrita ao limite de uma maneira de entender o Real e o Possível.

Estes autores entendem que há outro nível da Realidade: o Virtual, composto de matérias não formadas e de energias não vetorizadas como força, que não é pensável, previsível, classificável nem controlável, porque nele não rege segundo causalidade legal, nem a ordem constituída. Esse Virtual ainda não tem existência, mas seu potencial é ATUALIZÁVEL e integra A REALIDADE, muito mais além do possível. A dimensão, na qual os elementos que compõem essa virtualidade transcorrem, é a de Intensidade, e os mesmos consistem em puras diferenças ou singularidades intensivas, ainda fora do tempo e do espaço convencionais. Tais singularidades-multiplicidades-intensivas ou diferenças puras foram conceituadas de diversas maneiras, segundo os diferentes momentos da obra de Deleuze e Guattari.

Ao meu entender, é possível estabelecer uma certa genealogia destes elementos PRÉ. Segundo uma complexa seqüência, que não seria possível explicitar e precisar aqui, podem ser entendidos como vibrações, modos e atributos da Substância, Vontades de Potência, Dobras, Máquinas Desejantes, Quantus, Micro e outras denominações.

A atualização do virtual e outras operações pelas quais esses elementos (imperceptíveis, indizíveis, imprevisíveis, impensáveis) são os processos mediante os quais se gera tudo o que é radicalmente novo, e sua produção, que atravessa ocasionalmente os territórios e estratos do real convencional, podem ser denominadas individuação ou expressão de entidades reais com certo grau de potência; correspondem à INVENÇÃO (sempre insólita) e não aos objetos ou sujeitos, conceitos ou referentes, mais ou menos repetitivos, habituais ou consagrados.

Como é de se supor, devido ao fato de que não existe uma prescriptiva para a Invenção, o paradigma da práxis assim inspirada (deflagradora de tais Individuações) corresponde muito mais a um paradigma Ético-Estético que a qualquer outro científico-acadêmico, administrativo-burocrático-tecnológico etc.

Nos grandes sistemas naturais-sócio-técnico-subjetivos, a mesma territorialização e estratificação das especificidades instituídas, organizadas e estabelecidas. Compõe um grande equipamento repressivo constituído pelo que denomino O Horizonte do Possível (HP). Este macroartefato está composto de inumeráveis e heterogêneos mecanismos que têm por finalidade provocar, identificar, localizar extensivamente, temporalizar cronologicamente e aproveitar singularidades intensivas. Esta seleção se efetua na medida em que o HP pode incorporá-las ao universo produtivo-reprodutivo-antiprodutivo-consumidor do mercado e da pirâmide hierárquica capitalista. Quando o HP é incapaz de efetuar este processo de orientação das atualizações, vê-se obrigado a controlar, segregar, punir ou destruir as singularidades de que se trata. O que chamamos infelicidade em geral (doença em particular) nada mais é que o corte precoce, a aceleração ao infinito ou a eliminação do processo de autogeração das virtualidades. O que está reprimido, deformado ou hiperadaptado é A INVENÇÃO. Invenção da realidade, da vida, das relações humanas e não humanas, das subjetividades etc., cujo surgimento libertário seria indomável e conduziria a uma metamorfose revolucionária de todo tipo de estruturas mais ou menos repetitivas que garantem a Ordem Constituída. A mesma se caracteriza pela prevalência de suas peculiaridades históricas de exploração, dominação e mistificação.

De acordo com o até aqui exposto, compreender-se-á que a proposta e a denominação Terapias INTENSIVANTES são nominalmente (e esperamos que não realmente) contraditórias. Por uma parte, trata-se de conhecer, escolher e combinar, entre os recursos teóricos, metodológicos e técnicos que compõem o PP e também entre outros, os que possam compor uma parafernália, sempre única e irrepetível, que permita propiciar a emergência das virtualidades intensivas capazes de reinventar situações, subjetividades, critérios etc.; por outro lado, a noção de Terapias é apenas uma concessão terminológica feita a um tipo restrito de práticas, cuja especificidade e profissionalismo é justamente o que não deve ser recuperado.

Não se trata de que as correntes que compõem o PP não tenham produzido recursos intensivos de natureza diversa. Efetivamente, um dos propósitos principais do ECLETISMO SUPERIOR que postulo é o de tentar o levantamento de um inventário o mais amplo possível de tais contribuições, dentro e fora do âmbito do PP. Não obstante, tal inventário deverá ser elaborado e empregado com absoluta prescindência de qualquer compromisso com a sistematização doutrinária e ética, ou, como diria M. Foucault, com o saber e o poder dos respectivos corpos de origem.

Do que se trata fundamentalmente é de inspirar o que poderíamos chamar, com conceitos já perimidos, uma Fé no Virtual, uma consciência da necessidade indubitável da invenção como exigência para a solução das infelicidades e sofrimentos, uma convicção e uma confiança em que tais capacidades são potencialmente presentes em todos e em cada um. É claro também que se trata de fortalecer as disposições para correr os riscos que a invenção supõe, posto que se levantar contra o Horizonte do Possível não está isento de perigos.

Se recordarmos a diferenciação fenomenológica que autores como E. Pichon Rivièré e J. Bleger, entre outros, fazem do que denominam áreas de expressão fenomênica da conduta, sintetizaremos que as dividem em área 1, 2 e 3. Em outras palavras, Área da Mente, Área do Corpo e Área Social.

Esta nomenclatura, por mais que seja limitada e epistemologicamente insuficiente, nos serve para destacar que a subjetividade se manifesta através dessa diversidade aparente de efeitos, tanto em seus aspectos conflituosos e sintomáticos, como em suas efetuações produtivas e saudáveis. No entanto, é certo que cada uma destas áreas tem recursos de convocação, compreensão e resolução que lhe são próprios, é óbvio que sua incidência também poderá ser cruzada, simultânea e sinérgica.

Os recursos que operam prevalentemente sobre a área Mental serão os discursivos, esclarecedores ou interpretativos; os que operam prevalentemente sobre o Corpo serão os sensibilizadores, expressivos e mobilizantes; os que operam particularmente sobre a área Social serão os referentes à ação, expressão, atitudes e comportamentos etc. Não obstante, todos eles incidirão em consonância com todos os outros fatores que integram a situação e o campo em que os ACONTECI-MENTOS se deflagram. Gerarão assim emergentes ou (como dizem os institucionalistas) analisadores (individuações), que são resultantes, sempre complexos, de determinantes regulares ou ocasionais, legais ou caóticos, possíveis ou virtuais, efetuando-se simultaneamente. Toda situação, promovente ou patologizante, produtiva, reprodutiva ou antiprodutiva, funciona, por sua vez, em forma imanente, em todos eles, sincrônica ou sucessivamente.

O que denominamos estruturas de personalidade ou posições do sujeito, em ditas estruturas, ou predisposições (sejam estas dadas por estruturas genéticas, sociais etc.), não é mais que a fixação e repetição regular de bons ou maus encontros (como diria Spinoza), que se consolidam orgânica, subjetiva e socialmente, tendendo logo a sua reiteração. Estas estruturas pertencem à ordem do real e possível, sendo que a elas sempre subjaz o virtual intensivo, fluxos energéticos potencialmente capazes de inovações insólitas.

No que se refere às contribuições, antes mencionadas, que cada corrente historicamente hegemônica do PP, assim como todas as atualmente contemporâneas, realizaram a esta proposta da intensificação, passaremos em revista às seguintes: a Psiquiatria tradicional e, em especial, a moderna, descobriram características da subjetividade patológica, nas quais hoje alguns autores souberam reconhecer, por exemplo, peculiaridades próprias do pensamento genial e do revolucionário (ver as idéias da Antipsiquiatria de M. Foucault, de Blanchot, Lyotard, Deleuze e Guattari e outros). Por outro lado, a Psicofarmacologia contemporânea estudou uma série de produtos químicos, cuja inclusão no arsenal terapêutico geral e psicoterapêutico, em particular, pode contribuir com efeitos catalisantes de primeira linha (ver a introdução de recursos narcoanalíticos, alucinógenos ou relaxantes etc., nos tratamentos comuns).

A Psicanálise foi, sem dúvida alguma, um verdadeiro acontecimento na inteligência e na intervenção com recursos intensivos. Dentro da leitura Metapsicológica que a ciência freudiana propôs do Aparato Psíquico, destacam-se o Ponto de vista econômico e o Dinâmico, como ângulos nos quais está especialmente (embora distorcidamente) em jogo a dimensão intensiva da Subjetividade. A Psicanálise sustenta que as estruturas psíquicas, assim como os sistemas de representações e afetos, são animados por energias pulsionais distribuídas em forças vetorizadas conflituosas. As energias e forças são o motor da subjetividade, particularmente quando animam os scripts fantasmáticos que constituem o Inconsciente. É neste rendimento que as energias e forças psíquicas recebem o nome de Desejo, e para a Psicanálise este Desejo é o causador de todos os efeitos psíquicos. As características que a dinâmica do Desejo adquirem no Inconsciente, denominadas por Freud de processos Primários (com suas peculiaridades de pura afirmatividade, ausência de contradição, falta, castração, negatividade, morte, noção de tempo etc.), continuam sendo o paradigma com o que nos é dado pensar uma versão psíquica da virtualidade ontológica à que nos referimos anteriormente.

Tanto do Ponto de vista Econômico, como do Dinâmico, Freud pensa o psiquismo como impulsionado, em última instância, por energias conceituáveis em termos de unidades quantitativas discretas orientadas como forças (catexis), sendo que todas elas só adquirem qualidade em sua relação com os sistemas tópicos, as estruturas e as representações próprias dos diversos espaços e instâncias psíquicos. Apesar de que estas energias e forças em Freud estão regidas demasiadamente pelas leis Principais da Física Termodinâmica Clássica e, nesse sentido, apresentam como destino último o equilíbrio relativo. Princípio de Constância ou o esvaziamento total, e a imobilidade, Princípio de Inércia, que correspondem aproximadamente às Pulsões de Vida e de Morte, se aproximam bastante da idéia de singularidades intensivas virtuais produtivas das quais falamos.

A Psicanálise acunhou também o conceito de Transferência que, como se sabe, se apresenta na clínica como uma intensificação da Resistência. A técnica psicanalítica está desenhada para provocar especialmente estas intensificações que, ao mesmo tempo, dificultam e propiciam o trabalho elaborativo, que se joga integralmente no terreno das mesmas. Certas vicissitudes da clínica demonstraram ser exatamente intensificadores parciais. Tal é o caso da iniciação do tratamento, a interrupção das sessões, o período de férias do analista, o aumento dos honorários, os encontros fortuitos entre paciente e analista fora do âmbito técnico etc. Sabe-se, no caso dos pacientes psicóticos, que a mínima alteração no setting ou no contrato analítico é capaz de desencadear reações tumultuosas ou catastróficas.

No célebre caso do Homem dos Lobos, a fixação de uma data de término para o tratamento gerou uma série de fenômenos de intensificação que fizeram Freud pensar no interesse técnico que poderia ter para a Psicanálise este recurso usado sistematicamente.

Entre os pós-freudianos, destacam-se, por exemplo, as contribuições de Ferenczy e Rank, que introduziram manobras ativas para propiciar a revivência intensiva do Trauma de Nascimento que, segundo alguns autores, teria um papel determinante na formação e na patologização da subjetividade. São conhecidos a grande inovação técnica e seus resultados teóricos, introduzidos por Melanie Klein, mediante a proposta do jogo na análise de crianças. Provavelmente, a maior revolução pós-freudiana é a operada por Wilhelm Reich com sua revalorização dos fatores econômico-políticos intervenientes no psiquismo e com sua proposta da Orgonoterapia.

Baseado nas idéias de que a energia libidinal poderia ampliar-se como sendo apenas uma das manifestações de uma energia universal de natureza física, o Orgon, Reich introduziu manobras técnicas corporais do tipo das massagens, assim como ensaio de diversas combinações entre o trabalho propriamente psicanalítico e uma pedagogia sexual político-militante. Estes recursos, destinados a remover as travas ideológicas energéticas da potência orgástica e da condição produtiva da energia libidinal, foram impulsores de variados ensaios exitosos de intensificação.

O importante pesquisador psicanalítico Bion, integrante do enorme movimento de terapeutas e operadores grupalistas e organizacionais estendido ao mundo inteiro, foi um dos pós-freudianos que mais defenderam a capacidade intensificante do trabalho terapêutico em grupos. Paulatinamente, por meio de inumeráveis combinações de sistemas Psi, foram agregando-se aos recursos psicanalíticos clássicos TODA CLASSE DE OUTROS ELEMENTOS DE COMPREENSÃO E DE INTERVENÇÃO aos que, de nosso ângulo, poderíamos atribuir-lhes capacidades intensificantes. O emprego de opções, tais como os chamados caracteres supra-segmentários da comunicação verbal (altura, timbre, intensidade, tonalidade, freqüência, ritmo etc.), do grito, da respiração, da dramatização, da expressão artística, do esporte, da convivência cotidiana, da ampliação e diversificação dos âmbitos de intervenção, da articulação com outro tipo de práticas, de coadjuvantes químicos etc. etc. é o que gerou o tão rico quanto bizarro panorama do PP ao que anteriormente nos referíamos.

Dentre eles, acredito ser importante destacar as diversas tendências de Psicoterapias Breves ou de Objetivo e duração limitados. Estas orientações, cuja inspiração teórica e formas de operar são sumamente diversas, têm em comum a vontade de acelerar e reduzir os processos terapêuticos. Embora muitas delas certamente não aceitem, ou não reflitam a respeito, em minha opinião, baseiam a expectativa de obtenção de seus resultados em técnicas de intensificação. Minha impressão é de que estes procedimentos veriam seus propósitos muito favorecidos, se assumissem esse requisito como parte fundamental de suas preocupações e de sua originalidade.

Para concluir, apenas mencionarei que talvez o modelo mais impressionante, e não por ser empírico menos ilustrativo dos efeitos da intensificação, ainda são algumas experiências-limite da existência comum. Muitas pessoas relatam, em algum momento de sua biografia por variadas circunstâncias, que foram levadas a rememorar toda a sua história em um instante ou a revisar de maneira fulminante todas as suas convicções. Estes sujeitos insistem em que, depois destes momentos estelares, a vida jamais voltou a ser a mesma. Estas experiências vão desde o perigo de morte iminente, até um breve período de morte realmente acontecido, as vivências místicas, as viagens experimentais com drogas, os grandes acontecimentos pessoais ou coletivos (sejam estes traumáticos ou maravilhosos) etc.

No meu entender, estes são momentos magnos de intensificação nos quais a subjetividade é questionada e invadida pelo virtual inovador absoluto, dando lugar a uma metamorfose geralmente irreversível. Penso que a busca de recursos para propiciar esse tipo de efeito é um dos caminhos mais fascinantes para a investigação das próximas décadas.

O programa de investigações das Terapias Intensivantes consiste então em um interminável levantamento de recursos teóricos, metodológicos e técnicos; ou melhor, no empenho pela invenção de dispositivos ou agenciamentos que, segundo uma expressão de Felix Guattari, constituam montagens que propiciem o raspado das entidades instituídas organizadas-estabelecidas, para propiciar a emergência de Individuações inventivas de toda e qualquer natureza. Para tal fim, os dispositivos terão que ser permeáveis ao CAOS, que é o substancial ao proto-espaço das intensidades, singularidades, diferenças, sendo que, ao mesmo tempo, precisam incluir recursos que tentem dar certas garantias de contenção da turbulência, que é própria dessas intensificações.

Dessa maneira, o Poliverso Psi tenderá a ir transformando-se em uma ciência-arte-política de criação de bons encontros (como diria Spinoza), que teriam como resultado a realização das individuações até seu maior grau de potência. É claro que o conceito de individuação não deve, de maneira nenhuma, ser confundido com a fabricação ou consolidação da imagem do Indivíduo Burguês, Moderno ou Pós-moderno, que é uma unidade básica reprodutora da Lógica do Capitalismo. Embora não necessariamente, a individuação tende a ser coletiva, ou seja, à criação de novos homens e novas relações sociais entre os homens.

3

Quem Pode Ser Terapeuta

Luís Carlos Alvarenga Valim*

> Sou demasiado preguiçoso para olhar colinas e arroios, porque há uma pintura dentro dos portais do meu coração.
>
> Demasiado preguiçoso para afrontar os ventos e a lua, porque dentro de mim está a ilha dos imortais.
>
> Demasiado preguiçoso para atender assuntos terrenos, porque dentro de mim estão a minha choça e as minhas posses.
>
> Demasiado preguiçoso para contemplar a mudança das estações, porque dentro de mim há cortejos celestiais.
>
> Po Yüchien

Antes de iniciarmos nossa conversa, gostaria de contar a vocês um fragmento de um filme chamado *A Cura*; trata-se da história de um garoto que contraiu o vírus da AIDS, através de transfusão sangüínea e que com um amigo sai em busca da cura para a doença em um outro estado distante do seu.

Num determinado momento de uma noite, o amigo nota que o garoto está muito suado e assustado, pergunta-lhe o que está acon-

---

* Médico, Psiquiatra, Sociopsicomotricista Ramain-Thiers.

tecendo. O garoto lhe diz que, em momentos como aquele que estavam vivendo, se sentia muito só e envolvido em escuridão e um grande medo o envolvia; era como ser tragado por um abismo, tinha uma sensação de que iria desaparecer.

Seu amigo pede a ele que troque de camisa e oferece ao garoto seu tênis, para que ele segure; diz-lhe que, quando ele se sentir desta forma, deve lembrar-se de que está segurando o tênis fedido de seu amigo, que assim perceberá que ele está seguro, vivo, que nada vai acontecer-lhe, que desta forma pode tranqüilizar-se.

Temos, então, num filme conhecido, um perfeito exemplo de um ato que se pode dizer que teve um efeito terapêutico, mas que se diferencia do ato terapêutico pela incidentalidade, pela falta de método, que vamos conversar mais à frente.

Creio que, para se falar em quem pode ser terapeuta, seria de grande valor lembrarmos de que, na época do cristianismo primitivo, a psicologia era chamada de Terapia e praticada por membros de uma seita que denominavam de Terapeutas (de *Theos apein*, os que conduzem a Deus, à totalidade) a seus membros, dedicados ao carisma de servir a todos, indistintamente, na busca de um lenitivo para seus males.

Se partirmos deste princípio, temos que, para sermos terapeutas, devemos desenvolver em nós uma predisposição para estarmos com qualquer pessoa independentemente de nossas preferências; de estarmos voltados para a busca; para auxiliarmos no encontrar o caminho que vai ajudar àquele que, em nós, deposita sua confiança a encontrar a compreensão necessária e, desta maneira, ser possível a solução para seus males.

Mas, se nos aprofundarmos um pouco mais nesta afirmação, veremos que, para que esta postura possa ser tomada, precisamos, antes de mais nada, ter uma capacidade de estar ao lado de um ser humano de forma verdadeira, desprovidos de pré-julgamentos e pré-conceitos, prontos para receber, acolher e, principalmente, compreender profundamente que o que se encontra diante de nós não é um ser no qual se pode aplicar uma técnica, mas alguém que carrega consigo uma história, uma forma de estar no mundo e que segue desta forma, como que com os olhos vendados, tateando pelos mesmos caminhos e, muitas vezes, perdendo-se em seus próprios labirintos emocionais.

Temos de ter veia de explorador, para podermos conduzir esta pessoa que compartilha conosco seus medos, desejos, alegrias, vitórias e derrotas, através de um caminho nem sempre plano, tornando cada vez mais claro, onde se encontram seus locais de tropeço para que comece a observar seus passos e possa desta maneira transformar sua forma de caminhar em sua história pessoal.

Até aqui, falamos da dimensão do encontro humano, do estar com o outro, mas não é só disto que são feitos a prática e o ser terapeuta.

Precisamos abordar também que, se precisamos ter a capacidade de mergulhar na história do outro, necessitamos também ter o desejo e a capacidade de mergulharmos em nossa própria história pessoal, conhecermos nossos caminhos tortuosos, para que assim não nos percamos em nossas dores confundidas e mescladas com as dores do outro, transformando a rica experiência do processo terapêutico em um quebra-cabeça, onde as peças não se encaixam, onde figura e fundo não se formam por termos dois unidos em um, sem termos a consciência de que são fragmentos de imagens que se tornam semelhantes em suas pequenas partes, mas que fazem parte de um contexto maior, muito diferente, pois os momentos social e histórico podem ser contemporâneos, mas a vivência e as marcas que se formam são particulares.

Isto nos diz que, para sermos terapeutas adequados e eficientes, é necessário vivenciar o processo terapêutico por nós mesmos, é preciso viver a técnica para podermos aplicá-la e conhecermos as sutilezas desta relação tão singular, que é a terapia.

Se vemos que, para sermos terapeutas, precisamos de características pessoais, vivência, percebemos que algo ainda falta. E que algo é este?

A técnica.

Precisamos de uma ferramenta, de um meio estruturado e coerente que nos permita instrumentalizar a vivência pessoal, que nos é depositada num todo lógico e compreensível, que possa ser mostrado com simplicidade e possa ser tornado digerível.

É preciso que a técnica torne o experienciar daquilo que se necessita mostrar ao nosso paciente seja carregado de vida e sentimento; desta forma, tornando-se concreto, passível de ser entendido, sendo assim transformado em um objeto passível de transformação.

Desta forma, percebemos que, para sermos terapeutas, precisamos de características pessoais, que podem ser desenvolvidas e exercitadas cotidianamente, mas também precisamos de vivência pessoal e de uma formação pessoal consistente, adequada, estruturada, sistematizada, que nos permita atuar com competência em todos os seus sentidos.

BIBLIOGRAFIA

BATESON, Gregory. *Metadiálogos – trajetos*. 2.ª ed., Lisboa: Gradija, 1989.

FIORINI, Hector J. *Teoria e técnicas de psicoterapia*. Rio de Janeiro: Francisco Alves, 1982.

MARTINS, Elmo de O. A. *Clientes, terapeutas & terapias*. 1.ª ed., Vitória: Fundação Cecílio Abel de Almeida/Ed. Univ. Fed. do Espírito Santo, 1990.

RAMOS, Denise Gimenez. *A psique do corpo: uma compreensão simbólica da doença*. São Paulo: Summus, 1994.

SCHINEIDER, Kirk J. *O eu paradoxal*. Petrópolis: Vozes, 1993.

TOLEDO, Flavio de. *Auto-realização, a evolução humanista*. São Paulo: Edicon, 1988.

TRINKA, Walter. *A etérea leveza da experiência*. São Paulo: Siciliano, 1991.

4

Trabalho Corporal Ramain-Thiers

ELISABETE CERQUEIRA MANCEBO*

1. CONCEPÇÃO DE CORPO

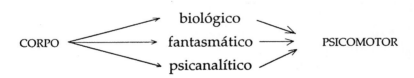

2. OBJETIVOS

- Liberar recalques corporais.
- Liberar a repressão sexual.
- Despertar a sensibilidade.
- Promover a integração mente-consciência corporal-afetos-social.
- Favorecer a formação do esquema e a imagem corporal.
- Facilitar a inter-relação do indivíduo nos grupos.
- Fortalecer o nível da realidade e a estrutura egóica.

---

* Pedagoga, Psicóloga, Sociopsicomotricista Ramain-Thiers, Psicoterapeuta de grupo, Terapeuta de formação pessoal, Supervisora Ramain-Thiers, Psicanalista.

3. COMO ESCOLHER?

Propostas
➤ Diretivas:
  * grupo necessitando de limite e controle
  * grupo necessitando de reconstrução egóica por estar fragilizado
➤ Semidiretiva e não-diretiva:
  * grupo usando a racionalização por defesa
  * facilitar a quebra de automatismo
  * facilitar a descoberta
➤ Mudança da proposta na sessão:
  * grupo demanda novas necessidades
  * *feeling*
➤ Sessão:
  * momento emocional do grupo

4. MOBILIZAÇÃO

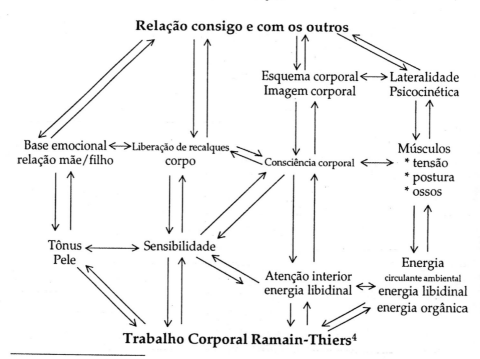

Trabalho Corporal Ramain-Thiers[4]

---

4. Sociopsicomotricidade Ramain-Thiers – Uma leitura emocional, corporal e social (p. 71).

5. PREPARO DO CORPO

* Deslocamento em todas as direções
* Deslocamentos com formas diferentes de pisar e contatos com o solo
* Relacionando-se com o ambiente
* Relacionando-se com a respiração
* Sentindo cada parte do corpo – rígida/flexível
* Movimentos amplos com braços e pernas
* Massageando pés e mãos com bola de borracha
* Rolamento
* Marchando, batendo palmas de diferentes formas: forte e fraco, rápido e lento
* Sentindo cada parte do corpo, interiorizando/dirigindo a atenção para cada segmento: parados/em pé/sentados/deitados
* Deitados no chão, sentindo o apoio do corpo/rolando
* Pisando na hemibola, massageando a sola dos pés
* Sentindo o chão, apoiando o corpo com as pernas esticadas, dobradas, balançando o corpo
* Sentados com os pés juntos, rolamento – abaixando a cabeça

6. SESSÃO DE TRABALHO CORPORAL

➤ Reconstrução da Maternagem
momento oral
* Olhar
* Alimentos
* Sensibilidade corporal
* Bolas
* Sonorização
* Relaxamento
* Identificação

➤ Entrada do limite
momento anal
* Deslocamento/percurso
* Ritmo/cadência/equilíbrio/controle
* Simetria
* Bolas/bambolês/cordas

> O movimento Edipiano
momento fálico
* Eixo-corporal/lateralidade
* Dissociação/percepção das diferenças
* Construções/duplas/trios

> Descoberta do Eu Social – Busca da Identidade
momento genital
* Imaginação
* Confiança
* Entrelaçamento
* Sensações/massagens/sensibilidade

7. Saída da Sessão de Trabalho Corporal

> Propostas em grupo
> Propostas em trios/duplas
> Propostas com deslocamentos individuais

É essencial lembrar que é importante favorecer a transferência na Sociopsicomotricidade Ramain-Thiers, realizando o trabalho na transferência, que é compulsão à repetição. Repetições estas de comportamento e manifestações emocionais da história do sujeito.

Estas reproduções geram uma certa inadaptação imediata, angústia, quando vêm à tona; assim, é importante o Sociopsicomotricista Ramain-Thiers ter consciência desses fatos, primeiramente em si, trabalhados através de sua análise pessoal, pois estar, enquanto continente dessas manifestações inconscientes, é uma tarefa, às vezes, muito difícil e até ameaçadora, principalmente num trabalho de grupo, mas é possível.

Estar presente, num ato de doação do seu inconsciente, para que o outro se transforme e se conheça melhor, é um ato de amor.

Assim, confie na sua capacidade, pois estará possibilitando àquele que lhe busca trabalhar, encontrar vida, entrar em contato com a alegria de viver.

O trabalho corporal é um grande coadjuvante na Sociopsicomotricidade Ramain-Thiers, por ajudar na integração do indivíduo, possibilitando o encontro de novos caminhos, novas possibilidades, buscando uma atenção que existe, mas que fica adormecida.

O que buscamos é o Reencontro com essa atenção que possuímos e esquecemos, é reencontrar essa integração, vida, ou seja, a atenção interiorizada, a fim de proporcionar um desenvolvimento integral, global do Ser.

8. REFLEXÃO

Daquilo que eu sei
Música: Ivan Lins e Victor Martins

Daquilo que eu sei
Nem tudo me deu clareza
Nem tudo foi permitido
Nem tudo me deu certeza

Daquilo que eu sei
Nem tudo foi proibido
Nem tudo me foi possível
Nem tudo foi concebido

Não fechei os olhos
Não tapei os ouvidos
Cheirei, toquei, provei
Ah! Eu usei todos os sentidos

Só não lavei as mãos
E é por isso que me sinto
Cada vez mais limpo ...
Cada vez mais limpo ...
Cada vez mais limpo ...

9. EXEMPLOS DE PROPOSTAS CORPORAIS NA SOCIOPSICOMOTRICIDADE RAMAIN-THIERS

a) Reconstrução da maternagem:
Descobrindo sensações...
➤ Tecidos
Material: tecidos diversos em tamanhos diferentes,
música suave.
* Sentados em uma posição bem cômoda, entrar em contato com todo o seu corpo.
* Olhar todas as pessoas do grupo.

* Movimentar a cabeça, os ombros, os braços e mãos – várias vezes.
* Levantar sem auxílio das mãos bem lentamente.
* Andar agora movimentando o corpo sempre ampliando esses movimentos.
* Cada um irá pegar um tecido e envolver-se com ele, buscando várias formas de envolvimento com seu corpo.
* Escolher uma dupla ou trio para trabalhar.
* A dupla ou trio irá envolver um escolhido, como quiser. Após todos os tecidos estarem colocados na pessoa escolhida, olhá-lo bem em todas as direções por algum tempo, percebendo a construção e, então, retirar todos os tecidos, envolvendo outra pessoa, até retomar ao seu tecido inicial, andar com ele, abraçando-o, envolvendo-se, por algum tempo.
* Deixar o tecido onde o encontrou.
* Andar ampliando bem os braços, sentindo o ambiente.
* Respirar bem lentamente e, devagar, voltar ao seu lugar.

➤ Creme

Material: creme
        música suave
* Colocar o creme num potinho/copinho – 5ml.
* Andar pelo ambiente, soltando-se, envolvendo-se com a música, pegar um copinho com o creme.
* Apoiando-se no outro pelas costas, colocar o creme nas pontas dos dedos e massagear de dentro para fora os braços (um e depois o outro) e pernas.
* Após esse trabalho, passar aonde quiser, sentindo se lhe traz prazer ou desprazer.
* Levantar, jogar o copinho fora.
* Abraçar-se bem apertado, soltar-se – repetir muitas vezes, até se sentir confortável.
* Voltar ao seu lugar.

➤ Hemibola

Material: hemibola
        música suave
* Andar bem livremente, soltando-se.
* Pegar uma hemibola e deitar-se no chão, com seu rosto para o teto.
* Colocar a hemibola na nuca; girar a cabeça para um lado e para

o outro, massageando. Sentir se é confortável ou não.
* Colocar entre a cintura e o cóccix, fazendo os mesmos movimentos. Balançar o corpo, dobrando os joelhos em direção ao peito.
* Agora, deitar-se com o rosto voltado para o chão.
* Colocar a hemibola na região do diafragma. Massagear, balançando de um lado para outro.
* Colocar no esterno (tórax). Sentir o apoio.
* Colocar a hemibola onde você quiser. Massagear.
* Sentar-se lentamente. Abraçar e soltar a hemibola muitas vezes, sentindo como reage o seu corpo nesse movimento.
* Deixar a hemibola no lugar. Levantar-se lentamente e andar sentindo, agora, como está o seu corpo. Leve, pesado, contraído, descontraído.
* Voltar ao seu lugar.
➤ Alimento
Material: requeijão, patê, biscoito (doce/salgado), suco de laranja e mate.
        música de ninar
* Sentir bem os pés apoiados no chão.
* Soltar o corpo, como se fosse uma mola.
* Voltar à posição normal, sentindo o apoio dos pés no chão. Deixar o corpo o mais rígido possível.
* Soltar.
* Fazer esse trabalho algumas vezes e quando quiser. Parar.
* Som.
* Sentar, agora, em volta da toalha, e cada um irá alimentar o outro, até que todos do grupo estejam alimentados e satisfeitos.
* Deitados no chão, entrar em contato com o chão, percebendo a temperatura, o apoio do seu corpo; ou seja, se alguma parte do seu corpo não está apoiada no chão.
* Perceber todo o seu corpo em relação ao chão.
* Alongar-se o máximo que puder.
* Voltar à posição natural.
* Fazer isso algumas vezes e, ao seu tempo, parar.
b) Entrada do limite.
   ➤ Bola
   Material: bola
           música

* Andar levemente, soltando todo o seu corpo.
* Sentir a sua respiração.
* Sentir as batidas do coração.
* Pegar uma bola, relacionar-se com ela.
* Apertar a bola com bastante força. Soltá-la.
* Jogar a bola com força, liberando toda a agressividade. Soltá-la.
* Jogar a bola de leve. Soltá-la.
* Fazer esse trabalho, forte e fraco, várias vezes.
* Deixar a bola e sentir como está o seu corpo.
* Pegar a bola e passar nos lugares que você sentir mais contraídos.
* Jogar a bola como quiser.
* Ao seu tempo, parar, deixando a bola no lugar.

➤ Saquinho de areia e emborrachados
Material: saquinho de areia
        tiras emborrachadas
        música

* Soltar bem o seu corpo, andando pela sala.
* Pegar um saquinho de areia.
* Andar com o saquinho de areia, sentindo o seu peso: nas mãos, braços, ombros, costas e pés.
* Colocar o saquinho de areia no chão, formando um circuito qualquer e andar em cima dos mesmos nesse circuito.
* Formar outro circuito com auxílio das tiras emborrachadas.
* Caminhar em cima, dentro, fora, ao lado, como quiser.
* Desmanchar o circuito.
* Guardar o material.
* Andar, agora, bem lentamente, buscando uma posição bem confortável para o seu corpo. Voltar ao seu lugar, quando quiser.

➤ Bastão
Material: bastão
        música suave

* Pegar um bastão e andar pelo ambiente, sentindo sua forma, sua cor, sua espessura.
* Fazer sons, explorando de todas as formas.
* Encontrar o outro e tocar o bastão, buscando outros sons.
* Tocar todos os bastões, em cima, embaixo, ao lado, à frente, atrás, sempre explorando sons.

* Fazer um círculo e explorar construções com o bastão.
* Construir algo no chão. Olhar bem para essa construção. Passear nos espaços possíveis.
* Cada um pegar o seu bastão. Andar com ele sentindo se existe alguma diferença no seu corpo, do início do trabalho, até agora.
* Guardar o bastão quando quiser.

➤ Cordas
Material: cordas de várias cores
          música
* Andar livremente em várias direções.
* Parar, soltando bem o seu corpo.
* Voltar a andar e pegar uma corda.
* Entrar em contato com a corda, sentindo a sua textura, temperatura, tamanho e sua cor.
* Juntar as cordas com um nó.
* Escolher um dos lados. Puxá-la com força e soltá-la, várias vezes.
* Desfazer os nós. Pegar as cordas. Senti-la e guardá-la quando quiser.

➤ Bambolê
Material: bambolê revestido com tecido
          música
* Pegar o bambolê.
* Movimentar, entrando, saindo, rolando, elevando, abaixando, como quiser.
* Escolher alguém para trabalhar e construir formas com os bambolês, explorando as suas possibilidades.
* Juntar o grupo e buscar novas possibilidades de construção.
* Cada um com seu bambolê, andar no ambiente, sentindo o seu tamanho, peso, textura e, quando quiser, guardá-lo.

c) O movimento Edipiano
  ➤ Dupla/Bola
  Material: bola
           algodão colorido
           música
* Andar livremente no ambiente, ampliando os seus movimentos.
* Formar duplas.
* Uma pessoa entra na dupla, desmanchando-a e formando

outra, deixando alguns de fora, excluindo.
* Assim, sucessivamente, até que todos tenham encontrado com todos e também vivido a exclusão.
* Andar livremente, bem soltos.
* Respirar levemente e, quando quiser, pegar a bola.
* Lançar um para o outro.
* Buscar diferentes formas de jogar para o outro.
* Andar jogando a bola.
* Deixar a bola e pegar a bola de algodão.
* Senti-la e jogá-la, até que troque com todos.
* Pegar as duas bolas e senti-las para explorar a diferença.
* Deixar as bolas.
* Andar na ponta dos pés.
* Andar com o calcanhar.
* Andar com o lado dos pés.
* Andar com todo o pé, apoiando no chão, sentindo se existe alguma diferença.
* Quando puder, voltar ao seu lugar.
➤ Eixo Corporal
* Sentir o corpo como um todo.
* Sentir um eixo imaginário vertical. Percorrer o seu corpo da cabeça até os pés.
* Alongar-se.
* Sentir como está o seu corpo agora.
* Sentar em duplas ou trios, onde ficará de costas, e o outro passará a bola nas costas, da cintura até a cabeça, massageando.
* Andar e formar uma nova dupla ou trio.
* Deitar com a cabeça apoiada no colo do outro e massagear o rosto do outro, começando pela testa, olhos, bochechas, lábios, queixo, orelhas, couro cabeludo.
* Sentir a sua respiração.
* Levantar-se bem devagar. Andar movimentando-se, agora, sentindo o seu corpo.
* Soltar-se, relaxar.
* Deixar, agora, seu corpo bem rígido, o máximo que puder.
* Soltar-se.
* Alongar-se, espreguiçar-se, bocejar, respirar bem lentamente.
* Quando quiser, volte ao seu lugar.

d) Descoberta do Eu Social
➤ Elásticos Coloridos
   Material: elásticos coloridos – 1,5m/0,5cm
   * Sentar na sala, em qualquer lugar.
   * Sentir a sua respiração.
   * Deixar seu corpo embalar-se pela música.
   * Sentir as áreas tensas.
   * Alongar o seu corpo.
   * Levantar e caminhar, sentindo agora a sua respiração.
   * Pegar um elástico. Entrar em contato com ele, observando a sua constituição.
   * Explorar as possibilidades de movimento do corpo com elástico.
   * Formar dupla e trio e envolver-se com os dois ou três elásticos. Sentir o que ocorre com você nesse movimento.
   * Desfazer a dupla e o trio. Buscar uma nova dupla e trio. Envolver-se, procurando sempre possibilidades diferentes.
   * Juntar, agora, todo o grupo. Explorar as novas formas de contato.
   * Voltar a caminhar pelo ambiente, explorando o elástico em sintonia com a sua respiração por algum tempo.
   * Deixar o elástico. Alongar-se e, quando quiser, voltar ao seu lugar.
➤ Aroma
   Material: aroma bem suave
             frascos com *spray*
             música
   * Andar, fazendo movimentos, explorando e ampliando bem o seu corpo.
   * Com o olhar, escolher alguém para trabalhar.
   * Pegar o aroma com *spray*.
   * Colocar o aroma com *spray* no outro (nos braços, mãos, pernas e pés). Com a ponta dos dedos, acariciar o outro, diluindo esse aroma.
   * Deixar o *spray*.
   * Andar pelo ambiente, sentindo o seu corpo e o perfume do ambiente.
   * Sentir a sua respiração.
   * Voltar ao seu lugar, quando quiser.

➤ Óleo

Material: óleo para o corpo (de boa qualidade)
música

* Sentir bem o seu corpo (as partes tensas e as mais relaxadas).
* Rolamento: deixar a sua cabeça pesar para baixo, enrolando seu corpo até onde puder. Voltar bem devagar.
* Repetir.
* Olhar para cada pessoa e escolher alguém para trabalhar.
* Sentar de costas, apoiando-se no outro e massagear com o óleo os braços, pernas, pés, mãos e, por último, o rosto.
* Sentir, agora, como está seu corpo, após o contato de seus dedos com essas partes.
* Levantar. Andar. Alongar-se.
* Respirar suavemente.
* Voltar ao seu lugar.

➤ Imaginação

Material: música

* Andar levemente pelo ambiente.
* Imaginar, agora, que estão fazendo um passeio em um bosque.
* Nesse bosque, existem lugares estreitos para passar, onde árvores grandes ocupam com seus galhos as passagens.
* Usar os braços e pernas para ultrapassar esses lugares difíceis.
* Olhar ao redor, observando a paisagem.
* Você encontrou uma grande árvore.
* Sentir com suas mãos a textura de seu tronco. Observar e pensar qual será sua idade. Ficar um pouco perto dela.
* Continuar o seu caminho.
* Você começa a ouvir um som.
* Parece água. Cada vez fica mais forte e nítido, pois você está indo em direção ao som.
* Olhe, é uma cachoeira! Ouça os sons que ela faz.
* Aproxime-se dela. Sinta, agora, com suas mãos e pés a água. Molhe-se, brinque com a água.
* Enquanto brinca com a água, você percebe que, no outro lado, existem lindas flores de várias cores.
* Caminhe para o outro lado e sinta a beleza, o aroma das flores, a sua serenidade, suas cores.
* Toque nessas flores. Que sensação lhe vem? O que este ambiente lhe comunica? Sinta sua tranqüilidade.

* Entre em contato com essa paz.
* Comece a voltar pelos lugares que você passou bem devagar, buscando a saída do bosque e voltando ao ambiente.
* Entre em contato com sua respiração.
* Volte bem devagar ao seu lugar.

BIBLIOGRAFIA

MANCEBO, Elisabete C. *Anotações de Co-terapia e supervisões com Solange Thiers.* Rio de Janeiro.

THIERS, Solange. *Sociopsicomotricidade Ramain-Thiers – Uma leitura emocional, corporal e social.* São Paulo: Casa do Psicólogo, 2.ª ed., 1998.

5

A Abrangência do Processo Ramain-Thiers em Pernambuco

SONIA AROUCHA*

Sendo Coordenadora Ramain-Thiers em Pernambuco, apresento a nossa situação no âmbito do Nordeste. Refiro-me ao Nordeste e não somente a Pernambuco, porque os grupos são formados em Recife como pólo centralizador dos estados vizinhos de Alagoas e Paraíba.

Do 1.º grupo de formação em Pernambuco, terapeutizado por Solange Thiers, de 1987 a 1990, quatro pessoas foram convidadas para assumir a responsabilidade da Supervisão local: Antonieta Cavalcanti, Margot Duarte, Cândida Carvalho e Sonia Aroucha.

A nossa opção em aceitar fez-nos viver momentos muito difíceis, porque foi exatamente aí que Solange Thiers criou os Orientadores Terapêuticos Thiers – CR (criança), AD (adolescente) e E (adultos) com embasamento psicanalítico. Posso afirmar que também foi momento de muito estudo e desafio, mas, integrando tudo isto, existiam a confiança e tranqüilidade, porque acreditávamos no que já havíamos vivido no nosso processo terapêutico. O resultado disto é que crescemos muito como pessoa e profissional.

A situação atual da nossa gestão é a seguinte:

* 3 grupos com formação Ramain-Thiers concluída e cerca de 50% de

---

* Psicóloga clínica e escolar, Sociopsicomotricista Ramain-Thiers, Coordenadora do Núcleo de Pernambuco.

terapeutas, atendendo na área clínica, algumas na área empresarial, outras ainda em estágio supervisionado, e
• 1 grupo iniciando a formação.

Destes primeiros grupos, algumas pessoas hoje integram conosco a Equipe de Supervisores de Pernambuco.

Especificando melhor as áreas de atuação, afirmo que, na área clínica, são atendidos crianças, adolescentes e adultos em consultórios, assim como existe um trabalho social com população de baixa renda.

Na abrangência do trabalho socioterapêutico, pode-se citar a sensibilização de professores em escolas da rede particular de ensino, onde é constatada uma melhora na relação com o educando e um crescimento pessoal e o trabalho em empresas.

Ramain-Thiers é um trabalho que tem credibilidade no mercado, o que fica evidenciado pela procura de profissionais para a formação de novos grupos.

Estamos em fase de formação do 5.º grupo.

Gostaria de concluir a apresentação do movimento Ramain-Thiers em nossa terra, dizendo o quanto Ramain-Thiers foi importante na minha vida! Foi através dele que pude reconhecer o meu potencial e os meus limites, para que melhor possa traçar as minhas metas no mundo.

6

A Atuação do Psicólogo na Sociopsicomotricidade Ramain-Thiers: Relato da minha Experiência Clínica

VIRGÍNIA CHAMUSCA*

A princípio, pareceu-me pertinente e, certamente, mais fácil organizar esta apresentação de forma a transmitir minha experiência clínica, a partir de considerações acerca dos benefícios práticos e teóricos que recebo deste método de intervenção que busca a compreensão do ser humano, mediante o inter-relacionamento dos seus aspectos emocional, corporal e social, através dos conteúdos psíquicos que emergem das propostas da psicomotricidade diferenciada, dos trabalhos corporais, além da própria verbalização.

O modelo clássico de intervenção, unicamente verbal, às vezes pode tornar-se insuficiente, ou mesmo comprometido, quando esbarra em uma série de fenômenos reais. A resistência, a dificuldade de comunicação, a intensidade de fantasias persecutórias, o discurso do paciente que destoa do seu gesto são alguns destes fenômenos, que, mediatizados pela intervenção Ramain-Thiers, através dos seus objetos intermediários (água, fios, bolas, alimento para vivências corporais, papéis, lápis de cor, tesoura, arames e outros), ao ampliar as possibilidades de experiências do paciente, aumentam igualmente as chances de obtenção de um bem sucedido trabalho.

---

* Psicóloga, Sociopsicomotricista Ramain-Thiers, especializada em Psicoterapia psicanalítica pelo INEF, Mestranda do Departamento de Psicologia da Faculdade de Educação da USP.

Outra peculiaridade do método diz respeito a sua abrangência. Apesar de ser o material empregado como um pretexto para promover a emergência de situações emocionais inconscientes, que são atualizadas na transferência com o Sociopsicomotricista e/ou com os colegas de grupo, é incontestável a sua enorme contribuição para o desenvolvimento da psicomotricidade como um todo.

Mas pensar a respeito da minha experiência com a finalidade de elaborar este trabalho proporcionou-me um gratificante e emocionado reencontro com questões essenciais da minha vida.

Inesperadamente, as razões entrelaçam-se aos desejos, evidenciando-se o Ramain-Thiers, através de um sulco profundo na trama deste bordado, que é a vida.

E esta escritura ficaria desconectada do meu ser inteiro, da minha unicidade, se não lhe permitisse ser como tal: com a intensidade do vermelho, a dignidade da cor azul, a esperança do verde e, algumas vezes, a ilusória impressão do correto e clássico preto.

Creio mesmo que se fosse levada a privilegiar um ou outro, acabaria por ser uma luta inglória: a emenda seria pior que o soneto, eles destemidamente, num gesto de teimosia, far-se-iam presentes.

E, na verdade, bem no fundo do meu íntimo, gosto muito dos dois: dela, a razão; dele, o desejo. Companheiros inseparáveis se confundem gostosamente, sem saber quem é uma, qual é o outro. Masculino-feminino, sim-não. Um bordado de razões-desejantes e desejos-arrazoados.

Um bordado inacabado, decerto, cuja bordadura é realizada pelas mãos de sua dona, mas fruto das ressonâncias dos seus relacionamentos com o mundo.

Contudo, não relatei ainda o que para mim tem sido a melhor e maior contribuição do Ramain-Thiers à minha prática clínica.

A rigor, minha atuação profissional, as escolhas que faço, estão diretamente ligadas à minha concepção de homem, ao meu ideal de vida; são estabelecidas a partir do modelo de sociedade que gostaria de construir e ver cultivado.

O Brasil não tem como virtude a prática do respeito aos direitos humanos. A miséria, a escravização infantil, o menosprezo aos idosos, a fome, os meninos da Candelária, os mortos do Pavilhão 9, são exemplos reais, não somente latentes, da realidade perversa que nos cerca e da qual somos responsáveis por não exercermos a nossa prática de cidadania. Ou, o que é pior, quando procuramos desvencilhar-nos dessas questões argumentando, insensíveis e cínicos, não ser este um problema nosso.

O Ramain-Thiers ocupa um lugar significativo, quando, através de uma postura ético-filosófica, recupera e concilia, através de sua práxis transformadora, a idéia da construção de uma identidade que não exclui o outro e o coletivo. Thiers teve sensibilidade e discernimento para perceber a necessidade da criação de um método de intervenção sociopsicoterapêutico compatível com nossa realidade.

Acredita este método serem indissociáveis da natureza humana, do seu conteúdo psíquico, as influências externas; na verdade, elas o compõem.

Possuir uma visão de homem e de mundo apoiada nessas premissas é poder transcender, destinando à prática terapêutica um exercício de compromisso, dignidade e ética... Oferecer possibilidades não da mudança do discurso em si, mas da descoberta da mudança do ato, a partir da observação interna da mudança do ser.

Esta proposta não torna o espaço terapêutico um lugar para manifestações político-sociais, não incita engajamentos. Intervir não é induzir. (CHAMUSCA, 1995).

Confirmação e exemplo desta consciência e atitude ético-filosófica que, por sinal, vem sendo defendida pela última e atual gestão do Conselho Regional de Psicologia, pode ser notada, quando nos apropriamos e compartilhamos envaidecidos da bem sucedida tese de Sônia Grubits, fruto do seu trabalho com menores infratores; quando nossos consultórios deixam de ter sua característica elitista, tornando-se um espaço potencial e real para o atendimento de pessoas, não importando sua cor, raça, preferência sexual, credo ou classe social; quando organizamos um encontro que inclui, reconhece e prestigia a importância das diversas abordagens psicológicas.

Quanto a exemplos práticos, constam da sua técnica atividades encontradas principalmente nos conjuntos Socius, Entrelaçamentos e Trabalhos de Grupo, que buscam suscitar questões vinculadas ao Édipo e Narcisismo que favoreçem a entrada na cultura e nas relações sociais como um todo.

Jurandir Freire, no livro *Tempo do Desejo*, através do artigo Narcisismo em Tempos Sombrios, ilustra, exemplarmente, muitas das questões aqui apontadas, cujo trecho final, ora apresento.

... É necessário repetir estas evidências, pois vivemos em uma era em que cada apelo à responsabilidade social é ridicularizado como fábula moralizante ou pregação para órfão em noite de natal. Não se instiga impunemente o temor humano da impotência radical. Conduzido a este extremo, o homem está inch of nature, segundo a metáfora freudiana; pode criar o impensável e o inimaginável. O horror nazista hoje parece ficção, mas um dia foi fato. Quanto aos que acham que a psicanálise nada tem que ver com isto, deixemos a última palavra a Freud: "Quando aquele que caminha na obscuridade canta, nega sua ansiedade, mas nem por isso passa a ver mais claro."

Identificação à parte, o Ramain-Thiers, assim como todas as outras práticas psicológicas existentes, poderá não servir a todas as pessoas. Entretanto, vem mostrando, cada vez mais, ocupar um espaço inovador, criativo e eficaz, contribuindo intensamente para a nossa arte de poder ser cúmplice de um bordado, cujo matiz encerra a esperança. É tempo.

BIBLIOGRAFIA

FREIRE, Jurandir. *Tempo do desejo – Sociologia e psicanálise.* São Paulo: Brasiliense, 1988, p. 135-6.

JORNAIS DO CRP. 1994, 1995 e 1996.

THIERS, Solange. *Orientador terapêutico Thiers para adolescentes-AD.* Rio de Janeiro: CESIR, 1992.

——————. Orientador Terapêutico Thiers para Adultos-E. Rio de Janeiro: CESIR, 1992.

GRUBITS, Sonia. *A construção da identidade infantil. A sociopsicomotricidade Ramain-Thiers e a ampliação do espaço terapêutico.* São Paulo: Casa do Psicólogo, 1996.

Capítulo II

PSICOTERAPIA RAMAIN-THIERS

1. Desenvolvimento e Transicionalidade – Aplicação do Método Ramain-Thiers em pacientes neurológicos graves
ANA LÚCIA MANDACARU LOBO
2. Um Experimentar Mudar
ANGELA DUARTE
3. Sociopsicomotricidade Ramain-Thiers. Caso Clínico
JUSSARA TEIXEIRA ORLANDO
4. Trabalho de Sensibilização – Uma técnica abrangente e eficaz
VIRGÍNIA CHAMUSCA
5. A Psicomotricidade nos Estados-Limite
MARIA DA GRAÇA VEIGA CONCEIÇÃO
6. Simbiose e Mito Familiar
MARILENE VERÃO
7. Da Elaboração do Luto à Possibilidade de Re-encontrar-se – A história de um adolescente com queixas escolares
BEATRIZ PINHEIRO M. MAZZOLINI
8. Coragem e Afetos Livres – Um caso clínico Ramain-Thiers
MARGOT DUARTE
9. A Reintegração Social de Jovens Infratores (PROMOSUL)
SOLANGE THIERS E SONIA GRUBITS

1

Desenvolvimento e Transicionalidade – Aplicação do Método Ramain-Thiers em pacientes com comprometimentos neurológicos graves

Ana Lúcia Mandacaru Lobo*

Apresentação do Caso Clínico e Avaliação

Este trabalho pretende, através do relato de uma experiência clínica, demonstrar a eficácia da utilização do método Ramain-Thiers, enquanto psicoterapia em pacientes com distúrbios neurológicos graves.

Este tipo de paciente geralmente apresenta um quadro clínico muito complicado, na qual há uma multiplicidade de queixas, tanto vindas da família, quanto da escola, em relação a seu comportamento, atenção, organização, agressividade, educação, raciocínio. Trata-se de uma gama de faltas vinculadas a uma constante inadequação. O que vem marcar o atendimento destes pacientes é a nossa própria dificuldade e a sensação de impossibilidade de entrarmos em contato com eles e com seu mundo psíquico de poder falar destas faltas. São pacientes que entram e saem das sessões e nos deixam com uma sensação de vazio, de desorientação.

Estes pacientes, aqui considerados como pacientes de difícil acesso, apresentam, em uma avaliação mais profunda, uma inacessibilidade

---

* Psicóloga, Sociopsicomotricista Ramain-Thiers, Coordenadora do Núcleo Ramain-Thiers de São Paulo, Terapeuta de formação pessoal, Mestranda do Departamento de História Social da USP.

psíquica e afetiva que, por sua precariedade, me leva a pensar que suas raízes podem localizar-se em duas áreas distintas. Uma delas seria o narcisismo. Um narcisismo ferido que o impossibilita de se desenvolver e se relacionar com o outro pelo enorme receio de que aquela ferida, tão dolorida e presente, de alguma forma se concretize e se transforme em algo que ele não possa mais suportar. Esta ferida narcísica pode advir tanto do lugar psíquico que este paciente veio ocupar na mente dos pais, quanto de alguma forte experiência vivida no início de sua vida, relacionada ou não a seus comprometimentos neurológicos, mas que, de alguma forma, ficaram marcados como dor psíquica. A outra área seria a de uma complicada equivalência compreendida especialmente nas relações familiares, entre sua afetividade e seu psiquismo com as suas impossibilidades cognitivas, motoras e intelectivas. O psiquismo e a afetividade são tratados da mesma maneira que seu corpo e seus neurônios: como algo não funcional, o que não ocorre necessariamente.

Mas o fato é que o paciente está aí, esperando por algo, ao mesmo tempo em que se recusa a recebê-lo. Em alguns momentos, sentimo-nos rodeando o paciente sem conseguir acessá-lo; em outros momentos, tem-se a impressão de que é ele quem nos rodeia. Mas é fato também que passamos a visualizar este paciente como alguém cujo psiquismo possui características extremamente arcaicas, primárias, com uma acentuada dificuldade de simbolização. Para simbolizar, é necessário que se possa diferenciar a fantasia da realidade, o que estes pacientes têm dificuldade em perceber.

Deste modo, a *Sociopsicomotricidade Ramain-Thiers*, com seus materiais e suas propostas utilizados como elementos mediadores entre pessoa, o terapeuta e o inconsciente, serve com muita eficácia no atendimento destes pacientes. Os materiais e as propostas, devido às suas inúmeras possibilidades de representação, vão podendo (re)construir o espaço psíquico destinado à simbolização: a percepção dos materiais e a descoberta do significado das projeções que neles vão sendo feitas, de acordo com as suas próprias necessidades, a par e passo com suas faltas.

Aqui, procurarei ilustrar, através do atendimento de um garoto de 11 anos de idade com severos comprometimentos neurológicos, como o método Ramain-Thiers foi utilizado como um tipo de linguagem, de via de acesso ao psiquismo e afetividade. Por se tratar de um atendimento clínico, chamarei o paciente ficticiamente de Daniel.

O contato com Daniel se deu logo no começo do ano de 1995. Na primeira entrevista com a mãe, tive a impressão de que ela estava com medo de que eu não pudesse atendê-lo e, então, falava rápido e objetivamente sobre todos os comprometimentos de Daniel. Daniel tinha 11 anos de idade. O parto dele havia sido normal, mas ele sofreu de anoxia, e ela não sabia com certeza, nem os médicos, se foi isto que fez com que Daniel ficasse do jeito que ficou. Aos três meses de idade, ele começou a ter convulsões e nunca mais parou. Até os três anos de idade, ele já havia tido mais de trezentas convulsões, e isto o afetou cognitiva e intelectualmente. Ela repetia, constantemente: ele é muito comprometido, ele tem muita dificuldade. Ele ainda apresentava este quadro convulsivo, tendo de 3 a 4 convulsões por mês e mantinha-se constantemente em tratamento neurológico, tomando doses diárias bastante altas de medicação. Contou-me que ele precisava ter sempre alguém a seu lado, pois não conseguia fazer nada sozinho: trocar-se, ir ao banheiro e se limpar, tomar banho, comer, brincar. Sua limitação intelectual era grande, mas havia conseguido alfabetizar-se. Fisicamente, ele apresentava vários comprometimentos: retração muscular das pernas, controle motor precário, arcada dentária completamente alterada, falta de sensibilidade nas pontas dos dedos das mãos e dos pés. Além disto, apresentava uma completa inadequação social, não podendo comparecer e nem participar de festas, casamentos, ir a restaurantes e tudo mais. Depois de falar sobre tudo isto, ela perguntou-me se eu poderia atendê-lo.

Após ouvi-la atentamente, respondi que, talvez, meu trabalho não estivesse de acordo com as expectativas dela, uma vez que eu não desenvolvia meu trabalho nesta área de adequação ou de reeducação e, tampouco, de desenvolvimento de controle e treino motor. Eu teria disponibilidade para atendê-lo, desde que houvesse, por parte dela, o interesse em que ele fosse atendido, não por seus comprometimentos físicos, motores e intelectuais, uma vez que eram limites verdadeiros, e alguns deles realmente intransponíveis, mas para que um outro lado dele pudesse ser assistido: o da afetividade, de sua estruturação psíquica. Nestes termos, eu poderia, inicialmente, estar marcando algumas sessões para vê-lo e tentar saber um pouco sobre como ele poderia estar sentindo-se, como poderia estar relacionando-se com as pessoas e as coisas à sua volta. Assim, marcamos as sessões para a avaliação de Daniel.

Na primeira sessão e num primeiro momento, Daniel impressionou-me muito mal. Quando fui chamá-lo na sala de espera, assim que ele me viu, saltou da poltrona onde estava sentado, e veio ao meu encontro, abraçando-me com força, dando-me beijos no rosto e dizendo: Olá, Ana! Você é que é a Ana, não é? Era um garoto grandalhão, mais alto do que eu, com um andar torto, os braços pesados. Nesta situação, enquanto ele me segurava ali, a mãe dele dizia: Não, Daniel, não. Calma, não aperta, a Ana não está acostumada com isso. Calma, Dani, solte a Ana. Eu me sentia muito mal ali, com a mãe de Daniel instruindo-o, como numa situação de adestramento. Respondi que ela não precisava preocupar-se, que estava tudo bem, e que nós iríamos para a sala de atendimento. Retirei os braços de Daniel de cima de mim e apontei o caminho para a sala. Ele saiu correndo desengonçadamente. Entramos na sala, fechei a porta e sentei-me no chão, pedindo que ele também se sentasse, para podermos conversar. Foi aí que percebi o quanto seu discurso era vago e disperso: frase e palavras soltas, desconectadas umas das outras. Eu perguntava uma coisa, e ele respondia outra completamente diferente. Declamava diálogos inteiros de filmes de desenho animado, como por exemplo, da Branca de Neve e Peter Pan. Sua risada era estereotipada e ele fazia muitos puns, sorrindo em seguida. Dentro dos parâmetros tradicionais de uma avaliação, nada foi avaliado, a não ser o fato de que ele apresentava grandes comprometimentos e inadequação em diferentes níveis de produtividade.

Numa avaliação menos convencional e levando em conta a contratransferência, eu não acreditava que ele fosse assim tão inadequado e impossibilitado. Durante minhas tentativas de iniciar uma conversa ou alguma atividade, ele falava de alguma dor que sentia no corpo, às vezes de alguma sensação ou ainda de algum fato ou sentimento que ele não conseguia compreender. No meio daquela confusão de idéias, ele se dava conta da dor, das sensações, de que algo acontecia e que ele não conseguia compreender. O meu dedo doeu e ninguém cuidou. Agora está doendo; por que você trabalha aqui?; Eu tenho medo; Eu gostaria de tomar um café; e depois daqui, você fica sozinha?. Estas frases soltas, no meio das sessões, me levaram a pensar que Daniel, apesar de todas as suas limitações, possuía uma afetividade e um psiquismo que certamente poderiam desenvolver-se mais, crescer. A primeira hipótese que levantei foi a de que sua confusão de idéias provavelmente seria decorrente da falta de (re)conhecimento do limite existente entre realidade e fantasia, entre interno e externo, da falta de contato com a afetividade, enquanto afetividade e não como uma intelectualidade comprometida. Era perceptível que ele sofria com tudo isto, do mesmo modo que para mim, pessoalmente, tudo aquilo era também muito difícil. Muitas vezes, sentia-me falando ou agindo sozinha. Às vezes, ele se levantava e pegava algo, algum material e brincava um pouco. Quando não, utilizava o material que eu apresentava de uma forma completamente aleatória a qualquer tipo de instrução que eu pudesse dar.

Na última sessão destinada à avaliação, ele percebeu que havia uma gaveta do armário repleta de tesouras, de tipos, tamanhos e cores diferentes. Ele abriu aquela gaveta e olhou para mim, surpreso, ao ver tantas tesouras juntas e perguntou se todas ali eram minhas, ao que eu respondi afirmativamente. Ele voltou-se para mim, segurando várias das tesouras nas mãos e, dando pela primeira vez uma certa continuidade ao pensamento, disse: Então você é a Diretora das Tesouras. E você vai me ensinar a cortar! Eu não sei cortar! Você pode me ensinar a cortar, Ana? Neste momento, ouvi sua pergunta como pedido de ajuda. Ainda não sabia dizer exatamente o que ele gostaria de aprender a cortar, mas, de qualquer forma, os cortes representam, para Ramain-Thiers, a possibilidade de crescer e de transformar. Ele sabia que eu estava ali, provavelmente tinha ouvido e compreendido tudo o que eu havia dito e possuía a capacidade de deliberar sobre o que gostaria de fazer e o que não gostaria.

O Início do Atendimento: Trabalho Corporal

Depois de receber um novo paciente, muitos meses se passarão antes que eu tenha noção do uso particular e inconsciente que a pessoa faz de mim como um objeto dentro do campo da transferência. (BOLLAS. A sombra do objeto. Rio de Janeiro: Imago, 1992)

Ainda por um bom tempo, Daniel continuou chamando-me de diretora das tesouras. Vinha sempre às sessões e tal qual o período de avaliação, fazia sempre o que tinha vontade. O fato de ele colocar-me como aquela que dirige as tesouras levava-me a pensar constantemente sobre o que eu poderia fazer para poder atuar da mesma forma que eu era representada em seu psiquismo. Cheguei a pensar que eu era a representação de uma possibilidade de ação, ao mesmo tempo em que pensava que o fato de ele assim me nomear era porque, realmente, para ele eu era, sem que tivesse de agir.

Eu tentava aproximar-me dele através da fala, da verbalização, através de uma compreensão racional, o que era realmente impossível. Quando me dei conta disto – que queria acessá-lo pela via da racionalização, da intelectualidade – percebi que eu estava reproduzindo ali, na dinâmica das sessões, exatamente aquilo que vivenciei no primeiro dia em que o vi: ou ele falava comigo, mantinha um discurso correto, comportava-se bem, ou eu não poderia fazer nada. Ao me distanciar daquela vivência inicial, pude pensar em outra forma de aproximar-me que não fosse pela via do meu desejo, o que, naquela situação transferencial, era também o de sua mãe: vê-lo corresponder a um certo enquadre de comunicação. Não apenas reproduzi a postura e o desejo da mãe, como também coloquei Daniel numa posição de integralmente impossibilitado para um trabalho que visava a uma integração maior. Se havia algo realmente difícil para ele, era a área de comunicação verbal. E esta era exatamente a área que eu estava procurando mantê-lo. O que ele menos necessitava era da força da inadequação verbal. Precisávamos conversar sem palavras. Percebi, então, que eu havia negligenciado todas as possibilidades do Trabalho Corporal.

A partir daí, iniciamos uma longa etapa de Trabalho Corporal nas sessões. A princípio, eram acompanhadas de grunhidos, gritos, risadas, puns, arrotos, sons diversos que ele fazia com o corpo. Nesta primeira etapa de desenvolvimento do trabalho, eu praticamente realizava as propostas junto com ele, ao invés de somente dar a instrução, como normalmente se faz em Ramain-Thiers, pois notava que Daniel ainda não tinha condições de compreender uma instrução verbal. Ele realmente precisava de alguém que pudesse mostrar-lhe o movimento, para que, através da visualização do movimento do outro, ele pudesse mobilizar o seu.

As propostas de Trabalho Corporal eram absolutamente voltadas a atividades que visavam a mobilização de aspectos relativos à fase oral do desenvolvimento psicossexual: rolar pelo chão, deitar, esticar o corpo e, depois, contraí-lo, percepção das partes do corpo, das juntas, detalhes das mãos e dos pés. Também havia as propostas de criação de sons e movimentação com a língua, caretas. Muitas vezes, ele literalmente pedia para ser alimentado na sessão: comer bolachas de leite, tomar café, suco. As únicas verbalizações que eu procurava fazer dirigiam-se ao ato de nomear, para Daniel, a parte do corpo que ele estava movimentando naquele momento ou, então, para alguma especificação do tipo de movimento que estava sendo feito (lento, rápido, girar, rolar, caminhar).

Algumas poucas vezes, ele repetia, mas, na grande maioria, ele somente sorria. Em alguns momentos, ele se soltava na proposta e brincava como um bebê.

Na medida em que ele foi parando de produzir os sons guturais, de manifestar tão acentuadamente as reações físicas da fase oral do desenvolvimento (gritos, grunhidos, puns), fui introduzindo elementos mediadores nas propostas de atividade corporal. O primeiro deles foi a bola de borracha; eu entregava uma a ele e pegava outra para mim. Iniciávamos uma nova etapa em nossa relação psicoterapêutica: no momento de exploração do material, cada um explorava o material como queria e não mais de maneira idêntica ou espelhada. Outros elementos mediadores foram, progressivamente, introduzidos, como: esponjas macias, algodão, tecidos, instrumentos musicais, outros tipos de bola. Daniel experimentava novas sensações e vivia corporalmente a percepção de novos objetos nas relações humanas. As verbalizações passaram a ser mais coerentes, constantes e espontâneas. Daniel referia-se, cada vez mais, às sensações que os materiais proporcionavam, falando do que era macio, gostoso, fedido, cheiroso, áspero. Em alguns momentos, ele dizia: Ana, vamos fazer igual, como a gente fazia antes? E, em outros momentos, pontuava: Ana, agora cada um faz o seu, ou: Ana, agora você só me olha. Ainda dentro deste período de percepção e diferenciação de materiais, Daniel ora falava dos materiais como parte ou como continuidade de seu corpo, ora falava dos materiais como algo que sabia que não era o seu corpo, mas que era utilizado como se fosse. Por exemplo, segurando a bola com uma das mãos, ele dizia: Minha mão é gigante, é maior do que a outra. Outras vezes, colocava a bola por dentro da camiseta, na barriga e dizia: Olha, é a bola. Até parece minha barriga, só que não é. Posteriormente, ele começou a conversar com os materiais, perguntando como eles estavam, se estavam bem, se gostavam de apanhar, se estavam tristes ou alegres. Ele se relacionava sozinho com os materiais e, então, eu comecei a dar as instruções para o Trabalho Corporal, para que ele realizasse sozinho a proposta. Em alguns momentos, isto era possível, em outros, não.

Comecei a propor a execução de algumas atividades relativas ao Orientador CR. Apesar de apresentar muita dificuldade na execução da atividade, ainda que o material estivesse adaptado às suas condições de manuseio, Daniel compreendia a instrução da proposta e se propunha executá-la. Mantinha-se concentrado por um curto período de tempo na atividade. Às vezes, falava sobre alguma coisa, contava algo que havia acontecido com ele ou, simplesmente, olhava para os lados, comentando sobre alguma coisa da sala, sempre retornando para a atividade. Mas a base das sessões ainda era o Trabalho Corporal.

Seu caminhar, sua postura e suas verbalizações demonstravam que ele estava começando a se transformar. Iniciamos outra nova etapa, na qual, através do jogo, ele passava a falar de seus sentimentos. Jogar a bola para mim significava ter que me ver, me localizar, controlar a força de seu braço, se preparar para receber a bola que vinha, acompanhar seu trajeto, para poder pegá-la. Os jogos passaram a ser bastante variados, com diversas regras, ditadas por ele, por mim ou conjuntamente. As regras sociais passaram a ser compreendidas e aceitas. Nos momentos em que ele queria verbalizar algo, pedia para parar o jogo, aproximava-se de mim e dizia o que queria, o que sentia necessidade de comentar. Geralmente, era a lembrança de algum fato ocorrido com ele. A questão da temporalidade já existia: presente, passado e futuro eram coisas que possuíam sentido em sua vida psíquica.

Aos poucos, estas verbalizações foram transformando-se numa verdadeira eclosão de afetos. Falava muito durante as sessões, lembrava-se de coisas que o irmão havia dito e chorava, repetia frases e trejeitos do pai ou da mãe, falava de sonhos. Trazia para o *setting*, através de suas verbalizações, todas as pessoas que povoavam seu mundo interno de relações.

Na medida em que ele se foi desenvolvendo psiquicamente, sua percepção a respeito do funcionamento do seu corpo também foi tornando-se mais apurada. Percebia exatamente quais eram as sensações que iam surgindo em seu corpo, quando da proximidade de uma convulsão, tais como a tontura e o coração, que ficava maior e começava a bater muito forte. O número de convulsões que ele tinha por mês diminuiu, a ponto de ele passar a ter somente uma convulsão num semestre inteiro. Percebia também quais eram os estímulos externos que provocavam a convulsão, com flashes de luz muito fortes, excesso de exercício físico, barulho ou agitação demais no meio de muitas pessoas.

As propostas do Orientador Terapêutico Thiers para Crianças-CR passaram a ser, cada vez mais, utilizadas e o tempo de duração das sessões foi aumentando gradativamente para 50' (cinqüenta minutos) a 1 (uma) hora de duração. As sessões já se compunham de, mais ou menos, 20' (vinte minutos) para o Trabalho Corporal, e o restante do tempo era destinado à execução de alguma atividade e verbalização.

Desenvolvimento e Transicionalidade: os Orientadores Terapêuticos Thiers

Daniel começou a realizar as propostas do Orientador Terapêutico Thiers para Crianças-CR, por volta do mês de agosto de 1995. Todo o material a ser aplicado tinha de ser adaptado ao seu manuseio.

As propostas de Cópia eram feitas em duas etapas: ou eu refazia o desenho-modelo numa outra folha de papel quadriculado, desenhando-o em pontilhado, ou ele fazia um decalque do desenho, para que, depois, pudesse fazer a cópia propriamente dita, olhando o desenho-modelo original. As propostas de Textura e de Dobradura eram as que ele mais gostava, talvez porque não necessitassem de adaptações. Retas e Curvas eram prazerosamente executadas, apesar da dificuldade. Muitas vezes, eu tinha de me colocar atrás dele, como que o abraçando, segurando sua mão e iniciando a execução da proposta. Seu desenvolvimento neste conjunto foi bastante evidente, principalmente nas propostas de Alinhavos e Codificação, que requerem uma capacidade maior de percepção e abstração. As Sinuosas já eram bem mais trabalhosas, pois Daniel realizava o percurso do movimento do arame com os dedos sobre o papel, depois sobre lixa grossa, decalcava, para depois poder tentar trabalhar. Eram sempre propostas muito frustrantes, uma vez que ele não conseguia executá-las corretamente e percebia que não conseguia. O conjunto de Seqüências Codificadas era feito sobre a prancha de feltro. As peças não precisaram ser adaptadas. Traçado e Símbolos foram propostas que rapidamente ele desenvolveu potencial para realizar. Arte e Quebra-cabeça ele realizava sem muito compromisso: quando queria, conseguia um bom resultado; quando não, o resultado era um trabalho absolutamente confuso. Ele percebia este movimento e percebia o quanto estava ligado ao seu desejo de realizar algo ou não. Motivos Simétricos foi um conjunto muito trabalhado; ele conseguia facilmente reproduzir a metade desenhada no modelo e a outra parte demorava muito para localizá-la dentro do espaço que dispunha. Sócius e Caleidoscópio foram conjuntos introduzidos bem lentamente nas sessões. Muitas partes, muitos pedaços; poder agregar as peças num conjunto harmônico, fosse com base num modelo ou com base em sua própria criatividade, eram sempre um problema muito sério a ser resolvido por ele.

Daniel começou a associar o fato de que suas verbalizações estavam relacionadas ao *setting* e às propostas de trabalho, que eram

76

COMPARTILHAR EM TERAPIA
SELEÇÕES EM RAMAIN-THIERS

solicitadas ali, às vivências que ele se dispunha a realizar. Em algumas sessões, ele pedia: Ana, hoje não dá. Vamos só jogar um jogo?

A fim de ilustrar o conteúdo de suas verbalizações, apresento alguns comentários a respeito de alguns trechos de sessões que considero marcantes em seu percurso de desenvolvimento. Em uma proposta de Seqüência Codificada, depois de já haver terminado a execução, olhou bem para a prancha quadriculada e perguntou por que ela não havia sido ocupada integralmente. Não deu para ocupar tudo. Você não quer fazer mais sons para eu poder ocupar todo este espaço aqui? Respondi que não; a proposta era aquela mesma. E ele disse: Mas sabe, eu não gosto de deixar espaço para os outros. Outra criança pode vir aqui e colocar as peças que não são as minhas aqui, no espaço. Eu disse que ele não correria este risco. O espaço, ali comigo, naquele horário, era dele. Eu trabalhava também com outras crianças, com outras pessoas, mas cada um ali tinha o seu espaço. Ele fez uma careta e disse não gostar nada disto.

Numa proposta de Símbolos (15-16) que envolvia a prancha de pregos e contas de tipos diferentes, dentro de uma moldura delimitada, Daniel começa a execução falando, em tom de brincadeira, que as contas estavam fugindo dele e gritava: Socorro, socorro! Elas estão fugindo de mim, elas estão querendo me abandonar! Perguntei a ele quem o estava abandonando, e ele respondeu: O problema, Ana, é que você não está querendo me ajudar, você quer que eu faça tudo isto sozinho. Venha fazer comigo. Eu disse a ele que não, que ele teria que fazer as coisas dele sozinho, por conta dele mesmo. Ele imediatamente retruca: Mas você não faz nada com ninguém? Você só olha? Respondi que não, que eu fazia coisas com outras pessoas, quando era o momento certo para isso, como nós dois bem no início do trabalho. E fui recordando com ele as propostas de trabalho corporal; ele ia comentando algumas sessões. Finalizei dizendo que agora ele é quem fazia seus próprios trabalhos, e que eu estaria ali perto dele. Ele me disse: Ah! Então, você está me assistindo! Respondi que sim, que eu estava ali para assisti-lo, ou seja, vê-lo e cuidá-lo. Terminando a execução da proposta, perguntei o que ele tinha achado. Ele disse que parecia Pedro e o Lobo, e que ele havia ficado muito feliz, porque sabia que era forte e inteligente. Ainda nesta mesma sessão, após atividade do conjunto de Texturas feita sobre uma lixa, ele termina o trabalho, olha bem seriamente para mim e diz: o trabalho é meu, sou eu que guardo e você fique aí me assistindo!

Trabalhando a Seqüência Codificada de Formas (03-6), ao visualizar uma determinada forma, ele disse que não sabia o que era aquilo que eu estava mostrando a ele. Respondi dizendo que a peça estava ali, que ele já a havia localizado num outro momento, instantes atrás. Ele disse novamente que não sabia o que era aquilo e que não ia conseguir encontrar, porque não conseguia entender o que era. E repetia para mim: Eu não sei o que é isto, eu não sei o que é isto. Foi quando lhe perguntei o que é que ele não sabia e que o deixava tão angustiado. Ele respondeu prontamente que não sabia quem é que iria cuidar dele em sua casa, porque sua empregada – que, por sinal, tinha o mesmo nome da mãe – não iria mais trabalhar lá, ia voltar para a casa dela que era muito longe daqui. Seus olhos se encheram de água, e ele começou a chorar. Repetia algumas frases, dizendo que não conseguia entender por que ela não queria mais trabalhar na casa dele. Ainda chorando, disse que havia machucado o dedão do pé: Ana, o machucado dói, dói muito. A proposta que havia sido interrompida logo no início da sessão permitiu que falássemos praticamente a sessão inteira sobre a dor da perda, do afastamento, de seu medo de ficar só, de ser abandonado, exatamente por saber que precisava de ajuda. Chegamos ao final da sessão, e eu lhe disse que nosso tempo já havia terminado. Ele me olhou e disse que a sessão ainda não podia acabar, porque nós ainda não havíamos terminado o trabalho e me pediu que terminássemos. Retomamos a proposta a partir do ponto em que havíamos interrompido, e ele a executou com muita facilidade, até o final.

Frente às verbalizações e associações que ele trazia, que me pareciam cada vez mais amadurecidas, mais trabalhadas por ele mesmo, decidi ir introduzindo algumas atividades do Orientador Terapêutico Thiers para Adolescentes-AD. Este período foi muito interessante, inclusive, porque Daniel se deu conta de que as sessões estavam diferentes. Numa proposta de Transposição do Orientador Terapêutico Thiers para Adolescentes-AD, ele fez comentários acerca da diferença entre as peças, que agora o desenho era pequeno, e as peças eram maiores que as do desenho. Disse ainda que isto não era um problema, porque elas sempre conseguiam encaixar-se do jeito certo. Depois disto, em uma atividade livre, ele fez um trabalho de recorte e colagem em cartolina. Ele foi pegando o material que iria utilizar e ficou até o final da sessão neste trabalho. Quando terminou, disse que este estava bem mais bonito do que um primeiro que ele fez, logo que começamos o atendimento. Ele foi até a pasta e pegou este trabalho mais antigo, comparou os dois e disse que o novo estava bem melhor.

Atualmente, temos trabalhado somente com o Orientador Terapêutico Thiers para Adolescentes-AD. Para finalizar a exposição do atendimento, vou fazer mais alguns comentários a respeito do conteúdo das sessões, onde utilizei este Orientador e que observei a continuidade de seu amadurecimento. Em Sinuosas e Ângulos (Anexo 1), uma das etapas do trabalho era a de decalcar o modelo e colar barbante colorido por cima antes de trabalhar com o arame. Ele interrompeu o trabalho de colagem para me falar sobre seu relógio de pulso. Disse que seu relógio era muito grande, forte, tão duro que não quebrava, e que era igual ao de seu pai. E perguntou se eu não tinha relógio. Eu disse que sim e mostrei a ele meu relógio de pulso. Ele riu, dizendo que o meu relógio não era igual ao dele. Perguntou se meu marido tinha um relógio igual ao dele. Eu respondi que não, que ele tinha um outro tipo de relógio, diferente do meu e diferente do dele. Ele respondeu: É, cada um tem um relógio de um tipo mesmo. Cada um tem o relógio que merece.

Em outra sessão, numa proposta de Códigos e Inflexões, as palavras decodificadas foram: vitória, tristeza, alegria, dúvida e desespero. Depois de ele haver conseguido decodificar corretamente, eu pedi que ele falasse algo sobre algumas das palavras que ele havia escrito. E ele, quase um poeta, disse: A tristeza chora e depois vai embora e alegria é quando a gente sonha. Brincalhão, em uma outra proposta deste conjunto que trazia uma inflexão, pedi que ele falasse um pouco sobre o significado daquilo, e ele disse bem rapidamente: Ora, significa que as letras estão juntas e formaram uma frase.

Na primeira execução de uma proposta de Encaixe (01-1), ele passou o tempo todo falando dos limites da relação psicoterapêutica (Anexo 2). Contou-me que iria à casa de seu amigo Francisco e, se eu quisesse, poderia ir junto com ele. Respondi que eu não iria, porque nosso trabalho existia ali, naquela sala. Ele continuou, dizendo que o aniversário dele já estava chegando, que ele iria fazer uma festa, e eu poderia ir. Respondi novamente que não iria, que era muito bom poder trabalhar com ele como vínhamos trabalhando e provavelmente ele gostava de vir às sessões, exatamente porque elas existiam daquela maneira, daquele jeito. Ele, continuando seu trabalho de recorte para depois poder encaixar, disse-me que a tesoura que ele estava usando não era muito boa. Era pequena, de cor feia e não estava cortando muito bem. Ele se levantou, foi até à gaveta das tesouras, olhou bem e não escolheu nenhuma outra. Voltou à mesa e me disse que ali não havia nenhuma tesoura que fosse melhor do que a que ele tinha na casa dele, porque aquela sim é que era boa: bem grande, toda prateada e só dele.

A Diretora das Tesouras já não existia mais. Ele próprio possuía sua tesoura e já havia aprendido a cortar.

CONCLUSÃO

Caberá aqui compreendermos como se procedeu o desenvolvimento do trabalho psicoterapêutico com Daniel, desde a significativa intervenção do Trabalho Corporal, até às associações e verbalizações derivadas da aplicação dos Orientadores Terapêuticos Thiers, colocadas dentro de um *setting* possibilitador e sustentador.

No início do trabalho, Daniel mantinha-se em um estado narcísico bastante regredido, impossibilitado de relacionar-se com o mundo, exatamente pela falta de um contato afetivo materno organizador e continente. O contato de Daniel com sua mãe era limitado, e ele ocupava, dentro de sua família e dentro do psiquismo dos pais, o lugar de alguém, cuja afetividade era consonante à capacidade intelectual, ou seja, limitada, impossibilitada, confusa, primária. Não havia dentro dele um espaço psíquico que pudesse acolher, delimitar e discernir os elementos fantasiosos daqueles concretos, o mundo externo do interno. Tudo era uma coisa só, e percebia-se o quanto este mundo de Daniel, misturado e confuso, era inominado.

O Trabalho Corporal proporcionou que meu contato com o paciente se desse dentro deste nível narcísico, uma vez que a linguagem corporal o remeteu ao reconhecimento de sua própria linguagem, embasada nas sensações e percepções somáticas. A possibilidade de compartilhar com alguém deste estado de regressão e, a partir daí, poder transformar, organizando e estruturando seu psiquismo, é que pôde promover sua melhora. Nomear seu corpo, nomear as sensações, permitir que ele emitisse sons de bebê, dar suporte a toda esta vivência corporal que, num determinado momento, se transformou em representação.

D.W. Winnicott, em seu livro *Holding e interpretação*, diz:

> ... *A vantagem de uma regressão é que ela traz consigo a oportunidade de correção de uma adaptação inadequada presente na história passada do paciente, isto é, no manejo do paciente como bebê. ... Sempre que compreendemos profundamente um paciente e mostramos isso através de uma interpretação correta e oportuna, estamos, de fato, oferecendo holding ao paciente e tomando parte*

de um relacionamento no qual o paciente está, em algum grau, regredido e dependente. (Winnicott, 1954, p. 215).

Deste pensamento de Winnicott só nos resta saber exatamente, quando e como fazemos para compreender profundamente um paciente. Sem dúvida, isto é muito mais difícil de se conseguir do que apoiar o trabalho somente na aplicação de um método. Isto requer que se repense cada paciente, a cada sessão. Requer proximidade, requer presença, requer um trabalho pessoal muito mais intenso, requer que entremos em contato com um não saber a respeito do outro.

Neste caso, todo o trabalho foi desenvolvido no sentido de resgatar, explorar, desenvolver os aspectos psíquicos relativos à afetividade de Daniel. Mas, ao fazer isto, o restante também pôde reestruturar-se: seu comportamento, seu aproveitamento, suas amizades, as relações familiares e tudo mais. O método Ramain-Thiers, devido a sua diversidade de materiais e propostas, através da possibilidade de interpretação, foi um instrumento eficaz, uma vez que proporcionou a reconstrução de um espaço psíquico destinado ao potencial de criação, dentro deste manejo do paciente como um bebê.

Sem dúvida, este é um caso onde o paciente apresenta especificidade de um comprometimento neurológico. Não saberia, e nem poderia, afirmar que todos os pacientes com este tipo de comprometimento poderiam ou teriam o mesmo sucesso. Mas posso afirmar que o método Ramain-Thiers, enquanto psicoterapia, nos leva a pensar o paciente a partir de suas necessidades e, deste modo, podemos ampliar nossa capacidade de compreensão do outro. O limite passa a pertencer a nós mesmos, enquanto socioterapeutas.

BIBLIOGRAFIA

BOLLAS, C. *A sombra do objeto*. Rio de Janeiro: Imago, 1992.

JOSEPH, B. *Equilíbrio psíquico e mudança psíquica*. Rio de Janeiro: Imago, 1992.

THIERS, S. *Sociopsicomotricidade Ramain-Thiers*. São Paulo: Casa do Psicólogo, 2.ª ed., 1998.

_____. *Orientador terapêutico Thiers para crianças-CR*. Rio de Janeiro: CESIR, 1992.

_____. *Orientadores terapêuticos Thiers para adolescentes-AD*. Rio de Janeiro: CESIR, 1993.

WINNICOTT, D. W. *Holding e interpretação*. São Paulo: Martins Fontes, 1991.

2

Um Experimentar Mudar...

ANGELA DUARTE*

Este é o relato de uma experiência de *Sociopsicomotricidade Ramain-Thiers*, em uma instituição da área de saúde da rede municipal do Rio de Janeiro, em regime ambulatorial, no apoio à clínica de Homeopatia, com pacientes adultos com queixas de sintomatologias psicossomáticas. O contrato previu adaptações a nível de tempo e recursos técnicos, por se tratar de ambiente hospitalar, sem sala própria para atendimento psicológico. As experiências realizadas mostraram a possibilidade de utilização do método Ramain-Thiers, com seus pressupostos básicos – leitura emocional da dinâmica de um conflito psíquico, expresso pelo corpo – mesmo tratando-se de instituição pública, onde há o estereótipo de que pessoas carentes e de baixo nível socioeconômico e escolar não se beneficiam de intervenções psicoterápicas que utilizam recursos elaborativos.

Aqui, segue o relato de um atendimento individual realizado uma vez por semana, durante um ano, com uma paciente do sexo feminino, 33 anos, professora, casada, dois filhos menores, com queixa de fortes dores de cabeça e problemas ginecológicos a nível clínico e dificuldades relacionais no trato de seu casamento e filhos.

---

* Psicóloga, Sociopsicomotricista Ramain-Thiers, Supervisora Ramain-Thiers no Rio de Janeiro, São Paulo e Salvador (BA), Psicóloga do Setor de Saúde Mental da Secretaria Municipal de Saúde (Ilha do Governador, RJ).

Primeiros Contatos

Os primeiros atendimentos foram a nível de apoio, durante as consultas médicas, das quais eu participava, para, então, propor um contrato de ajuda psicológica em separado. Acertado este contrato, paralelo às suas consultas médicas, esse evolui pela sua mobilização para um contrato psicoterápico Ramain-Thiers, com Orientador Terapêutico Thiers para Adultos-E.

Durante algumas semanas, as sessões eram exclusivamente de verbalizações e relaxamento a nível corporal, face ao relato emocionado de sua traumática história de vida infantil, com situações de carência alimentar, afetiva, social e escolar, inclusive com maus-tratos físicos, por um período que ela não sabe precisar quanto tempo, quando contava mais ou menos 4/5 anos de idade. Neste tempo, ficou na companhia de uma irmã menor, num quarto trancadas, sem poder sair nem para necessidades fisiológicas. Relatando suas lembranças, ressaltava sempre um núcleo de vida, forças vindas não sabia de onde, para sair e viver... Assim, via na terapia uma possibilidade de ajuda para agora poder viver e reconstruir seu mundo. Muito lhe incomodava seu casamento, feito quando ainda muito jovem, como uma possibilidade de ter, enfim, sua casa. Pode perceber que reproduzia o modelo internalizado, uma vez que o relacionamento era de uma semelhança assustadora com o vivido na infância, à exceção da carência alimentar. A maternidade parecia ter preenchido uma lacuna grande de sua vida afetiva, embora o relacionamento com os filhos, difícil e agressivo.

Atendimentos Ramain-Thiers

Atendimentos realizados uma vez por semana, com 1 (uma) hora por um ano, sem interrupções significativas. A opção pelo Orientador Terapêutico Thiers para Adultos-E se deu por perceber que o desafio é que tocava sua possibilidade de construção de objetos internos bons, aceitava melhor o que vinha dela mesma, conseguido com esforço.

Sempre verbalizava como é difícil, eu tremo toda, suo, meu coração bate forte, mas é bom ver que sou capaz, e assim minha cabeça não dói mais... Cada dificuldade vivida nas propostas do Orientador Terapêutico Thiers ia acalmando as lembranças dos afetos, agora aceitos como parte de sua reconstrução de vida e objetivo para mudar.

Durante alguns períodos, as crises de dor de cabeça eram intensas, e ela concluía que entendia por que tanta dor e corrimento. Nestes momentos, o contato com o clínico foi fundamental, para permitir uma harmonização que não bloqueasse a expressão de seu corpo, mas que aliviasse sua dor. Revelava também, nas tarefas, uma alegria e espontaneidade exploratória, diante do material oferecido, necessitando, por vezes, colorir muito o seu trabalho ou fazer bem devagar, com um cuidado muito grande e pedindo para levar vários de seus trabalhos – quando olhar para isso e mostrar para eles o que eu fiz... Precisava, também, concluir seus trabalhos e, só ao final do contrato, permitiu-se deixar propostas inacabadas. Os erros eram incentivos para continuar e a deixavam muito satisfeita, experimentar reparar sem danificar. Após, aproximadamente, 6 (seis) meses de trabalho, sua estruturação egóica permitiu um grande corte em sua vida, com efetivação de sua separação, a princípio vivida como impossível pelas ameaças vividas (algumas reais).

As verbalizações eram bem significativas, alternando períodos muito intensos de falas, choros e silêncios prolongados.

Durante um tempo, vinha trazer-me pequenos lanches, antes de ir trabalhar.

Ao fim de nosso contrato, não mais mantinha consultas médicas com regularidade, pois, autorizada pelo homeopata, administrava conscientemente o uso de seus remédios. Houve remissão total da sintomatologia ginecológica, e seus episódios de dor de cabeça eram bem pouco freqüentes e bem mais leves.

Reorganizou sua dinâmica familiar e profissional e coloca como meta realizar seu sonho: uma loja de venda de salgados e doces, já que o que sabe fazer bem é comida.

A seguir, algumas propostas realizadas, com partes de seu relato:

1. Orientador Terapêutico Thiers para Adultos-E: 16-3 BALEIA
como é difícil! Não consigo ligar nada... Vou me perder... me ajuda... preciso sair daqui... é a baleia do Pinóquio? ...
2. Orientador Terapêutico Thiers para Adultos-E: 06.9 DOBRADURAS
trabalho realizado em silêncio, mas com dor de cabeça
3. Orientador Terapêutico Thiers para Adultos-E: 06-6 A VILA (Anexo 3)
não posso me perder, nem deixar nada separado
4. Orientador Terapêutico Thiers para Adultos-E: 09-3 SUPERPOSIÇÃO DE QUADRADOS
fala de recusas em mudar de vida e sua falta de coragem de ver outras possibilidades

5. Orientador Terapêutico Thiers para Adultos-E: 15-7 REVOADA DE BORBOLETAS (Anexo 4)
   sou eu e minhas coisas
6. Orientador Terapêutico Thiers para Adultos – E 07-6 A ROSA DOS VENTOS
   sinto muita calma

Concluindo, pensei em fazer algumas incursões teóricas, mas considero que o breve relato, por si só, é significativo da teorização descrita na obra Ramain-Thiers, e que nossas experiências, mesmo que ousadas, possam contribuir, cada vez mais, para consolidação de seu valor científico e ampliação de campo de trabalho.

Acrescento que a experiência com a Sociopsicomotricidade Ramain-Thiers, também, foi realizada em atendimento de grupo realizado uma vez por semana, durante um ano, com 8 (oito) pacientes do sexo feminino, em dois períodos de 4 (quatro) meses, faixa etária de 30 (trinta) a 60 (sessenta) anos, com queixas de problemas cardiológicos e respiratórios e de coluna; todas com dificuldades na relação familiar (casal e filhos). Foram utilizados, da técnica Ramain-Thiers, recursos dos conjuntos de execução com ênfase maior em construção e criatividade (Sócius, Volumes, Atividades Semidirigidas, Histórias) e trabalho corporal com ênfase em tônus, relaxamento e sensibilização. Ao final do trabalho, ocorreram mudanças no contexto familiar e descoberta de possibilidades de atuação profissional de alguns elementos e, em geral, melhoria da qualidade de vida em função do autoconhecimento de seus núcleos ansiogênicos, com conseqüente diminuição da freqüência da sintomatologia clínico-psicossomática. Durante todo o trabalho, houve comunicação da dinâmica afetiva ao atendimento clínico-homeopata para contribuição na prescrição medicamentosa.

BIBLIOGRAFIA

THIERS, S. *Orientador terapêutico Thiers para adultos–E*. 2.ª ed., Rio de Janeiro: CESIR/Núcleo Ramain-Thiers, 1995.

3

Sociopsicomotricidade Ramain-Thiers – Caso Clínico

JUSSARA TEIXEIRA ORLANDO*

A tentativa que ora nos propomos é a de colocar, por escrito, um pouco do que foi o processo terapêutico de um paciente, desde o momento em que iniciou sua terapia, até sua interrupção ocorrida há três anos e meio depois. O processo compreendeu algumas sessões individuais e, finalmente, a Psicomotricidade Ramain-Thiers Grupal. Nossa tentativa vai ser de pôr a descoberto os componentes psicossociodinâmicos que permearam, os encontros terapêuticos semanais, sobretudo a partir do momento em que foi feita indicação de terapia grupal.

SOBRE JORGE

37 anos, esguio, olhar penetrante e muito expressivo. Está visivelmente nervoso e preocupado. No geral, parece estar angustiado e oprimido, manifestando certa dificuldade para interagir. Diz ter uma certa idéia do que seja uma terapia, pois, em momentos de crise existencial, foi submetido a algumas Psicoterapias Breves, com efeitos satisfatórios. Perguntado do porquê das interrupções nos tratamentos, responde sempre da mesma forma: assim que obtinha melhora, eu dava um tempo. À medida que vamos compondo um pouco de sua história,

---

* Psicóloga, Sociopsicomotricista Ramain-Thiers, Psicodramatista e Terapeuta de Família, Supervisora de Brasília-DF.

notamos o quanto é difícil para Jorge cuidar de si mesmo, e que a mulher e filhas ocupam um espaço particularmente preponderante em sua vida.

Progressivamente, montamos o seu átomo social: poucos vínculos, restringindo-se quase exclusivamente à estrutura familiar (esposa e filhas).

Jorge diz ter-se graduado em economia pela Universidade de Brasília, está casado há 17 anos, e é pai de duas filhas (16 e 13 anos); é gerente de uma conceituada instituição financeira, onde é reconhecido pela sua atuação profissional.

Foi encaminhado e orientado a procurar a metodologia Ramain-Thiers, pela abrangência da mesma e pela sua especificidade, no tocante à queixa principal que trazia: troca de letras na escrita e grafia feia.

JORGE E O PROCESSO TERAPÊUTICO

Sabemos que Ramain-Thiers atualiza situações da vida de cada um, onde, diante das sucessivas propostas, aparece o medo de errar que mobiliza basicamente perdas, e essas fazem emergir defesas como a negação e o controle onipotente. Levantamos a hipótese de que a Psicoterapia verbal tradicional não teria êxito com tal cliente, devido a seu forte mecanismo de racionalização que atua para impedir o contato com emoções profundas.

Jorge é convidado a participar, pela primeira vez, de uma terapia de grupo. Tal grupo parece-nos ser ansioso, porém falante, faz afirmações determinadas com relação a mudanças futuras.

Nosso cliente contribui de forma intelectualizada, é freqüentador assíduo e muito crítico, na maioria das vezes.

Como era de se esperar, no início, Jorge apresentava grandes desempenhos diante das propostas que eram oferecidas. Sempre o primeiro a terminar a tarefa proposta e, assim, começa a aparecer sua dificuldade em esperar o tempo do outro. Revela sentimento de raiva e impaciência. Não consegue ainda associar as propostas a questões de sua vida pessoal, pois tudo que é vivido por ele é de forma muito racional.

Numa proposta de Estimativa, Jorge acaba por deparar com uma das suas maiores dificuldades: errar – foi, sem dúvida, mobilizado no seu narcisismo. Lidar com o limite e aceitá-lo é vincular-se à lei maior, que é a interdição do incesto. Durante a verbalização de tal vivência, Jorge consegue fazer associações com fatos de sua vida. Relata acontecimentos ocorridos na sua infância; caracterizou seu pai como sendo um homem/marido autoritário, violento e ausente, vinculado a uma mulher/esposa submissa.

Jorge mostra ao grupo um desenho numa folha de papel, onde fez duas montanhas. Na primeira, ele coloca toda sua família (irmãos e os pais, em fila subindo e descendo a montanha em direção a uma outra que tem um sol resplandecente no topo). Escreve também palavras soltas: criança travessa, desprotegida, só, doida (tenho que ajudar minha família a vencer) [Anexo 5].

Revela, ainda, ao grupo que, desde cedo, para ajudar a família, corria ao rio para pescar e vendia os peixes, competindo com os pescadores adultos. Às vezes, dizia ele, percorria o rio de ponta a ponta, para trocar peixes por outras mercadorias e, ainda, sempre fui falante e bom de negócios. Jorge emociona-se, porém, rapidamente racionaliza a emoção, dizendo que tudo que aconteceu havia sido importante, pois preparou-lhe para uma vida futura.

À medida que o processo avançava, nosso cliente demonstrava grande interesse pelo grupo. A cada sessão, a relação transferencial ficava mais forte. Irritava-se, quando acontecia algo que pudesse corrigir a sua falsa percepção. O mecanismo da negação surgia muitas vezes para proteger o não poder ver tudo o que é doloroso demais, para ser exposto e com isto desidealizar-se. A agressividade era alta e, assim, eram colocados na figura do terapeuta seus conteúdos emocionais, estabelecendo as primeiras transferências que, em Ramain-Thiers, costumam ser negativas.

Eram visíveis o ódio e raiva acompanhados por socos na mesa. A terapeuta faz interferência, tentando ajudá-lo a se integrar, a cada vivência, com as coisas da sua vida. Às vezes, ele fica em silêncio, visivelmente mobilizado, porém, nega mais uma vez e culpa o outro (só pode ser louco quem faz uma proposta desta – ninguém entende o que é para ser feito).

Numa vivência de Cruzes, nosso cliente foi mobilizado pelo sentimento de perda. Nos comentários, associou à morte de sua mãe, faz um desenho que mostra o pai segurando a mão do filho mais novo, e ele chorando do lado do caixão da sua mãe (por ocasião de sua morte, Jorge era adulto, casado e com filhas). Embora visivelmente emocionado, relata o fato sem chorar. Pedi a ele que entrasse em contato com os sentimentos presentes naquele momento, e ele mais uma vez racionaliza. Penso que fiz tudo por ela ...).

Na minha opinião, a tarefa do terapeuta é de ajudar o indivíduo a explorar o mecanismo de defesa que aparece para permitir assim que acabe descobrindo o que está por trás de sua formação.

Para esclarecer tal posição, refiro-me ao pensamento e teoria psicanalíticos. Todos os aspectos da personalidade de um indivíduo influenciarão e contribuirão para a relação que ele encontra num contexto terapêutico.

> *Poucos são livres em suas atitudes com relação a questões como: autoridade parental, dependência, bens, autonomia e rebelião – todas aquelas que, muitas vezes, vêm a ser personificadas na pessoa do terapeuta. Esse é o fenômeno da transferência, experiência de sentimentos, impulsos, atitudes e fantasias com relação a uma pessoa no presente que são impróprias àquela pessoa e são uma repetição, um deslocamento de relações originadas com relação a pessoas importantes da infância precoce.*[5]

Para que seja considerada transferência, deve haver duas características: ser uma repetição do passado e imprópria no presente.

Qualquer que seja a orientação profissional do terapeuta com relação a essas questões, talvez o ponto mais importante seja o reconhecimento da presença da transferência, a sensibilidade para fazer uso terapêutico de tais processos e trabalhar em direção à resolução de quaisquer incongruências.

Em Ramain-Thiers, isso é fundamental. É necessário que o terapeuta Thiers fique atento também a isso.

Voltemos ao caso Jorge.

Com o passar do tempo, para nossa surpresa, a confiança entre os participantes era bastante grande.

Sem dúvida, o tema mais trazido, nesse primeiro ano de terapia, foi família, em seus vários aspectos. Temas como desconfiança do mundo, regras da sociedade, sexualidade e liberdade foram bastante discutidos.

As sessões passaram a conter um pouco mais de clima emocional, a ansiedade tornou-se maior, e a teimosia começou a variar.

Jorge, aos poucos, ao deparar com as tarefas oferecidas, envolvia-se de maneira tal consigo mesmo, com seus conteúdos afetivos que

---

5. PINKUS & DARE. *Psicodinâmica da família*, cap. 2.

acabava por errar no desempenho das mesmas, facilitando com isso a emergência dos conteúdos emocionais. Sentia-se ambivalente em relação à mãe: ora a percebia como efetivamente se preocupando com ele, ora via-se como sufocado e enredado. Quanto mais percebia seu papel dentro da rede sociométrica familiar, mais se sentia impotente e deprimido.

Numa vivência de transformação, onde o sujeito é mobilizado no seu potencial psíquico para mudanças, nas identificações parentais, na reconstrução, elaboração edípica e, basicamente, entrar em contato com as situações negadas e não vividas anteriormente, Jorge pôde trazer aspectos relevantes de sua vida e seus sentimentos em relação a eles. Fez os seguintes comentários: minha esposa lembra muito a minha mãe; exageradamente simples e desprovida de vaidade, porém, acaba conseguindo o que quer.

Recorda que sua mãe esteve sempre entre ele e seu pai e sentia-se pressionado por ela, quando falava do quanto ele representava a sua esperança e que, sempre, subjugou, tentando fazer dele o seu par. Muitas vezes, sentava-se ao lado da mãe durante horas, consolando-a, enquanto ela lamentava a vida que levava com um marido irresponsável e autoritário e, na maioria das vezes, ausente. Jorge acabava por corresponder aos ideais da mãe: era inteligente, responsável, trabalhador e tinha uma escolaridade e uma conduta social exemplar. Essa orgulhava-se do filho e lhe elogiava. Ele a considerava uma santa e fazia o impossível para vê-la mais feliz.

A ausência do pai parece-nos ter contribuído para que esse menino ficasse ligado à mãe, e ela nele, pois, carente, agarra-se ao filho e conta com a sua proteção. Torna-se, assim, precocemente paternal, aparentando uma pseudomaturidade. Seus cuidados parecem ocultar profundos ressentimentos, o que gera culpa e necessidade de reparação. Já não só a mãe infantilizada sobrecarrega o filho, mas, também, o superego aumenta-lhe o peso das obrigações que não têm fim. Esse pai ausente é um modelo, mesmo quando um modelo a ser evitado, pode identificar-se com ele, até porque, apesar do seu caráter, conquistou sua mãe ou por apresentar também alguns aspectos positivos.

A inclinação por uma parceira semelhante à pessoa materna permite, em princípio, repetir a mesma história, tentando dar a ela um final diferente ou tentando dar vazão aos impulsos, até então, relativamente contidos.

Jorge avança, cada vez mais, no seu processo psicoterápico.

Começa a expressar mais facilmente seus desejos de raiva e seus medos. Ia ficando claro para Jorge que, diante das relações parentais mal assumidas, ele passou a ser representante destes papéis e, entrar em contato com isso, percebendo, cada vez mais, o quanto viveu em função do outro, parecia ser muito doloroso.

Numa proposta de recorte da grega, onde se trabalha vivência de culpa, perda, reparação e ambivalência frente aos sentimentos que o indivíduo vive em relação aos pais, Jorge pôde fazer algumas associações com aspectos relevantes de sua história de vida.

Assim, relata sua vivência, e o que ela mobilizou:

— Fui mobilizado através da falta de paciência;
— É difícil percorrer os pontos sem pré-marcação e como deu-me satisfação, quando determinei os pontos antes de percorrer...
— Como tenho medo de errar e me tornar pouco hábil e ridículo;
— Tive vontade de parar, quando não sabia o caminho das pedras, mas fiquei meio frustrado, quando me fora ordenado a parar no momento que estava me sentindo seguro;
— Como é bom se sentir capaz e útil;
— Como é mesquinho se autovalorizar por isso;
— Preciso ser mais irmão, mais amigo, mais companheiro e amenizar esta idéia do supercapaz, superinteligente;

Jorge verbaliza a lembrança que teve de sua terra natal à procura de algo melhor, para oferecer à família. Perdi tudo, pais e irmãos. Quanta saudade. Mas era preciso fazer aquilo (de novo, racionaliza). Recorda ainda que é aprovado no vestibular da UNB para Economia, consegue um emprego razoável, prossegue sua vida.

Como falei anteriormente, Jorge, com certeza, tinha tudo para escolher uma parceira que precisasse ser cuidada e protegida por ele. Era importante para ele encontrar uma complementaridade para esse seu papel de protetor. E que acabou ocorrendo.

Casou-se no ano seguinte que passara no vestibular. Encontra a companheira ideal, para preencher a falta da mãe, pois precisava continuar o seu papel de salvador. Assim, transfere para o seu casamento a função que tão bem exercia na família de origem.

Os primeiros conflitos desta união surgem com o nascimento da primeira filha. Revela Jorge que a mulher não conseguia desempenhar o papel de esposa e de mãe, até que abandona o lar à procura de outro parceiro. Isto foi vivido com muita dor e raiva por Jorge. Ela retorna mais tarde, pois não conseguia desligar-se do marido (pai) que a recebe. Esse fato repetiu-se por várias vezes na constância deste casamento e sempre aceito por Jorge. Após 14 (catorze) anos de casamento que coincide com a adolescência da primeira filha, sua mulher – que tinha formação em Pedagogia – resolve submeter-se ao método Ramain-Thiers, o que veio trazer mudanças substanciais no seu viver.

Vale a pena ressaltar o ato de Jorge também procurar ajuda psicoterápica três anos após a opção da sua esposa, pelo mesmo método que propiciou tantas mudanças. Aqui, Jorge coloca o verdadeiro motivo de procurar o Ramain-Thiers (6 [seis] meses de terapia).

Sem sombra de dúvida, o processo avançava. Jorge começava a dar respostas mais satisfatórias nos diversos papéis de vida. Ele e a esposa pareciam, nesse momento, duas entidades separadas, em interação. Muitas vezes, nessa fase da terapia, irritava-se; era intolerante, tentava isolar-se, mas caminhava.

Na vivência com arame, traz o vivido da seguinte forma:

– que impaciência interna estou sentindo nesse momento, acompanhado do desejo de dominar tudo num só estado, porém, quando isso não é possível, vem o desânimo e a irritação, frustração, sentimento de impotência, despreparo, solidão, perda, redução e insignificância ...

Esta prancha mobiliza o contato com o humano pouco maleável, pouco compreendido e de difícil acesso em pequeno espaço de tempo. Vem a mim a vontade de abandonar tudo como forma de negar a importância do fato, do objeto, do sujeito.

Com o passar do tempo, meu cliente começou a fazer o melhor manejo de sua agressão.

Nessa ocasião, percebia o quanto uma colega do grupo mexia com ele. Um dia, assim perguntei: o que acontece com você, Jorge, ao ouvir isso que a sua colega está trazendo?

Ao verbalizar, ele pôde associar tal conteúdo à pessoa de sua esposa. Seus sentimentos começavam a ser reexperienciados e liberados cada vez mais, acompanhados e liberados da aprendizagem cognitiva inerente ao processo Ramain-Thiers, havendo possibilidades de uma arrancada em direção à reparação.

Jorge expressava mais facilmente seus sentimentos. Como

terapeuta, procurava orientá-lo para a sua realidade, ajudando-o a assumir sua própria identidade. A forma como o grupo experienciava, mutuamente, reagindo e se relacionando, contribui para o crescimento de Jorge.

Aos poucos, sua estrutura egóica estava mais estruturada para suportar perdas de realidade, tais como: mudança de cargo e até separação conjugal, se tivesse de acontecer.

Nesta época foi convidado a assumir um cargo mais elevado dentro do banco em que trabalhava. Surgiu um quadro de excitação, veio o medo de falhar, medo do poder do outro, das expectativas do outro, mas Jorge tomou consciência, no tocante a questões que estavam sendo mobilizadas e acabou aceitando a nova função, obtendo sucessos imediatos.

A cada sessão, meu cliente mostrava que estava tendo uma nova imagem de si, parecia mais real, e as suas relações interpessoais começaram a se tornar mais estáveis.

Para surpresa de Jorge, sua mulher faz proposta de separação conjugal, convicta do que queria. Tal situação foi vivida, a princípio, de forma dolorosa, principalmente, num momento em que se encontrava tão bem consigo mesmo, onde seus papéis sociais estavam mais fortalecidos.

Houve continência do grupo, para que ele pudesse viver e elaborar a perda.

Leitura pós-sessão.

Eu gostaria de dar ao meu grupo o meu testemunho de minha dor e de minha alegria.
Deste ser que sai a luz,
Não como mariposa mas como um pássaro que se liberta de um túnel.
Eu gostaria de receber do meu grupo o ombro amigo, a mão que guia o sorriso
Prazeroso nas minhas e nossas vitórias a sensatez orientadora nos momentos de desesperança.
O meu grupo é um arco-íris, porque é luz, é cor, é gotícula de dor e amor.
É preciso estar atento e forte, não temos tempo de temer a morte.

Jorge continuou ainda o seu processo por mais um ano. Seus resultados foram muito bons. Rompeu sua ligação simbiótica com a mãe, fazendo reparações internas (re-escrevendo sua história no nível de renascimento e renovação, integrando razão/emoção, para alçar vôos cada vez mais altos, em busca de si, promovendo melhor relação com o outro. Encontro. (Anexo 6)

BIBLIOGRAFIA

ANTON, C. *A escolha de cônjuge, motivações inconscientes*. Porto Alegre: Iara Camaratto, 1991.

FREUD, A. *O Ego e seus mecanismos de defesa*. Rio de Janeiro: Civilização Brasileira, 1983.

HOLMES, P. *A exteriorização do mundo interior*. Teoria das Relações Objetais e Psicodrama, 1947.

LAPLANCHE-PONTALIS. *Vocabulário da Psicanálise*. São Paulo: Martins Fontes, 1991.

ORLANDO, J. *A sociometria co-inconsciente na escolha da parceria afetiva*. Monografia... Brasília, 1996.

PINKUS & DARE. *Psicodinâmica da família*. 2.ª ed., Porto Alegre: Artes Médicas.

THIERS, S. & cols. *Sociopsicomotricidade Ramain-Thiers – Uma leitura emocional, corporal e social*. São Paulo: Casa do Psicólogo, 2.ª ed., 1998.

_____. *Orientador terapêutico Thiers para adultos–E*. Rio de Janeiro: CESIR, 1992.

_____. *Teoria e técnica Ramain-Thiers*. Cadernos I, II, III. Rio de Janeiro: CESIR, 1992.

4

Trabalho de Sensibilização – Uma Técnica Abrangente e Eficaz

VIRGÍNIA CHAMUSCA*

A finalidade desta exposição é transmitir uma experiência que vem sendo desenvolvida e utilizada por mim há alguns anos, cujo procedimento repousa na técnica de trabalhos de sensibilização.

Sabemos, durante o trabalho com crianças, que, em sua maioria, não elege espontânea, ou pelo menos conscientemente, a nossa intervenção, o quanto é importante a aceitação e desejo inconscientes de seus pais, para que o trabalho venha ser bem sucedido.

Em nossos consultórios, ou mesmo instituições, os pais que nos procuram, também em sua maioria, costumam chegar muito angustiados, assustados, temerosos e até raivosos e desconfiados com relação ao papel que, em suas fantasias, passaremos a representar para ele e sua família.

Quando os sentimentos acima referidos não estão presentes ou encontram-se menos evidenciados, outros podem afigurar-se igualmente danosos, se nos idealizam em demasia, ou mesmo à criança, atribuindo-nos papéis os quais nos encontramos impossibilitados de corresponder. A situação agrava-se um pouco mais, quando as desordens emocionais da criança são decorrentes dos próprios conflitos de seus pais.

---

* Psicóloga, Sociopsicomotricista Ramain-Thiers; Especializada em Psicoterapia Psicanalítica pelo INEF; Mestranda do Dept.º de Psicanálise e Educação da Faculdade de Educação da USP.

Maud Mannoni, em seu livro, *A primeira entrevista em psicanálise*, ilustra muito bem estas questões impeditivas e delicadas, quando comenta:

> *A entrada dos pais com a criança no consultório do psicanalista é geralmente o sinal de que se busca recorrer a um terceiro. Testemunha de acusação, confidente, conselheiro, o psicanalista é igualmente visto como juiz, perseguidor ou salvador supremo. Ele é a pessoa a quem queremos agarrar-nos, mas também aquele de quem queremos servir-nos para comentar querelas pessoais. Ele é, antes de tudo, o terceiro e desejamos que tome partido.*

Os aspectos acima mencionados, decorrentes de situações transferenciais, num setting terapêutico, têm amplas e ricas possibilidades de serem trabalhados a contento, quando ocorre entre o socioterapeuta e a criança; a transferência lateral, que é vivida por parte da família em relação ao terapeuta e mesmo ao seu filho, exige uma habilidade especial do profissional e, ainda assim, nem sempre, o resultado é o melhor.

Não foram poucas as vezes que tivemos o nosso trabalho incompreendido, por pais que, por não suportarem a dor provocada por suas fantasias e desejos inconscientes, tiraram seu filho do trabalho em andamento, paradoxalmente machucando-se bem mais e a ele.

A idéia de desenvolver um trabalho de sensibilização surge, portanto, originalmente destas experiências. A princípio, esta técnica foi introduzida como parte integrante da avaliação psicodiagnóstica e tinha como função principal criar uma atmosfera que pudesse promover ou facilitar uma vinculação maior com a família.

A minha surpresa e satisfação foram grandes, ao perceber que este procedimento não somente se tornou um instrumento valioso para a investigação das relações dinâmicas entre pais e filhos, além de ter-se mostrado excelente aos propósitos acima expostos.

À constatação deste fato, sobreveio ainda a observação de que vários pais e respectivos filhos indagavam a respeito da possibilidade de que este trabalho pudesse vir a ser realizado mais vezes, ocasião em que expressavam um profundo discernimento valioso em minha prática clínica, sempre que possível e necessário, através de atendimentos periódicos que ocorrem em média a cada mês e meio e com a duração de duas horas.

Mas o que estou chamando de Trabalho de Sensibilização? O que vem ser para mim, neste contexto, Sensibilizar? De que material utilizo-me para promover esta técnica em questão?

Sensibilizar. 1. Tornar sensível; causar abalo a; comover. 2. Abrandar o coração de. 3. Impressionar vivamente, a fundo, estabelecer a sensibilidade em, nos ensina Aurélio (p. 594).

Compreendidas isoladamente, estas designações podem levar-nos a pensar em algo próximo de uma sugestionabilidade, constante dos trabalhos de orientação, às vezes enganosos e, certamente, insuficientes.

Por outro lado, é do nosso conhecimento a importância de se poder experimentar situações, a fim de melhor compreendê-las e processá-las.

A *Sociopsicomotricidade Ramain-Thiers* é um método de intervenção psicoterapêutica de grupo que busca a compreensão do sujeito psíquico mediante a integração dos seus aspectos emocional, corporal e social. Para tanto, utiliza-se dos conteúdos psíquicos que emergem das propostas da psicomotricidade diferenciada, dos trabalhos corporais e da própria verbalização.

Com base nessas premissas, dando valor ao processo, é que o trabalho de sensibilização se utiliza de atividades adaptadas dos Orientadores Terapêuticos Thiers – CR, AD e E que, ao serem aplicadas à criança, juntamente com seus pais e irmãos, seguidas de suas verbalizações e dos apontamentos do sociopsicoterapeuta, vão poder criar condições, para que possam expressar suas vivências, seus sentimentos e seus conflitos.

Decerto que, por não se tratar eminentemente de uma proposta de terapia, o Sociopsicoterapeuta Ramain-Thiers deverá ser cuidadoso com relação aos apontamentos e leituras que faz, privilegiando a horizontal, que é ligada ao momento da família, e a leitura transversal, que é vinculada aos aspectos social, político e econômico.

A partir do exposto, sensibilizar pode ser igualmente:

- tocar o outro;
- entrar em sintonia;
- tornar-se vulnerável ao que lhe é próprio e ao outro;
- possibilidade de perceber e ser percebido;
- aprender a lidar com as ressonâncias das experiências, através das confluências dos relacionamentos;
- poder descobrir que, nem sempre, o ser emocionado não mais se pertence, e

- que o espaço terapêutico pode ser um lugar protegido para relações reestruturantes.

Em função da bem sucedida experiência com famílias, promovi alguns desdobramentos da técnica, passando a desenvolvê-la em meu trabalho com professores e terapia de casal.

Com professores, o projeto por mim intitulado *A Sociopsicomotricidade Ramain-Thiers – Uma Proposta de Sensibilização para Profissionais que Pensam o Saber* tem como objetivo proporcionar ao profissional que atua na área de educação, constantemente envolvido com questões relacionadas à necessidade de obtenção de um bom desempenho e novas perspectivas de trabalho, a possibilidade de repensar o saber, através de uma dimensão mais profunda, tomando como eixo central a relação professor-aluno, a partir das experiências subjetivas do educador, cujo percurso abrange a temática do inconsciente e suas peculiaridades. Esta proposta é desenvolvida a partir da integração de vivências da Sociopsicomotricidade Ramain–Thiers (atividades corporais, psicomotricidade diferenciada, verbalizações), acrescidas de reflexão e discussão de textos contendo alguns pressupostos teóricos pertinentes ao tema proposto.

Com relação à carga horária, esta é compreendida de 60 (sessenta) horas, distribuídas através de 20 (vinte) encontros de 3 (três) horas semanais ou 15 (quinze) de 4 (quatro) horas semanais.

A seguir, apresento, a título de ilustração, fragmentos de trabalho com um grupo de professores e com uma família, acompanhados das atividades, algumas ilustrações e depoimentos.

TRABALHO COM PROFESSORES

Identificação: Escola de classe média alta de São Paulo
Pré-escola ao colegial
Número de professores que participaram do trabalho:
15 (quinze)
Categoria: 1.º grau (5.ª a 8.ª série)
2.º grau
Tempo de duração: 4 (quatro) horas

Atividades:

A. Apresentação
Material: papel, lápis
Constitui-se de uma atividade onde os professores, por escrito,

através de palavras isoladas (qualidades), apresentavam-se e a um colega, mesmo que este fosse desconhecido (professor recém-contratado). Posteriormente, uma Segunda pessoa o apresenta. Desta vez, verbalmente, mesmo que o estivesse conhecendo naquele momento.

B. Trabalho em grupo
- O Baobá: Orientador Terapêutico Thiers para Adultos-E
  Conjunto 15 – Trabalhos de Grupo
  Proposta n.º 11
  Material: Desenho E.600/10, papel quadriculado de 2 cm, papel kraft, lápis de cor ou cera (caixas), tesoura, durex, cola, barbantes coloridos.

Atividade em subgrupos, cuja proposta compreendeu a realização de trabalhos de cópia através de recorte, montagem e pintura de peças. A seguir, ilustração de uma das atividades (Anexo 7).

C. Trabalho Corporal
  Material: Fitas de 1m de comprimento e, aproximadamente 6cm de largura, lado direito acetinado, cores variadas e perfumadas com lavanda infantil.
  Música: Inicialmente, tranqüila e, aos poucos, com ritmo mais marcado.

Esta atividade reuniu propostas corporais com a finalidade de mobilizar a atenção interiorizada, relaxamento, possibilidade de extroversão, integração e aquecimento para a finalização do encontro, através de proposta verbalizada de elaboração e processamento.

D. Processamento
  Atividade que teve como primeira etapa a transposição para uma folha de cartolina de todas as qualidades dos integrantes do grupo, surgidas durante as propostas de apresentação.
  Posteriormente, deu-se prosseguimento a um trabalho de verbalização e processamento, propriamente dito, daquele encontro.
  Alguns fragmentos de depoimentos:
  Tive vontade de dançar, mas achei que não podia.
  Pensava que somente eu era ansiosa.
  Quando algo está difícil, penso logo em abandonar. Que bom que eu não fiz isso!...

Olha que bagunça esta sala, não sei como isto aconteceu! Pensava que meus alunos fizessem isso propositalmente.
Como é difícil olhar para estes espaços vazios.
Tive vontade de cantar.
Estou saindo daqui, em relação ao grupo, com uma sensação de união, compromisso, tranqüilidade, apesar das ameaças de demissões.
Fiquei muito feliz em perceber que o grupo me vê com qualidades que julgo importantes.

Trabalho com família

Identificação: família de classe média alta (pai, mãe e 2 filhos [menina, 12 anos, 6.ª série, e menino, 14 anos, 8.ª série]).

Queixa Nenhuma. Minha filha é brilhante, inteligente, organizada, bem-humorada, engraçada.

Estou lhe procurando, porque ela vem insistindo em fazer terapia. Talvez pelo fato de fazermos (meu marido e eu), e o meu filho já ter feito. Às vezes, em casa, ela é do contra, faz cobranças, quer ter sempre a última palavra, destoa do Alexandre (nome fictício). Mas ela é brilhante.

Obs.: As atividades abaixo discriminadas reúnem algumas vivências de duas sessões de Trabalho de Sensibilização.

Atividades:

A. Apresentação (1.ª Sessão de Trabalho de Sensibilização)
Material: lápis e papel
A orientação da atividade foi a de que cada pessoa se identificasse por escrito, assim como a cada membro de sua família, através de qualidades isoladas.

B. Trabalho em Grupo

• As Borboletas: Orientador Terapêutico Thiers para Adulto-E (Anexo 8)
Conjunto E-15 – Trabalhos de Grupo
Proposta n.º 7
Material: lantejoulas, fios diversos, cola, lápis de cera, desenho E.600/7, papel de cópia, cartolinas diversas, tesoura.

Esta proposta foi realizada a partir de atividades de decalque, recorte, decoração dos motivos e colagem em cartolina (observar ilustração a seguir).

C. Trabalho Corporal (2.ª Sessão de Trabalho de Sensibilização)
Material: música tranqüila, bem melódica
Objetivo: relaxamento, criatividade, possibilidade de comunicação
e extroversão, interação do grupo.
D. Trabalho Individual (2.ª Sessão de Trabalho de Sensibilização)
• Orientador Terapêutico Thiers para Adolescentes-AD.
Conjunto 4 – Cópia
Proposta n.º 8
Material: papel pontilhado, lápis de cor e preto, desenho AD 04/8
Conforme o nome do conjunto, esta atividade constitui-se da cópia
de um motivo.
Fragmentos de depoimentos:
Pai: *O que está riscadinho é correto.*
Pai: *Senta direito!* (para o filho)
Mãe: *Não tem borracha? E agora o que eu faço?*
Pai: *Olha como você está!* (pai para filho)
Pai: *Não é só aqui que você fica desse jeito, em casa também.*
Pai: *Você quer a minha ajuda, então arrume a sua postura.*
Pai: *A minha borboleta é inconfundível.*
Pai: *Você está demorando, porque está quadriculando a borboleta.*
Pai: *Sair da rotina não é de todo mau.*
Pai: *Se o trabalho é de grupo, por que você está preocupado só com o seu?*
Pai: *Elimina esta borboleta porque está muito feia.*
Mãe: *Ele não é engraçado?* (falando do filho que empurrava a irmã, esbarrava na mãe, implicava com o pai)
Menino: *Ah, é para eliminar, é?*
Pai: *Na verdade, não é com a sua postura que estou angustiado, eu fico incomodado, porque você desiste, você abandona as coisas, você não capricha* (emociona-se, passando ele próprio para uma postura desanimada). *Estou preocupado com o que pode acontecer com você.*
Menina chorando: *Vocês não me ajudam nem um pouco dizendo essas coisas para mim.*
Menina: *Você vive me dizendo que eu sou agressiva, arrogante. Você só me critica. Você protege o Alexandre, tudo é para ele.*
Mãe: *Eu quero dizer que eu gosto muito dela, que eu me orgulho muito dela.*
Mãe: *Eu gosto muito de você, eu me orgulho de você.*
Mãe: *Como é bom esse trabalho. Como eu gosto de vir aqui!*

Menina: *Como eu gosto do* The Table (apelido do pai surgido na sessão)!

Menina: *Esta aqui sou eu,* The Table.

Menina: *Quando nos sentimos ameaçados, a nossa família se separa. Na nossa família, ou estamos separados, ou em casal* (pai e filha, mãe e filho).

Considerações Finais

Apesar de não proceder a um detalhamento das demandas que envolvem os dois universos grupais (família-criança/professores), objetos do presente estudo, gostaria de finalizar este trabalho através do relato de algumas questões que puderam ser melhor compreendidas, trabalhadas e elaboradas a partir do rico material suscitado das vivências experimentadas.

No trabalho com a família, por exemplo, a técnica de sensibilização propiciou, entre outras coisas, a emergência de situações que denunciaram o quanto a problemática da menina refletia conflitos que eram vividos pelo casal. A rivalidade entre mãe e filha/pai e filho, resultado de revivências de fenômenos transferenciais de conteúdo edípico não elaborados que os acontecimentos e trocas estabelecidas com o meio ambiente no dia-a-dia se encarregam de manter, é intensificada pela insegurança, originária dos problemas do casal e, ainda, o próprio tempo de adolescência, histórica e, constitucionalmente, insólita, instigante, plena de energia – mesmo que destrutiva, desencontrada e ameaçadora – como era o caso da menina.

A possibilidade de identificação e discriminação destes modos de ser e estar nos relacionamentos pôde ser o início de um caminho, uma trilha a ser seguida em busca da criação de novos modos de vida e apreensão da realidade.

Gilberto Safra, em seu livro *Momentos mutativos em psicanálise – Uma visão winnicottiana,* menciona um campo de simbolização entre o paciente e o analista, cujo emergente apóia-se na superposição e interação da transferência com a contratransferência, denominado por Winnicott de espaço potencial, que é responsável pela ocorrência de uma comunicação significativa e transformadora (p. 55).

Guardadas as devidas proporções com relação aos objetivos desta técnica, no caso menos profundos, a prática desta atividade de sensibilização com os professores, assim como a dos pais, propiciou a criação do espaço potencial acima referido, decorrente da confluência das transferências e contratransferências entre psicoterapeuta e grupo; lugar das descobertas: de si e do outro, do intersubjetivo, do permitir-se tocar e ser tocado, ver e ser visto, condição essencial, para que a pessoa possa comprometer-se e afirmar-se enquanto ser.

Mas a experiência com este grupo de professores fez surgir uma reflexão crucial pertinente àqueles que têm como tarefa ensinar seus alunos a aprenderem a aprender, aprendendo de fato: a compreensão de que o conhecimento dos processos de desenvolvimento da personalidade humana é fundamental, entretanto, não exclui a necessidade do professor de ver cumprida a sua missão: ensinar.

BIBLIOGRAFIA

FERREIRA, A. B. de H. *Dicionário Aurélio Básico da Língua Portuguesa.* Rio de Janeiro: Nova Fronteira, 1988.

MANNONI, M. *A primeira entrevista em psicanálise.* Rio de Janeiro: Campus, 1983.

PORCHAT, I. *As psicoterapias hoje.* São Paulo: Summus, 1982.

PORCHAT, I. & BARROS, P. *Ser terapeuta – Depoimentos.* São Paulo: Summus, 1985.

SAFRA, G. *Momentos mutativos em psicanálise – Uma visão winnicottiana.* São Paulo: Casa do Psicólogo, 1995.

THIERS, S. *Orientador terapêutico Thiers para adolescentes-AD.* Rio de Janeiro: CESIR, 1992.

_____. *Orientador terapêutico Thiers para adultos-E.* Rio de Janeiro: CESIR, 1992.

5

A Psicomotricidade nos Estados-Limite

MARIA DA GRAÇA VEIGA CONCEIÇÃO*

O tema principal deste trabalho é a especificidade da psicoterapia em *Sociopsicomotricidade Ramain-Thiers* nos estados-limite.

Escolhi o início do atendimento, para evidenciar como atuamos, a importância da resistência e como uma criança pode assumir o seu tratamento.

Desde já, esclareço que cada hipótese apresentada será ligada a hipóteses já estabelecidas em psicanálise geral e em teoria Ramain-Thiers.

Apóio-me nas pesquisas de Anzieu (1988) que apontam para um remanejamento teórico em torno da noção do Eu-pele e do reajuste técnico, como também na afirmação deste mesmo autor de que, hoje, mais da metade da clientela é constituída pelo que se chama estados-limite.

> *Assim, uma tarefa urgente, psicológica e socialmente, parece ser a de reconstruir limites, refazer fronteiras, reconhecer territórios habitáveis e onde se possa viver-limites, fronteiras que, ao mesmo tempo, instituam diferenças e permitam mudanças entre as regiões (do psiquismo, do saber, da sociedade, da humanidade) assim delimitadas.* (D. ANZIEU, 1988)

---

* Psicóloga, Sociopsicomotricista Ramain-Thiers, Presidente e Titular da/pela SBP (Sociedade Brasileira de Psicomotricidade), Capítulo PR (1997), Mestranda em Psicologia Clínica, Coordenadora de Curitiba-PR, Supervisora no sul do Brasil.

106

COMPARTILHAR EM TERAPIA
SELEÇÕES EM RAMAIN-THIERS

Para além da sua hipótese de uma análise transacional, eu quero propor como uma das possíveis indicações terapêuticas a Sociopsicomotricidade Ramain-Thiers, apoiando-me nos conceitos da psicanálise geral, na teoria do pensar de W. Bion (1970) e na formação de símbolos de H. Segal (1964), evidenciando as possíveis interseções com as sessões descritas.

ESTADOS-LIMITE

Para Bergeret, citado em Anzieu (1988, p. 140), o estado-limite não pode ser considerado como uma neurose (mesmo narcísica), e o nível de carência narcísica vai aumentando da personalidade narcísica ao estado-limite, e até a organização pré-psicótica (esta última encobrindo, de fato, uma estrutura psicótica, não ainda descompensada). Para este autor, a verdadeira doença do narcisismo primário é a psicose; a verdadeira doença do narcisismo secundário (relacional) é o estado-limite; a neurose compreende certamente deficiências narcísicas, mas ela não é, em si, uma doença do narcisismo.

Anzieu (1988) inscreve seu conceito de eu-pele e traz um argumento para distinguir as personalidades narcísicas dos Estados-limite.

Eu-pele normal não envolve a totalidade do aparelho psíquico e apresenta uma dupla face, externa e interna, com separação entre essas duas faces que deixa lugar livre para um certo jogo. Esta limitação e essa separação tendem a desaparecer nas personalidades narcísicas. O paciente tem necessidade de se bastar com seu próprio envelope psíquico e não conservar com o outro uma pele comum que marca e provoca sua dependência em relação ao outro. Mas ele não possui totalmente os meios de ambição: seu eu-pele, que começou a se estruturar, é frágil. É preciso reforçá-lo. Para tal, duas operações:

Abolir a separação entre as duas faces do eu-pele, entre as estimulações externas e a excitação interna entre a imagem que ele dá de si e aquela que lhe é devolvida; seu envelope se solidifica, tornando-se um centro, e mesmo um duplo centro de interesse, ele tende a envolver a totalidade do psiquismo.

A outra operação visa duplicar exteriormente esse eu-pele pessoal, assim cimentado com uma pele maternal simbólica. Na fantasia narcísica, a mãe não conserva a pele comum com a criança; ela lhe dá, e a criança a veste triunfante.

Estados-Limite

O ataque não se limita à periferia, é a estrutura do conjunto do Eu-pele que é alterada. As duas faces do Eu-pele são uma, e esta face única é torcida. Daí, os distúrbios da distinção entre o que vem de dentro e o que vem de fora. Uma parte do sistema – percepção consciência – normalmente localizada na interface entre o mundo exterior e a realidade interna, é deslocada deste local e colocada em posição de observadora externa. O paciente estado-limite assiste de fora ao funcionamento do seu corpo e de seu espírito, como espectador desinteressado de sua própria vida. Mas a parte do sistema percepção-consciência que subsiste como interface assegura ao indivíduo uma adaptação suficiente à realidade, para que ele não seja psicótico.

Quanto aos Afetos

A dificuldade de contê-los (devido ao caráter distorcido do Eu-pele) os faz emigrar do centro para a periferia, onde eles vêm ocupar cada um dos lugares deixados livres, pela transferência, para fora, de uma parte do sistema percepção-consciência, e onde, inconscientes, eles se encistam e se fragmentam em pedaços de self escondido, cujo retorno brusco à consciência é temido com uma aparição de fantasmas. Enfim, o lugar central do self, abandonado por esses afetos primários muito violentos (desamparo, terror, ódio), torna-se um lugar vazio, e a angústia desse vazio interior central constitui a queixa essencial desses pacientes, a menos que consigam preencher esse vazio com a presença imaginária de um objeto ou de um ser ideal (uma causa, um mestre, uma ideologia etc.).

As situações de alternância, durante as sessões, seja pelo tipo de atividades, seja pela progressão escolhida, oportunizam ao sujeito uma quebra de automatismos e resistências que o levam a entrar em contato com o seu corpo próprio e também com o corpo do outro; os *acting out*, apresentados para preencher o vazio, mesmo no nível da fala, serão gradativamente trabalhados, e, mesmo que ocorram situações onde os afetos inconscientes e violentos entrem em cena, o psicoterapeuta, através de sua função *reverie*, será continente e acolherá, dando sentido a este vivido. Quando nossos pacientes dispõem apenas do gesto à guisa de fala, é preciso escutá-los e aprender com eles, para traduzir, em nossas palavras, o que eles tentam dizer.

A terapia psicomotora é um espaço privilegiado para este tipo de paciente que não atinge o grau de liberdade e espontaneidade, e onde a agressividade e a angústia se tornam um fator de bloqueio também e principalmente corporal. Afastado da comunicação com o outro, instalado no retraimento ou superficialidade, a ponto de perder qualquer expansão pessoal, o sujeito fica em dificuldade com a fala: faltam-lhe palavras para dizer o que se passa em seu ser. Ele as substitui por um muro de linguagem.

Conceito de Eu-pele

De acordo com Anzieu (1988), o funcionamento psíquico consciente e inconsciente tem suas leis próprias. Uma delas é que uma parte dele visa a independência, enquanto que ele é, originariamente, duplamente dependente: do funcionamento do organismo vivo que lhe serve de suporte; das estimulações das crenças, das normas, dos investimentos, das representações que emanam dos grupos dos quais faz parte (começando pela família e indo até o meio cultural). Uma teoria do psiquismo deve procurar manter juntas estas duas vertentes, evitando limitar-se à mera justaposição de determinismos simplistas ...

> *uma dupla sustentação para o psiquismo: sobre o corpo biológico, sobre o corpo social; por outro lado, uma sustentação mútua: a vida orgânica e a vida social, pelo menos em relação ao homem, têm ambas tanta necessidade de um apoio quase constante sobre o psiquismo individual.*

Em Ramain-Thiers, as leituras – transversal, horizontal e vertical – oferecem ao psicomotricista essa possibilidade de entendimento do sujeito como unidade.

O autor citado argumenta que a perspectiva psicanalítica se distingue, fundamentalmente, das perspectivas psicofisiológicas e psicossociológicas, por considerar a existência e a importância permanentes da fantasia individual consciente, pré-consciente e inconsciente e seu papel de ligação e de tela intermediária entre a psique e o corpo, o mundo, as outras psiques.

> *O eu-pele é uma realidade de tipo fantasmático: figurada, ao mesmo tempo, nas fantasias, nos sonhos, na linguagem corrente, nas atitudes corporais, nas perturbações de pensamento; e fornecedora do espaço imaginário, que*

é o componente da fantasia, do sonho, da reflexão, de cada organização psicopatológica. (Ex.: tirar a pele, foi esfolado etc.).

Afirma ainda que hoje mais da metade da clientela psicanalítica é constituída pelo que se chama estados-limite e/ou personalidades narcísicas, e que estes doentes sofrem de uma falta de limites:

- incertezas sobre as fronteiras entre o Eu-psíquico e o Eu-corporal;
- entre o Eu-realidade e o Eu-ideal, entre o que depende do self e o que depende do outro, bruscas flutuações destas fronteiras, acompanhadas de quedas na depressão;
- indiferenciação das zonas erógenas, confusão das experiências agradáveis e dolorosas;
- não distinção pulsional que faz sentir a emergência de uma pulsão como violência e não como desejo;
- vulnerabilidade à ferida narcísica ou às falhas do envelope psíquico, sensação de mal-estar, sentimento de não habitar sua vida, de ver de fora funcionar seu corpo e seu pensamento, de ser o espectador de alguma coisa que é e que não é sua própria existência.

PARTICULARIDADES DO EU-PELE, CONSIDERADO COMO INTERFACE

O círculo maternante circunda o bebê com um envelope externo, feito de mensagens e que se ajusta com uma certa flexibilidade, deixando um espaço disponível ao envelope interno, à superfície do corpo do bebê, lugar e instrumento de emissão de mensagens.

Este envelope, sob medida, acaba por individualizar o bebê pelo reconhecimento que lhe traz a confirmação de sua individualidade.

Se o folheto externo é muito frouxo, o Eu fica sem consistência.

Se o folheto externo é muito rígido, resistente, é o folheto interno que se revela furado, poroso.

Nas sessões de terapia psicomotora, especificamente em Ramain-Thiers, as propostas corporais são programadas, levando-se em conta as fixações libidinais do sujeito. Assim, é possível, através de utilização de aromas e óleos ou em propostas de conscientização e limites, oferecer oportunidades, para que o paciente viva este envelope sob medida que o auxiliará na sua atenção interiorizada, ou seja, no seu investimento narcísico primário e passagem para o secundário.

O duplo *feedback* leva a constituir uma interface representada sob a forma de uma pele comum à mãe e ao filho, interface esta tendo, de um lado, a mãe e, de outro, o filho.

A interface transforma o funcionamento psíquico em sistema cada vez mais aberto, o que encaminha a mãe e o filho para funcionamentos cada vez mais separados. Porém a interface mantém os dois parceiros numa mútua dependência simbiótica. A etapa seguinte requer o desaparecimento desta pele comum e o reconhecimento de que cada um tem sua própria pele e seu próprio eu, o que não acontece sem resistência nem dor.

Se angústias ligadas a essas fantasias chegam a ser superadas, a criança adquire um Eu-pele, que lhe é próprio com processo de dupla interiorização:

a) da interface, que se torna um envelope psíquico continente dos conteúdos psíquicos;

b) do círculo maternante, que se torna o mundo interior dos pensamentos, das imagens dos afetos.

DUPLO INTERDITO DO TOCAR

A relação de objeto baseia-se na identificação adesiva (Meltzer, 1975). O self, ainda mal diferenciado do eu, é sentido como superfície sensível que permite a constituição de um espaço interno diferente do espaço externo. O espaço psíquico é bidimensional.

> A significação dos objetos é então experimentada como inseparável das qualidades sensuais que se pode perceber na sua superfície. (MELTZER, ibid.)

Na terceira fase, com o acesso à tridimensionalidade e à identificação projetiva, aparece o espaço interno dos objetos, semelhante, porém distinto do espaço interno do self, espaços nos quais os pensamentos podem ser projetados ou introjetados.

Na fase seguinte, a identificação introjetiva aos bons pais, combinados na cena primária e fantasiados fecundos e criadores, conduz à aquisição do tempo psíquico. Existe um sujeito que tem uma história interior e que pode passar da relação narcísica a uma relação objetal.

Toda essa graduação poderá ser propiciada pelo psicomotricista ao sujeito atendido ou ao grupo, primeiramente nos momentos de vivências corporais que, por abranger níveis diferentes (diretiva,

A Psicomotricidade nos Estados-Limite
Maria da Graça Veiga Conceição
111

semidiretiva e não-diretiva), atingem o sujeito nos aspectos cognitivos, sensitivos e afetivos. Em psicomotricidade diferenciada, onde não há uma progressão préestabelecida, mas sim a organização da sessão de acordo com a estrutura psíquica, ansiedades e as defesas do indivíduo, levando-se em conta, portanto, regressões, é possível integrar a representação desses afetos e percepções em diferentes níveis (consciente, preconsciente e inconsciente), mas, sobretudo, indo além do princípio do prazer, pelo limite do tempo, do próprio grupo e, especialmente, o trabalho com o erro.

O trabalho em grupo também oferece para além do terapeuta, toda uma estimulação, tendo em conta as relações que se estabelecem pelas identificações e que auxiliam na diferenciação: eu-outro. A socialização, a comunicação que se estabelece, tendo em vista o apelo do outro, os diferentes pontos de percepção, são particularidades técnicas que favorecem a terapia.

Cabe ressaltar, ainda, o papel da linguagem, seja do ponto de vista psicanalítico, como da organização do pensamento, que estabelecerá diferenciações em diversos níveis perceptivos, oportunizando, portanto, ao sujeito a percepção de si e a diferenciação do seu sentir em relação a si próprio, ao objeto e ao outro.

Caso Clínico

Dados de Identificação
Nome: F.
Idade: 6 anos

Dados principais da anamnese
Bebê não esperado, pai queria que mãe abortasse.
Casal com dificuldades de relacionamento, pontos de vista sobre educação opostos.

Pai não participa da educação dos filhos, para não haver briga; delegou à mãe, que se sente sobrecarregada. Ansiosa, assume todas as funções e trabalha. Mãe queixa-se da agressividade do pai para com o filho, e o pai queixa-se da superproteção da mãe.

Percebe-se que não há qualidade de relação entre marido e mulher, assim como entre pais e filhos.

Do ponto de vista do pai, o filho não precisa de atendimento e, sim, de mais severidade na educação. O pai acusa a mãe e diz que não se sente em condições emocionais de auxiliar seu filho ou participar de sua educação, alegando não ter paciência e irritar-se com facilidade.

Queixa principal: dificuldade de aprendizagem, agressividade.

Avaliação psíquica

Observação lúdica. A tônica de sua brincadeira é competição e agressividade em relação aos objetos. Fala bastante, corretamente, porém sempre enfatizando sua força e *performance* no jogo.

Psicometria. 1) pré-bender – 6 anos; 2) exame psicomotor Pic & Vayer; 3) desenhos.

Entrevista com a escola. Comportamento dos pais, especialmente da mãe; comportamento da criança, frente à aprendizagem, e comportamento da criança, frente aos colegas.

A orientadora percebe problemas de aprendizagem e de comportamentos. Disse que F. é muito agressivo com os colegas e que transgride as regras.

Comentou sobre o comportamento da mãe em termos de exigência, exemplificando que, no primeiro dia de aula, falava rudemente com ele, negando-se a acompanhá-lo até a sala de aula, porque ele não era mais neném.

Citou, também, o comportamento dele em relação à mãe, exemplificando que, quando ela vem buscá-lo, ele joga o material no chão, vai para o carro e diz para ela levar.

Conclusão diagnóstica e prognóstico. Existe uma permanente regressão de impulsos a pontos de fixação sado/masoquista (oral e anal) e também regressões do ego e superego.

Encaminhamento: terapia.

Justificativa. Tendo em vista que o encaminhamento compreende dois aspectos: a dificuldade de aprendizagem, embora seja uma criança com QI normal, nível conceitual ótimo e o nível de agressividade não neutralizada, no sentido do mundo objetal e do eu, acredita-se que uma terapia psicomotora teria mais abrangência, pois, ao propiciar a vivência corporal, a psicomotricidade diferenciada (atividades) e a verbalização estar-se-ia intervindo diretamente no ego e suas respectivas funções (motilidade, memória, pensamento).

Por outro lado, conforme Thiers (1994), o material Ramain-Thiers representa um objeto intermediário que facilita a revivência de situações primitivas, de um desenvolvimento emocional. Na leitura transferencial de toda a situação vivida (pelo verbal, gestual, corporal e pela relação com os desenhos), o sociopsicomotricista escuta, clarifica, interpreta, age no sentido de propor situações que atualizem a necessidade do sujeito, quer a nível corporal, quer a nível de propostas psicomotricidade diferenciada.

A função é ler o simbólico, para interpretar nas necessidades que o grupo precisa, e agir, isto é, ser ativo, consciente e escolher propostas adequadas ao momento emocional do grupo.

Para este sujeito, a perda do ano escolar iria incrementar sua incapacidade, oferecendo dados reais da sua impotência frente à realidade. Assim, penso que esta seria a metodologia mais adequada, pois, além de estar auxiliando esta criança a retomar o seu crescimento psíquico, poder-se-á oferecer um maior contato com a realidade, incrementando as funções do ego e evitando outras conseqüências (perdas cognitivas, dificuldade de planejamento, motilidade excessiva e sem controle adequado).

Caso Clínico

O período de atendimento, que está sendo apresentado no presente trabalho, compreende 15 (quinze) sessões de psicoterapia com a metodologia Ramain-Thiers e visa demonstrar como, após uma diferenciação, o paciente pode responsabilizar-se por seus conteúdos e assumir seu tratamento, mesmo sendo uma criança com 6 (seis) anos. Apresento com esse propósito o caso de uma criança, cujo encaminhamento se deu por dificuldades de aprendizagem. Não se trata da descrição de um caso clínico de forma exaustiva, mas da apresentação dos elementos que nos são de utilidade para discutir a importância dos aspectos acima considerados.

Observou-se que, nas atividades livres, havia muita pobreza de expressão, poucos detalhes e elaboração.

Na psicomotricidade diferenciada (recorte, arames, símbolos, cópias), aparece a transferência com o pai exigente, agressivo, sádico e a relação com a coordenadora, que era a pessoa que fazia a cobrança do conteúdo de matemática. (O pai é engenheiro.)

Nas atividades de Seqüências Codificadas de Sons, fica evidente a transferência negativa, que lhe traz a imagem do pai que dá ordens contraditórias ou pontos de referências insuficientes. Assim, sua dificuldade de entender os conceitos: horizontal, vertical, na linha, embaixo etc. diz respeito à dificuldade de introjeção dos conteúdos e, portanto, de integração egóica, que se refletem no pensamento, na motilidade, memória.

A afirmação de que o ego se torna diferenciado do id através da percepção não significa apenas que desenvolve a capacidade de perceber e, por conseqüência, logra consciência e noção concreta da realidade. A percepção e suas operações componentes (atenção, tomar nota, guardar na memória, julgar etc.) estão ligadas à introjeção e projeção, e são esses processos de somar algo novo ao eu ou de lhe subtrair algo próprio que constituem parcela inestimável na modificação do id original em ego. É esse o ponto que quero sublinhar no presente estudo. Esses mecanismos de introjeção e projeção representam não só a parte essencial da função do ego, mas também são as raízes do ego, os instrumentos de sua própria formação. Avaliarmos o papel que a introjeção e projeção desempenham, no início do desenvolvimento, na função da percepção nos conduz ao entendimento de que a percepção não pode ser divorciada da relação objetal (PAULA HEIMANN, 1982).

Entre a 11.ª e 12.ª sessão, este menino coloca fogo no apartamento, num *acting out* de suas pulsões de morte. Nestes momentos, ele estava projetando conteúdos eróticos em relação à mãe, a percepção de uma mãe conivente com o pai, ou seja, mais real e não idealizada, e os conteúdos de competição e rivalidade com o pai. Ex.: o conteúdo da 9.ª sessão, onde verbaliza, após a proposta corporal:

– Proposta Corporal (PC). Espalho bastonetes pela sala e digo-lhe para senti-los com os pés; transformo num caminho e peço-lhe para andar sobre eles e, imediatamente, ele fala do chaco, da força, de luta tipo espada etc. e começa uma descarga motora de agressividade, batendo os pauzinhos com muita força; depois, dirige-se a sua caixa de brinquedos e fura-a todinha, dizendo: *–viu o que consigo fazer com esta caixa?* Comento que ele a furou todinha e que, às vezes, precisa mostrar que é forte, que bate, fura e é indestrutível; ele complementa: *–claro, eu não sou uma bichinha;* fala de sua briga com a irmã, que bateu nela, que é mais forte que ela; então, eu coloco-lhe o seu desejo de ser melhor que ela. Compara com a pequena que é indefesa e fraquinha:

– *é um bebê*, e eu lhe pontuo que, às vezes, gostaria de ser um bebê, para ficar com a mãe. Diz que quer ser igual ao seu pai e ter tudo que ele tem, e pergunto-lhe o quê: – a força, o carro, o trabalho; pergunto se também queria ter uma mulher como sua mãe, ao que responde que não, porque ela é feia, e ele gosta de bionda (termo usado pelo pai, e está em relação com seus comentários de mulheres em revistas).

– Eu comento que ele quer ser igual ao pai, então, ele diz: – *melhor, mais forte que ele*. Eu comento: – *então, seu pai é maior e mais forte que você?* E ele responde: – *é, ele me bate, mas eu chuto ele* (fantasia onipotente de vencer o pai).

– Na 10.ª sessão, ele reclama que sua mãe: – *olha, Graça, ela não deixa eu fazer nada*.

– Num atendimento dos pais nestes períodos, eles comentam que o paciente está muito agressivo e desafiando, principalmente, o pai.

– A partir deste momento, intensificou-se a resistência, principalmente, nas atividades de cadência que exigem uma identificação.

– Amplio as atividades livres e propostas corporais, para ajudá-lo a trabalhar a culpa, destruição e integrar as partes cindidas. Ele faz muitas atividades com água e traz a sua enurese noturna.

– Exemplificarei, relatando a partir da sessão 12, quando ele traz o ciúme e inveja da irmã, conteúdos de identificação sexual (diferenciação anatômica dos sexos, o desejo de ser uma menina, para sentar no colo do pai). O núcleo de seu narcisismo primário e pouco investimento no externo, assim como baixa estima e o desejo de matar o pai.

– 12.ª sessão. Tendo em vista o fato de ele haver, durante a semana, posto fogo no apartamento, deixei a sessão totalmente livre e, assim que ele chegou, comuniquei-lhe. Ele comentou que havia apanhado do pai com cinta, que havia doído. Perguntei o que aconteceu, e ele relatou que pegou o isqueiro do pai, experimentou em sua mão, foi até a estante da mãe e tentou queimar livros; como não conseguiu, foi à sala e pôs fogo no sofá.

– Misturou tinta com areia em folha de papel, sujou-se bastante e, ao ver o regador, perguntou se eu não tinha um maior. Eu respondi que sim. Então, dei-lhe o regador maior, e ele pediu para irmos lá fora. Por diversas vezes, ele encheu o regador até transbordar. Ele me disse: – *eu sei o que é transbordar, você quer ver?* E define ao que eu lhe coloco a analogia com seus sentimentos que, às vezes, também transbordam. Ele me pede ajuda e, depois, começa a mandar que eu traga o regador.

Então, eu lhe falo desse desejo de mandar nas pessoas (mãe, pai, colega). Vamos, várias vezes, encher e esvaziar aquele regador, e ele acompanha o trajeto da água, onde interpreto sobre o líquido que entra e que sai, que, no corpo, também tem água e, imediatamente, ele fala do xixi e que, às vezes, faz xixi na cama. Fala dos líquidos bons e ruins, e que mesmo os ruins são necessários. Ele resolve molhar uma plantinha. Então, eu falo que, ao molhar a planta, um líquido bom dá a vida a ela, e ele arranca a planta e diz: *–olhe aqui, eu matei ela.* Eu interpreto que, às vezes, ele também tem uma parte ruim, faço analogia com o pôr fogo em casa, que quer se vingar, queimar, destruir.

- Fala novamente da surra de cinta. Perguntei: *–Doeu?* Ele disse: *–Claro!*
- Terapeuta: *–Você teve medo de ser destruído por ele? E F. afirmou que sim.*
- Tendo em vista o conteúdo, ao final, propus um relaxamento.
- 13.ª sessão. Proposta Corporal (PC). Relação de contato sobre papel kraft. Dobraduras. Transposição tipo A.
- Reclama que ninguém gosta dele. Fala que seu pai só pega a sua irmã pequena no colo. Que sua irmã não o deixa usar suas canetinhas. Que seu pai deu as canetinhas para ela e um relógio para ele, quando veio do Paraguai.
- Terapeuta: *–Você queria canetinhas iguais às de sua irmã?*
- Livre: brinca com os brinquedos, olha a casinha, acha bonita, mas comenta: *–Isto é brinquedo de menina.*
- Sempre deixa alguns brinquedos enterrados.
- 14.ª sessão: retas e curvas. Cópia simples. Proposta Corporal (PC): enrolar em toalha.
- Percebo muita rigidez nesse enrolar. Ele diz que não sabe ficar mole. Que homem tem que ser forte. Interrompe muito as atividades. Reclama de cansaço.
- Livre: jogo de bolinha com raquete.
- 15.ª sessão. Na outra sessão, ofereço-lhe atividades, e ele se recusa dizendo que são bobagens. Conversamos sobre a dificuldade, e ele retoma a proposta. Durante a seqüência codificada, mostro-lhe os erros (atitude incomum em Ramain-Thiers, que achei necessária para quebrar a onipotência). Ele, então, começa a me colocar a resistência: *– Depois das férias, eu não vou vir mais aqui.* Eu afirmei minha compreensão do quanto era difícil para ele ver o erro e que não desejava vir mais por isso. Ele continua afirmando que sua mãe havia dito isto no caminho para cá. Digo-lhe que não sabe o que fazer, tem

medo de mim do que acontece com ele e, quando se sente fraco, precisa da mãe para protegê-lo, porque não se sente capaz. Que também, na escola, é assim. Às vezes, sente vontade de não ir. Coloca que, na escola, a culpa de tudo é só dele. Que o fulano faz, mas ele é que, sempre, leva a pior. Falo do medo da Gisele (coordenadora da escola que, quando entra na sala, ele tem medo de não saber). Ele imediatamente complementa que ela faz perguntas que ele não sabe responder, que ela é muito chata. Pergunto-lhe o que faz: – *Digo bobagens ou faço bagunça.*

– Terapeuta: – *Você quer mostrar que manda, mas sabe que não conseguiu, e isto te incomoda muito.*

– F: – *Todos da sala já sabem ler. Eu não sei nada, eu prefiro morrer do que ser essa porcaria.*

– Terapeuta: – *Você pensa que eu também te acho uma porcaria, porque, como a Gisele, dou coisas que você não sabe fazer. Teu pai também pede coisas que você não sabe fazer?*

– F: – *É, ele não gosta de mim, ele só gosta das coisas que eu faço, ele sempre me pede para ler, e eu não sei.*

– Falo que ele não quer aprender, para se castigar, para castigar ao pai. – *Você não quer mais vir aqui, porque eu, como seu pai, faço você sofrer. Você lembra, quando conversamos sobre por que você vem aqui?*

– F: – *Lembro, é para eu ficar mais calmo.*

– Terapeuta: – *E a aprendizagem, as coisas da escola?*

– F: – *No pré, a gente não reprova; isto eu resolvo sozinho, eu e meus amigos, eles me mostram coisas no recreio, e eu tento aprender.*

– Terapeuta: – *Você sabe que, no pré, também reprova, mas quer acreditar que não, que pode mandar na escola fazendo mágica. Você sabe que não pode resolver sozinho. Você quer ser forte, independente, sozinho, mas precisa do pai, da mãe.*

– F: – *Eu vou matar o meu pai. Ele não pode saber disto, senão ele me mata primeiro, mas eu odeio ele.*

– Terapeuta: – *Sei que é difícil este sentimento. Você pensa que ele não gosta de você, que ninguém gosta de você, só querem que você faça coisas, e é destas coisas que as pessoas gostam. Você sofre muito, a mãe reclama, o pai e a escola também, e eu deixei de ser boazinha. Preciso te dizer que você é pequeno, e que mesmo pessoas grandes precisam de ajuda.* Ele estava me ouvindo e esfarelando a parte de baixo da mesinha. Então, perguntou: – *Eu estraguei isto?* Falei do seu medo de mim. Que gostaria de ajudá-lo a perder o medo de tantas coisas e a descobrir as coisas boas que tem.

- Terapeuta: –*Mas preciso que você me deixe ajudá-lo. Eu vou compreender e aceitar tudo que você disser, e você não é mau por falar o que sente.*
- F: –*Eu quero que você me ajude.*
- F: –*É, mas outro dia meu pai me bateu, porque eu perguntei se foder é palavrão? Ele gritou que sim, e eu perguntei, por que ele falava, então? Ele respondeu que os adultos podem fazer coisas que crianças não podem.*
- Terapeuta: *O que você acha disso?*
- Então, ele afirmou que os adultos faziam regras, mas não cumpriam e, como ele era criança, tinha que cumprir, e que ele odeia isto.
- Terapeuta: –*Sim, você odeia ter que cumprir regras para o teu pai, você quer mandar, você tem medo das minhas regras também.*
- Ao final fizemos respiração e fomos lá fora terminar o poço de argila. Ele me perguntou para que praia iria e, em seguida, se esta praia era perto, em Ubatuba. Eu disse que não. Perguntei-lhe aonde iria nas férias. Disse que à casa dos avós no Rio e, depois, para Ubatuba. Falou também da sua vontade de viajar, que gosta, mas que só não gosta de passar o dia no carro. Eu complementei que, às vezes, para termos uma coisa boa, temos que suportar uma que não é agradável. Conversamos sobre o tempo que ficaremos afastados, e ele me perguntou por que não vou para Ubatuba. Esclareci que ele gostaria de me ter por perto, mas que, quando ele voltar, eu estarei aqui, e ele terá o seu horário novamente. Quando sua mãe chegou, ele disse: – *mãe, ela vai numa praia aqui pertinho, por que nós não vamos para esta praia?* Eles vão saindo, e ela explica por que não era possível.

No último contato feito com a escola, eles colocaram a percepção da mudança do comportamento, uma vez que agora F. assumia a responsabilidade por seus atos.

Isso nos remete a uma integração maior do ego, a uma diferenciação entre fantasia e realidade, a uma capacidade de pensar pensamentos, conforme o conceito de Bion e, portanto, a possibilidade de aprender com a experiência.

BIBLIOGRAFIA

ANZIEU, D. *Eu pele*. São Paulo: Casa do Psicólogo, 1988.
KLEIN, M. *et alii. Os progressos da psicanálise*. Rio de Janeiro: Guanabara, 1982.

SPILLIUS, E. *Melanie Klein hoje*. Rio de Janeiro: Imago, 1991.

THIERS, S. *Sociopsicomotricidade Ramain-Thiers – Uma leitura emocional, corporal e social*. São Paulo: Casa do Psicólogo, 2.ª ed., 1998.

_____. *Orientador terapêutico Thiers para crianças-CR*. Rio de Janeiro: CESIR, 1992.

6

Simbiose e Mito Familiar

MARILENE VERÃO*

Afirmar que existe o indizível, o não comunicável, naquilo que nós e nosso parceiro vivemos, experimentamos, vivenciamos, no tempo de nosso encontro, não é subterfúgio inventado pelo analista para evitar todo questionamento de sua ação no seu campo de experiência. Certamente não se pode traduzir em palavras, sem deformá-las, a qualidade de certas emoções, a cor de certas falas, a mensagem de certos silêncios. Mas isso não impede que o dizível e o comunicável sejam parte integrante de nossa experiência e que possamos e devamos relatá-los.
Piera Aulagnier – *O aprendiz de historiador e mestre feiticeiro.*

Dedico:
À minha mãe Amélia (in memorian), *que em sua sabedoria, simplicidade e intuição foi capaz de criar um vínculo simbiótico necessário ao meu desenvolvimento.*
À Solange Thiers, minha Sociopsicoterapeuta Formadora, e ao meu Analista Paulo M. Bacha, que foram capazes de recriar este vínculo e propiciar a minha separação-individuação, favorecendo meu crescimento.
Aos meus Professores e Supervisores Lucy N. R. Martins, Juberty A. de Souza e Elena M. G. Chaves, cada um na sua singularidade, como pessoa e profissional, de modo direto, às vezes concreto, e principalmente intersubjetivo contribuíram significativamente para meu crescimento pessoal e profissional.

---

* Psicóloga, Sociopsicomotricista Ramain-Thiers, Supervisora Ramain-Thiers de Campo Grande-MS e Belém-PA.

Agradeço:

À Z. que me permitiu participar de sua história de vida, com momentos intensos de emoção, alegria, crescimento e gratificação.

À minha família pela cooperação e principalmente pela compreensão nos momentos que estive ausente.

A todos os citados acima e tantos outros que me apoiaram.

Na busca de uma melhor compreensão teórico-científica deste caso, encontramos em Mahler, mais precisamente em seu trabalho *O nascimento Psicológico da criança: simbiose e individuação*, onde a autora e seus colaboradores relatam uma série de dados comportamentais originais, bem como uma discussão riquíssima sobre eles, citando inclusive vários outros autores que abordam o assunto.

Procuramos, neste caso clínico, estabelecer uma correlação entre as etapas do Desenvolvimento Infantil descrito por Mahler e o desenvolvimento da paciente, bem como as vicissitudes encontradas no seu processo e as mesmas levantadas por Mahler, quando a relação mãe-bebê não é satisfatória.

Mahler divide o desenvolvimento da criança em autismo normal, simbiose normal e processo de Separação e Individuação e justifica as necessidades básicas da criança em cada fase de sua vida.

Utilizando-se da abordagem psicoterapêutica Ramain-Thiers, através de suas propostas corporais e psicomotoras e, principalmente, da relação Paciente-Terapeuta, onde este último se transforma num objeto com quem o paciente pode viver transferencialmente, a princípio, um tipo de vínculo de relação, de fusão, de dependência completa, favorecendo assim que o desenvolvimento ocorra, propiciando, posteriormente, a individuação e a separação, evitando a busca repetitiva de relações simbióticas que, neste caso, atravessavam várias gerações. Nosso objetivo era recriar essa díade,

Spitz (1965) chama a mãe de ego auxiliar do bebê. Da mesma forma, acreditamos que o comportamento de sustentação-Holding do parceiro materno, sua preocupação maternal primária no sentido de Winnicott (1958), seja o organizador simbiótico – a parteira da individuação, do nascimento psicológico. (MAHLER, M.S.; PINE, F. & BERGMAN, A., 1993)

IDENTIFICAÇÃO DO CASO

A paciente que passaremos a denominar de Z. é do sexo feminino, 37 anos, assistente social, casada há 7 anos e tem uma filha de 6 anos.

Z. nos procurou solicitando atendimento para sua filha de, então, 4 anos, dizendo estar num processo de separação conjugal e temia que este fato viesse a trazer seqüelas emocionais à criança, confessando-se com dificuldade de lidar com a situação.

Com a finalidade de obtermos maiores informações a respeito do caso, solicitei a entrevista com os pais. Os dois se fizeram presentes (pois estavam separados) expondo as dificuldades, queixas que envolviam acusações mútuas, quanto à relação com a filha. O pai dizia-se excluído; a mãe, da desconfiança deste quanto à sua capacidade para cuidar da filha.

Observamos que a fala dos dois remetia-nos a possíveis conflitos vividos por eles na infância que estariam sendo vividos e representados pela filha naquele momento; com isso, a impossibilidade de ambos para lidar com a situação.

Sugeri, então, estar com a criança de 4 a 5 sessões para um processo de psicodiagnóstico, para melhor avaliar o caso e, posteriormente, em entrevista de devolutiva proceder o encaminhamento adequado. Com isso, ficaríamos com a paciente identificada, porém com tempo necessário para a avaliação e com possibilidade de estabelecer um vínculo com esta família.

No período do psicodiagnóstico, Z. mostrou-se resistente em aceitar que o pai trouxesse a filha às sessões, e esta, por sua vez, relutava em separar-se da mãe na sala de espera; após várias tentativas, sugerimos que Z. entrasse com a criança. Em determinado momento, a mãe questionou-me sobre essa dificuldade. Aproveitei para estabelecer um *rapport* e disse-lhe, entre outras coisas, da resistência, do medo de perdê-la. A entrada do terapeuta, o 3.º na relação, ameaçando a simbiose mãe e filha, mobilizando fantasias infantis e angústia frente à revivência do abandono, da rejeição vividos na infância. A partir de então, Z. demonstrou aceitação e confiança no trabalho, cooperando e culminando com o pedido de atendimento psicoterápico. Neste período, o pai, excluído, até então, pelo telefone, fez a mesma solicitação. Disse-lhes da impossibilidade por estar com a filha em avaliação e sugeri que aguardassem a devolutiva.

Na sala de atendimento, a criança mostrava-se siderada, não

conseguia desenvolver as atividades, organizar, sugerir, integrar, ignorava, por vezes, nossa presença e intervenções; ora aceitava sem questionar e mantinha com a mãe, quando estava na sala, uma comunicação, predominantemente não verbal, através do olhar.

No horário marcado, os pais compareceram. Falei sobre a avaliação, a preocupação e gravidade do caso. A criança apresentava um quadro severo de impedimento em seu desenvolvimento afetivo-emocional, em função da dinâmica familiar, estando comprometidos aspectos motores, verbais e sociais, com alheamento, ausência de desejo próprio, dificuldade de estabelecer relações objetais, angústia na relação pai-filha, por conta da simbiose mãe-filha, onde, até o momento, não havia a permissão da entrada do pai na relação.

No decorrer do encontro, observamos que a tônica central da discussão passou a ser a dinâmica do casal, os desejos e as necessidades individuais. Os pais se mostravam impossibilitados de oferecer um *holding* afetivo emocional saudável, necessário ao desenvolvimento da criança e reafirmaram o desejo de serem atendidos em psicoterapia.

Proposta de Trabalho

A criança necessitava de uma intervenção psicoterápica urgente, devido ao comprometimento que apresentava. Os pais, para que pudessem favorecer o desenvolvimento da criança, teriam que buscar ajuda para seus conflitos pessoais ou orientação, independentemente de estarem juntos ou separados; sem esse suporte, estariam comprometidos a viabilidade e o sucesso do trabalho com a criança.

As possibilidades eram: atender a criança em ludoterapia e encaminhar os pais; atender um deles, encaminhar o outro e a criança (como fazer a escolha, uma vez que os dois haviam solicitado o atendimento); encaminhar a criança e trabalhar com o casal, hipótese esta defendida pelo esposo que se mostrava muito interessado no resgate do casamento, porém Z. resistia, rejeitando totalmente essa idéia.

Sugeri, então, que eles decidissem diante das hipóteses possíveis. O esposo acabou cedendo, mostrou-se aborrecido e submisso.

Z. reafirmou, então, a decisão e o desejo de ser atendida por mim, comprometendo-se em levar a criança para atendimento com outro profissional por mim indicado – encaminhamento este que só se efetivou nove meses após o início do tratamento de Z.

O esposo não conseguiu atendimento com o profissional que indicamos, optou por outro de sua escolha, não se adaptou e, após quatro meses, solicitou-me, através de Z., a indicação de um profissional que atuasse com Ramain-Thiers, justificando que observava, através dos contatos, as mudanças e melhorias no processo da esposa. Solicitei a um colega sociopsicomotricista Ramain-Thiers um atendimento do caso, situação que nos tranqüilizou, pois a exclusão era uma preocupação.

Aceitei trabalhar com Z., porque temia a não aceitação do encaminhamento e, com isso, não suportaria a criança em atendimento. Ao mesmo tempo, mostrava-se a pessoa mais resistente e mais forte do grupo. A busca do atendimento partiu dela, e acreditamos, desde o processo de psicodiagnóstico da filha, na possibilidade de uma aliança terapêutica positiva.

Queixa de Z.

A dificuldade de lidar com a angústia de estar separada do marido e dominada pela amiga madrinha da filha.

História de Vida

Infância. Os pais de Z. casaram-se e passaram a morar com os avós maternos. A mãe dependente e submissa da avó; o pai sedutor e independente. Desde o início, a dependência da mãe e a interferência da avó geraram grandes conflitos na relação do casal, culminando no desejo do pai em ter sua própria casa; a mãe temia em contrariar a avó que não aprovava a idéia. A situação agravou-se, até que ele sugeriu que ela escolhesse ou eu, ou ela. Frente à indecisão da esposa, ele abandonou a família, ficando desaparecido por, mais ou menos, 5 anos.

A mãe faz um quadro depressivo, e Z., com mais ou menos 6 meses, passa a receber os cuidados da avó. O avô, com pouca influência, era uma pessoa meiga, acessível, mas já senil. Z. lembra que, por volta dos 3 anos de idade, a avó pedia que ela o cuidasse, para que ele não fugisse de casa.

Aos 3 anos, o avô veio a falecer. A mãe muito apegada a ele agrava o quadro depressivo, necessitando de internação psiquiátrica por mais ou menos 45 dias (a família dizia que ela tinha perdido o juízo). Z. relata a morte do avô e sua relação com ele sem uma representação afetiva. Ao visitar a mãe no hospital, Z. a sentia indiferente à sua presença, fato marcante e sentido como rejeição.

Passaram, então, a viver as três mulheres – a avó, a mãe e Z. O único homem que se aproximava era um deficiente que passava por ali algumas vezes. A mãe era professora, e a avó administrava a casa.

A infância de Z. sempre foi muito envolvida em livros, brincava sempre sozinha. A avó era para ela pessoa forte e admirada, presente, protetora, ensinava-lhe coisas, pegava no colo e, principalmente, estimulava os estudos. Além da avó, a madrinha era pessoa amada também por Z. O clima da casa era alegre, diferente da sua, que era de tristeza e sofrimento. Z. cresceu ouvindo a avó desqualificar o pai, falava do envolvimento dele com outras mulheres, do seu desrespeito a regras e limites.

Por volta dos 5 anos, o pai reaparece. Reiniciam-se as negociações para sua volta, desde que morassem separados da avó. Esta permite e muda-se com a neta para outra casa que construiu no mesmo terreno. Z. rejeita o pai, e as coisas que vêm dele. O pai trabalhava em fazenda e, na sua ausência, continuava a interferência da avó, intensificando os conflitos, culminando com a mudança para outra casa, no mesmo vilarejo, período em que Z. se dividia entre os pais e muito mais com a avó.

Aos 12 anos, os pais de Z. mudaram-se para uma fazenda. Z permaneceu com a avó para estudar. Aos 13 anos, o pai levou-a para passar as férias na fazenda e a impediu de voltar – me enganou. A princípio, não queria ficar; pensou em fugir, mas era impossível pelo difícil acesso da fazenda. Pela primeira vez, conviveu com os pais e os dois irmãos nascidos após a volta do pai. Teve uma aproximação maior com o pai, ajudando-o na lida do campo, demonstrando pouco interesse com os afazeres domésticos e a vida da mãe.

Aos 14 anos, foi morar com a avó paterna na capital, por sugestão do pai, ocasião em que veio a conhecer os parentes paternos. Sentia-se insegura, retraída, desconfiada. Neste período, foi pela primeira vez a um clube, sentindo-se inadequada – um peixe fora d'água – aquele não era o seu mundo, o ambiente era estranho e não tinha roupas adequadas.

O pai exercia sobre ela um controle rígido com muitos ciúmes. Por ocasião da única visita, deu-lhe uma surra, porque estava vendendo rifa da escola na casa de umas moças, que não eram consideradas de família.

No ano seguinte, voltou para sua cidade, no interior e cursou a 8.ª série e início do segundo grau, morando com parentes. Regularmente, visitava a avó e os pais. Neste período, passou a estudar à noite e iniciou sua vida profissional, trabalhando numa banca de revistas, emprego arranjado a seu pedido pelo pai com um patrão dele. Durante este período, sempre mostrou-se muito tímida e introvertida, com poucos amigos. Destacava-se através das atividades escolares.

No segundo ano, voltou à capital. Trabalhava numa seguradora. Morava com parentes maternos e, posteriormente, com a avó paterna e uma prima e, depois, em um pensionato, onde conheceu uma amiga que passou a influenciar significativamente na sua vida. Essas mudanças marcaram suas relações, era retraída, com dificuldade de estabelecer vínculos afetivos, pois sabia que iria separar-se no final do ano letivo.

Os pais, nesse período, após 2 anos na fazenda, voltaram para o vilarejo próximo à avó e, posteriormente, em 1982, para a capital. Após 6 meses, passou a morar com os pais, pela segunda vez, e com os irmãos adolescentes de 12 e 15 anos, por um período de 2 anos, assumindo a responsabilidade da casa e orientação dos irmãos.

Em 1985, foi transferida para outro estado. Morando sozinha, não suportou, voltando logo em seguida.

Sua primeira opção profissional foi administração de empresas, por sugestões do pai, que ficou chateado, quando ela não passou no vestibular. Ela temia que essa profissão, por exigir liderança, acentuasse o seu jeito mandona.

No ano seguinte, permaneceu seis meses sem estudar e fez seis cursinhos. Seu desejo era fazer psicologia, porém, impedida pela condição financeira e a necessidade de trabalhar, optou por Serviço Social, por influência da prima, então formada, que morava com ela na casa da avó. Iniciou com 20 anos e concluiu em 1983.

Profissão. Iniciou sua vida profissional no interior, quando cursava a oitava série, em uma banca de revistas. Na capital, passou para uma seguradora por indicação e para um banco. Posteriormente, prestou concurso na área bancária, assumindo em 29/10/1982, onde atua, até hoje, no setor de saúde.

Namoro. Durante a universidade, teve seu primeiro namorado. Era uma relação conflituosa – tinha medo de gostar e, quando separava, ficava inconformada; houve várias aproximações e separações até o rompimento. A luta entre o desejo e a interdição. Neste período, já existia a influência da amiga do pensionato, em suas escolhas amorosas.

Sentiu-se atraída por outras pessoas, mas não passavam de relações platônicas, idealizadas, não podendo colocar-se como alguém merecedora e com capacidade de viver concretamente a relação.

Casamento. Em 1984, conheceu seu marido. De início, houve grande atração, uma sucessão de brigas, encontros e desencontros, separação devido a trabalhos em lugares diferentes. Por ocasião do envolvimento dele com outra pessoa, sentiu-se ameaçada e percebeu que só valorizava quando perdia. Reiniciaram o namoro em julho de 1986 e casaram em março de 1987. Um ano e meio depois, o pai sai mais uma vez de casa. A mãe entra em crise depressiva. Z. tenta reanimá-la, dizendo que ela possuía os filhos, e a mãe reforça o seu sentimento de rejeição vivido aos quatro anos, por volta da internação, dizendo que mais nada importava, situação que a deixou decepcionada. Sai em busca do pai e o encontra morando com uma amiga da mãe, convencendo-o a voltar para casa.

O casamento de Z. deu-se através de um desejo de preencher um vazio. Num período de 2 anos e meio, viveram bem. Os conflitos iniciaram-se, segundo ela, devido a sua resistência ao emocional, ao visceral do marido – ele era muito primitivo, e eu intelectualizada (presença psíquica da avó interditora). Brigávamos quanto às questões sexuais. Ele é ativo, e eu sou passiva. Parece que ele só pensava naquilo.

Por volta do terceiro mês da gravidez da filha, ocorreu a morte da avó – eu não vivi a perda com medo que afetasse o bebê. Neste mesmo dia, entra a amiga do pensionato, durante o velório, permaneceu ao seu lado o tempo todo – me deu mais apoio que meu marido – e passa a ser a substituta viva da avó no mundo de Z. Ao mesmo tempo em que apoiava, superprotegia, dominava, passando a interferir constantemente nas decisões de Z. e na dinâmica do casal, dizendo-se, inclusive, pai emocional do bebê que iria nascer.

Com o nascimento do bebê, a amiga e, agora madrinha da filha, passou a monopolizar os cuidados com Z. e o bebê, impedindo a aproximação do pai, com um controle diário sobre elas. Com isso, instala-se um conflito entre os três – Z., o esposo e a amiga. Como proposta de resolução, a amiga, então terapeuta corporal, sugere um trabalho a Z. e, nas sessões, a seduz a compartilhar as dificuldades do casal. Até então, tínhamos uma intimidade, coisa só nossa e, a partir daí, ela começou a interferir. Com isso, o conflito se agrava, e ela sugere também que o esposo fizesse o trabalho. Ele começou e, depois, recusou-se. Esta recusa era vista por Z. e reforçada pela amiga como resistência dele ao crescimento, e que ela, por isso, não poderia deixar de crescer e, quanto mais a incentivava, mais o desvalorizava, dizendo que ele não era um marido adequado para ela e, também, como pai para a filha. Com isso, o conflito se acentuava, sentindo-se dividida entre os dois e insegura na relação com a filha.

Simbiose e Mito Familiar
Marilene Verão

Z. sugeriu à amiga o desejo de fazer psicoterapia, idéia rejeitada por ela, dizendo que as pessoas se tornavam egoístas, e que sua proposta de trabalho era capaz de resolver, desde que Z. abandonasse o marido.

Quando a criança estava com quatro anos, a interferência da amiga era total, e a relação do casal se torna insustentável. A amiga sugere uma viagem de férias na qual iriam só as três – Z., a filha e a amiga, para fazerem um curso. Quando o marido de Z. chegou, foram só para uma praia. Z., insegura, com medo de dizer não à amiga (conflito vivido com a mãe e a avó), e esta, mesmo distante, ligava todos os dias falando de casos, amantes, e ele negava, situação descrita por Z. como insuportável. Quando chegaram, Z. decidiu se separar. Ele não aceitava, mas já estavam separados de corpos há mais de quatro meses. A amiga sugeriu um advogado, e ele, mesmo relutante, saiu de casa no início de abril de 1994. Z., separada do marido, totalmente dominada pela amiga, a contraria e procura a psicoterapia, alegando ser para a filha.

Em abril, trouxe a filha para atendimento. Em maio, iniciou o tratamento e, neste mês, separou-se legalmente. A amiga continuava acompanhando cada passo de Z., a relação com o ex-marido, com a filha, inclusive o conteúdo das sessões que, no início do processo, Z. omitia, dizendo estar recebendo orientações para o caso da filha (dividida entre a amiga e a terapeuta).

O casal só se encontrava por ocasião das visitas do pai à filha. Os momentos eram conflituosos, a criança ficava dividida entre a mãe e o pai, impedido de entrar nessa relação.

Em julho, por ocasião do aniversário de Z., o casal sai pela primeira vez, fato que deixou a amiga furiosa, encarregando a irmã e o namorado para fazer companhia ao casal. A partir daí, a princípio escondida da amiga e posteriormente abertamente, começaram a sair e, em agosto, voltaram definitivamente. A amiga intensificava a interferência em relação à criança, culpando Z., que não tinha o direito de fazer isso, chantageando a criança então afilhada. Z. vivia um misto de medo, desejo e culpa. Este conflito só amenizou após 9 meses de trabalho terapêutico, com a possibilidade de encaminhamento da filha à psicoterapia. Após alguns meses, aconteceu o rompimento com a amiga, apesar de várias tentativas por Z. de qualificá-la como amiga e madrinha da filha.

130

COMPARTILHAR EM TERAPIA
SELEÇÕES EM RAMAIN-THIERS

Processo Psicoterápico

Passaremos a descrevê-lo, dividindo-o em três momentos distintos:
- estabelecimento do vínculo terapeuta-paciente;
- processo simbiose-separação-individuação;
- as relações triangulares.

O estabelecimento do vínculo terapeuta-paciente

Iniciamos o processo psicoterápico em maio de 1994 com duas sessões semanais em atendimento individual. Z. mostrava-se resistente, com defesas racionais, irredutível quanto ao processo de separação matrimonial, temendo e desejando o rompimento com a amiga, assim como temia também a relação terapêutica devido às experiências dos vínculos (simbióticos) anteriores e com muita culpa no relacionamento (simbiótico) com a filha.

Observei, no período de psicodiagnóstico da filha, a disponibilidade de Z. em estabelecer uma aliança terapêutica positiva.

> *Essencialmente, isso constitui no que foi definido como o relacionamento não-neurótico, racional, sensato que o paciente tem com seu analista e que lhe possibilita trabalhar com afinco na situação analítica.* (GREENSON & WEXLER, 1969; apud: SANDLER, p. 24)

> *Assim pode-se considerar que a aliança terapêutica positiva fundamenta-se no desejo consciente e inconsciente do paciente de cooperar e na sua disposição de aceitar ajuda do terapeuta na superação das dificuldades internas... na aliança terapêutica existe uma aceitação da necessidade de enfrentar os problemas internos e de executar o trabalho analítico, apesar da resistência interna ou externa* (SANDLER, p. 24).

Segundo Erikson (1950), é a capacidade de estabelecer uma confiança básica. (SANDLER, p. 27)

Isso era claro, no momento em que Z. procurava a terapia, o desejo consciente de modificar sua situação de vida, a percepção dos conflitos internos (entre o eu e outro), as resistências da família e da amiga e a confiança básica na relação com o psicoterapeuta. Essa percepção favoreceu a decisão de trabalhar com Z., bem como na condução mais adequada do processo.

Essa aliança foi intensificando-se, capacitando-a a suportar as tensões e o esforço que o tratamento lhe exigia. Desde o início, mostrava o desejo de se recuperar e de continuar em terapia. Apesar das resistências, aquilo que não era expressado verbalmente podia ser observado através da conduta e atos como um aspecto de atuação, não faltava às sessões, mostrava-se confiante e receptiva à técnica, quer nas propostas de psicomotricidade diferenciada ou corporal, surpreendendo a cada sessão, através das projeções, introjeções e transferências com o material e o socioterapeuta, com insights e elaborações, por vezes, surpreendentes.

As resistências apresentadas eram o medo de estabelecer o vínculo e entrar novamente para uma relação simbiótica, passar a viver o desejo do terapeuta. As resistências de transferências, sonegando pensamentos e sentimentos acerca do psicoterapeuta, a culpa pelos sentimentos hostis ligados à avó e à amiga, mães idealizadas. Resistências do superego em relação a desejos sexuais, reagindo à liberação destes durante o processo sociopsicoterápico.

Diante do primeiro recesso terapêutico, final do ano de 1994, sete meses de trabalho, Z. viveu o medo do abandono, mandou flores para a terapeuta. Na viagem de férias, além do marido e a filha, levou também os pais (até então, distantes emocionalmente), numa tentativa de conviver com eles, reconhecê-los, reintegrá-los no seu processo de reelaboração.

Enfrentou dificuldades no relacionamento com todos, sentiu-se só. Pela primeira vez, estava sem a amiga e distante da terapeuta, num momento de fragilidade não propício a essa separação. Muito mobilizada, num processo de auto-análise intensivo, que geralmente se estendia além do setting – tive medo de não suportar, de enlouquecer. No retorno das férias, procurou um médico, fato que ocultou por um bom tempo.

Z. retorna e reencontra o terapeuta. Desfaz-se a fantasia do abandono, diante do seu desejo de estar com a mãe, o pai e o marido. E o trabalho desenvolve-se de maneira satisfatória, estabelece-se e confirma-se um processo de simbiose, um vínculo terapêutico necessário.

A dinâmica central que envolveu os primeiros meses, além do vínculo, foi a separação do marido e a relação com a amiga.

Processo de simbiose — separação e individuação

Mahler, em 1955, com Gosliner introduziu sua hipótese da universalidade da origem simbiótica da condição humana, assim como a hipótese de um processo obrigatório de separação-individuação no desenvolvimento normal. Tentava mostrar

> como a relação de objeto se desenvolve a partir do Narcisismo infantil primário ou simbiótico e se modifica paralelamente à aquisição de separação e individuação, e como cresce na matriz da relação narcisista e mais tarde objetal com a mãe (p. 51).

Mahler divide esse processo em três fases distintas: o autismo normal primário até os três meses, a simbiose normal até o quarto mês e a fase separação-individuação que vai até o terceiro ano de vida, e subdivide-se em quatro subfases: diferenciação, treinamento, reaproximação e consolidação e o início da constância do objeto libidinal.

A fase autista normal

> Nas semanas que precedem a evolução para a simbiose, os estados de sonolência do recém-nascido e do bebê muito pequeno superam em larga escala os estados de vigília. Esses estados de sonolência são reminiscência do primitivo estado de distribuição de libido que prevalecia na vida intra-uterina, nos moldes de um sistema monadário fechado, cuja satisfação de desejo alucinatória o faz auto-suficiente (MAHLER, p. 51).

> Este é o período no qual a barreira contra estímulos (FREUD, 1985, 1920), a falta da receptividade nata na criança é mais evidente. O bebê passa a maior parte do dia num estado de semi-sonolência e semi-vigília, acorda, principalmente, quando há fome ou outras tensões de necessidade (talvez, o mesmo que David M. Levy [1937] queria dizer com seu conceito de afeto-fome) o fazem chorar, e mergulha ou cai de novo no sono, quando é satisfeito, isto é, aliviado da sobrecarga de tensão. Os processos fisiológicos dominam sobre os psicológicos, e o funcionamento deste período deve ser entendido em termos fisiológicos. O bebê deve ser protegido contra excessos de estimulação, numa situação semelhante ao estado pré-natal de modo a facilitar o crescimento fisiológico (MAHLER, p. 51, 52).

Como foi apontado por Ribble (1943), é através do cuidado materno que o bebê passa gradualmente da tendência inata a uma regressão vegetativa e esplânica para uma consciência sensória do meio ambiente e um contato sensório com ele cada vez maior. Em termos energéticos ou de catexia libidinal, isto deixa clara a necessidade de haver um deslocamento progressivo de libido do interior do corpo (particularmente, dos órgãos abdominais) em direção à periferia (GREENACRE, 1945; MAHLER, 1952, p. 52).

Período esse vivido por Z. com uma mãe depressiva, dependente, vivendo um conflito entre o marido e a mãe, fato que contribuiu negativamente na falta de contato e estimulação do bebê (Z.).

a partir do 2.º mês, uma consciência difusa do objeto que satisfaz a necessidade do bebê marca o início da fase de Simbiose Normal, na qual o bebê se comporta e funciona como se ele e sua mãe fossem um sistema onipotente, uma unidade dual dentro de uma fronteira comum. Trata-se, talvez, do que foi discutido por Freud e R. Rolland, em seu diálogo como o sentido ilimitado do sentimento oceânico. (FREUD, 1930 – MAHLER, p. 53)

A característica essencial de simbiose é a fusão somatopsíquica onipotente alucinatória ou delirante, com a representação da mãe e, em particular, o delírio de uma fronteira comum entre os dois indivíduos psiquicamente separados. É, dentro dessa matriz de dependência psicológica e sócio-psicológica da mãe, que se dá a diferenciação estrutural que vai levar à organização do indivíduo o ego em funcionamento, visando sua adaptação. (MAHLER, p. 54)

Procuramos recriar no setting essa matriz, favorecendo-nos pelos materiais Ramain-Thiers. Esse processo instala-se com Z. entre o sétimo e o nono mês de trabalho, caracterizado por um período de confiança e produtividade.

Spitz (1965) descreveu como a experiência situacional unificada boca-mão-labirinto-pele se funde com a primeira imagem visual, a face da mãe. Durante estudo, Mahler (1993) descobriu que, mantendo idênticas as demais condições, a simbiose apresentava um desenrolar ideal, quando a mãe, naturalmente, permitia ao bebê olhá-la no rosto, isto é, permitia e promovia o contato visual, especialmente quando amamentava (ou dava-lhe mamadeira), falava ou cantava para ele. Segundo ela, o olho no olho marca a entrada no estágio da relação de objeto que satisfaz a necessidade. Posteriormente, o bebê familiariza-se com a metade materna do seu self simbiótico, que é percebido pelo sorriso, a princípio pouco específico dirigido à mãe, sinal que um elo entre ela e o bebê foi estabelecido.

Observamos, no início de trabalho com Z., a dificuldade no contato olho a olho. Seu olhar era atravessador ou indiferente, como se buscasse o olhar da mãe, esse encontro, esse objeto, essa relação, essa referência, um ponto de apoio.

Z. apresentava uma fase simbiótica insatisfatória devido à grande ambivalência materna em relação à criança e ao seu próprio papel de mãe, esposa e filha e, mais tarde, a depressão. Como um mecanismo compensatório, Z. buscava novas fontes de prazer advindas da avó. Esta desejava e agia de acordo com suas necessidades simbióticas-parasíticas, não permitindo que a diferenciação se instaurasse mais tarde. Situação deslocada para a amiga durante sua adolescência e após a morte da avó. Z. tinha que suportar as tensões de uma relação simbiótica tingida pelo narcisismo da avó e, posteriormente, da amiga.

De acordo com Mahler, a recepção sensória de natureza contato-perceptiva, durante o segundo e terceiro mês, facilita a entrada da criança no estágio simbiótico propriamente dito. No setting Ramain-Thiers, as propostas corporais, com os diversos materiais e texturas, facilitam a emergência de lembranças que se atualizam nas vivências, bem como o fortalecimento egóico, a reconstrução e restauração de relações primitivas matriz necessárias ao desenvolvimento. Trabalhamos paralelamente com Z. propostas de mesa do tipo cópia, arame e recortes. Cópia trabalhando a identificação e a diferenciação; recorte promovendo o rompimento da simbiose, favorecendo estágios da evolução edípica e a revivência da castração, bem como a mobilização da pulsão de morte; segundo Thiers (1994), o arame suscita:

> a relação com objetos internalizados de natureza persecutória. O fio de arame é vivido simbolicamente, como cordão umbilical que cada um tenta cortar na busca do seu processo de individuação.

A construção do eu do desejo próprio, de suas necessidades, onde as propostas favoreciam a quebra do racional, mobilizando os aspectos afetivos emocionais, quer nos trabalhos de movimento, quer nas propostas de mesa.

O autismo e simbiose normal são pré-requisitos para o estabelecimento do processo normal de separação-individuação (MAHLER, 1967; MAHLER & FURRER, 1963, *apud*: MAHLER, p. 57).

> *Do ponto de vista do desenvolvimento, no entanto, vemos cada fase como um período de tempo em que é feita uma contribuição qualitativamente diferente ao crescimento psicológico do indivíduo. A fase autista normal está a serviço da consolidação do pós-natal... do crescimento fisiológico extra-uterino e promove a homeostase pós-natal. A fase simbiótica normal marca a importante capacidade filogenética que o ser humano possui de envolver a mãe dentro da vaga unidade dual, que forma o solo primordial, onde todas as relações humanas subseqüentes vão germinar. A fase separação-individuação se caracteriza por um aumento constante da consciência do desligamento entre self e o outro, que coincide com as origens do self, da verdadeira relação de objeto e da consciência da realidade do mundo externo.* (MAHLER, p. 57)

> *O autismo normal e a simbiose normal são os dois mais antigos estágios da não diferenciação; o primeiro não tem objetos, o segundo é pré-objetal.* (SPITZ, 1965)

A fase de separação-individuação, segundo Mahler (1993), inicia-se a partir do quarto ou quinto mês. Estende-se até o terceiro ano de vida e subdivide-se em quatro subfases. A primeira, subfase de diferenciação, inicia-se com a criança amoldando-se ao corpo da mãe e distanciando-se dele, lidando com objeto de transição. Neste período, ainda segundo o autor, é importante a libidinização do corpo da criança pela mãe.

Dentro do setting Ramain-Thiers, trabalhamos com bolas, algodão, óleos, aromas, tecidos, esponjas que possibilitaram à Z. retornar à fase arcaica, revivendo a maternagem, sensações prazerosas e desprazerosas, bem como a libidinização do corpo. Segundo Thiers, o equilíbrio emocional de cada um depende basicamente das relações de vínculo, da pele, de corpo que o mundo lhe ofereceu. O trabalho com Z. favoreceu sensações perceptivas dirigidas do interno para o externo, através de temas musicais, respiração, percepção de sons internos e externos do corpo, bem como a presença nas sessões e as separações, promovendo a vivência da presença e a ausência, mãe boa e mãe má. Já as propostas e materiais funcionam como objetos de transição.

136

COMPARTILHAR EM TERAPIA

SELEÇÕES EM RAMAIN-THIERS

A criança, segundo Mahler, a partir do sexto e sétimo mês, percebe partes do corpo da mãe, a diferencia dos demais, vive o conhecido e o desconhecido, surgem os objetos transacionais, segundo Winnicott, substitutos da mãe. Começa a exploração comparativa do que é ou não familiar – a mãe – e, por volta do oitavo mês, surgem reações de ansiedade com relação a estranhos, movimento importante para avaliação do objeto libidinal, da socialização e do primeiro passo em direção à constância emocional do objeto.

O processo intrapsíquico de separação-individuação tem dois cursos de desenvolvimento entrelaçado,

> um é o curso da individuação, a evolução da autonomia intrapsíquica, percepção, memória, cognição, teste de realidade; o outro é o curso de desenvolvimento intrapsíquico da separação, que ocorre ao longo da diferenciação, distanciamento, formação de fronteiras e desligamento da mãe. Todos esses processos de estruturalização culminam eventualmente nas representações do self internalizadas, em distinção as representações internas do objeto. (MAHLER, p.71)

Z., com uma mãe depressiva, teve um impedimento ao diferenciamento por não ter podido contar com uma parceira simbiótica, primeiro tendo que representar a mãe por ela mesma; em outras palavras, ela foi obrigada a se apoiar precoce e predominantemente na sua própria autonomia, suprimindo sua necessidade emocional de apoio materno, que se reflete na infância e na adolescência, desenvolvendo um falso self, utilizando o máximo de seus próprios recursos – sempre fui muito independente em relação à escola, amigos e trabalho. Por outro lado, mantendo total dependência com a avó, depois com a amiga, pessoas. No caso de Z., a avó e a amiga eram simbioticamente envolventes e agiam claramente de acordo com suas necessidades narcísicas, simbióticas-parasíticas e não em consideração às necessidades de Z., dificultando a diferenciação, estimulavam libidinizando e reforçando atividades intelectuais e, mais tarde, este mesmo comportamento foi adotado por Z. na relação com a filha com predomínio de jogos e brincadeiras intelectualizadas, sobrepondo jogos afetivos e eróticos. Segundo Z., a avó sempre a estimulou aos estudos, desde pequena brincava com livros, e a amiga exercia forte sedução no sentido de cursos, estudos, teorias, enfim, na área de conhecimento. Esse momento de não diferenciação influenciou, significativamente, na sua vida afetiva, na relação com o marido, com a filha e na vida profissional.

Segundo Mahler, é a necessidade inconsciente e específica da mãe que ativa entre as potencialidades infinitas do bebê, aquelas em particular que criam, para cada mãe a criança que reflete suas próprias necessidades individuais e singulares. Esse processo tem lugar, é claro, dentro do limite dos dons inatos da criança. São mães que não conseguem suportar o desligamento gradual do bebê no início da fase de separação e individuação. Elas incorporam a si mesmas o bebê e o despersonificam, desencorajando suas buscas tateantes na direção de um funcionamento independente. Com isso, impedem a separação gradual.

Neste período, com a relação simbiótica terapeuta-paciente instalada, trabalhamos propostas corporais e de mesa que favoreceram a diferenciação e a individuação dentro de uma certa proximidade.

Surgiu, neste período, a identificação do marido, a relação com a mãe, com o pai e com o trabalho. Ela passa a ser o centro, comparando-se e diferenciando-se dos demais.

Na segunda subfase: de treinamento,

pelo menos três desenvolvimentos, discrimináveis apesar de interrelacionados, contribuem para os primeiros passos da criança em direção à consciência do desligamento e à individuação. São eles: a rápida diferenciação corporal da mãe, o estabelecimento de um elo específico com ela, e o crescimento e funcionamento dos aparatos autônomos do ego numa proximidade grande com a mãe. (MAHLER, p. 73)

A criança começa a afastar-se da mãe, através da locomoção, e a consciência do desligamento e individuação vem com a diferenciação corporal da mãe. Interessa-se por outros objetos, embora prevaleça o interesse pela mãe. Torna-se cada vez mais autônoma, aventura-se cada vez mais para longe da mãe, permanecendo absorta na sua descoberta por longos períodos, necessitando, de tempos em tempos, da proximidade. A criança explora o meio com alguma distância da mãe, que continua necessária, como uma base estável de reabastecimento, através do contato físico.

No *setting* Ramain-Thiers, essa foi uma vivência constante em todas as sessões. Z. podia soltar-se nas atividades, envolvendo-se e gratificando-se, tendo o terapeuta como uma base estável para suas dúvidas, ansiedades, amparo e estímulo, através de sua presença e disponibilidade física e psíquica. Z. lembra que, na infância, brincava sempre sozinha, momentos de fantasia e angústia, e dizia da dificuldade de brincar com a filha, quando essa solicitava, sentindo-se culpada, quando a deixava sozinha, por ocasião de suas atividades. Desta forma, revivia sua relação com a avó e a impotência diante da situação.

As propostas e os materiais intermediários funcionaram no setting como esses objetos inanimados, explorados por Z., mobilizando principalmente seus aspectos afetivos emocionais, como também intelectuais e sociais. Neste período, observamos uma crescente independência e autonomia em relação aos trabalhos. Z. mostrava-se capaz de sugerir materiais diferentes em determinadas propostas, criar diante de propostas livres, tomar iniciativa quanto ao desejo de verbalização.

Segundo Mahler, a partir de um ano e meio, o mundo torna-se a paixão da criança. A energia libidinal está a serviço do ego autônomo, e o narcisismo atinge seu ápice. Há um investimento libidinal no treinamento de suas habilidades motoras e na relação com o meio humano e inanimado em constante expansão. O jogo passivo ativo de esconde-esconde com a mãe passa agora para ativo-passivo, num desejo de independência, quando a criança brinca de fugir da mãe, para ser arrebatada por ela e, ao mesmo tempo, vive o medo de ser tragada por ela novamente.

A mãe vive o medo e a ambivalência, a hostilidade inconsciente de impedir a criança de tomar iniciativa de afastar-se. A criança que pode ou não sair da mãe; a mãe que pode ou não deixá-la andar sozinha. Andar parece para a mãe a prova suprema da entrada do seu filho no mundo dos independentes.

A expectativa e a confiança que a mãe demonstra, nesse momento, é um importante agente detonador do sentido de segurança, encorajamento inicial, para que a criança transforme uma parte de sua onipotência mágica em prazer ligado a sua autonomia, auto-estima e desenvolvimento.

Um momento de ambivalência vivido por Z., como um desejo de identificação e ao mesmo tempo de independência foi o período que resolveu voltar a estudar; só revelou esse interesse e sua escolha dias antes da inscrição do vestibular. Por outro lado, a aceitação e o encorajamento foi vivido no setting, pois acredito que, com o trabalho psicoterápico, Z. terá resolvido questões importantes de sua vida psíquica, favorecendo, sobremaneira, seu futuro profissional. O descontentamento, de certa forma, com sua atividade atual, o desejo de independência fizeram com que Z. partilhasse o seu desejo, que foi aceito e valorizado por mim, resgatando um interesse do início de sua vida universitária. Quando soube do resultado, ligou participando. Frente a dificuldades de horário pelo fato de estar estudando e trabalhando, nossas sessões sofreram certa instabilidade, que foram contornadas pelo interesse de Z. Neste período, sugeri a possibilidade de negociar com a universidade sua entrada no segundo ano, aproveitando créditos de sua formação anterior, como uma manifestação de interesse, aceitação e apoio, aprovando seu crescimento, que se desenvolve com confiança, segurança, satisfação, partilhando suas novas descobertas a cada sessão, momento que se encontra muito envolvida com o curso.

Esse momento foi trabalhado através da proposta Thiers E600/12 O Pavão. Um trabalho demorado e muito bem elaborado trouxe os aspectos relacionados a sua escolha e identidade profissional, é uma proposta de ampliação, crescimento, decoração, identificação, delimitação, através de linhas e arames.

Segundo Mahler, a partir dos dezoito meses, inicia-se a terceira subfase, de reaproximação, com o desenvolvimento das habilidades maturacionais e o crescimento cognitivo, a criança passa a se distanciar e se diferenciar, cada vez mais, da mãe e mostra o desejo de que a mãe compartilhe com ela de suas novas habilidades e experiências, assim como uma grande necessidade de ter o amor do objeto. O medo de perder o amor do objeto, ao invés de perder o objeto torna-se, cada vez mais, evidente. A criança, cada vez mais consciente do fato de estar desligada da mãe, emprega todos os tipos de mecanismos de forma a resistir e desfazer este desligamento.

Correlacionando Mahler com o trabalho terapêutico, concordamos que a atitude da mãe, assim como do terapeuta neste período de reaproximação, através do seu envolvimento emocional, vai facilitar o desabrochar do pensamento, comportamento e relação com a realidade.

> ... o crescimento emocional da mãe, assim como do terapeuta no que diz respeito à sua maternidade, sua disposição emocional para soltar o filho ou paciente e dar-lhe como faz a mãe-pássaro um leve empurrão, encorajando a atitude independente é extremamente útil. Pode-se dizer que se trata de uma condição sine qua non, para a individuação (saudável) normal. (MAHLER, p. 87)

Concordamos com Mahler que o perigo dessa subfase de reaproximação é a ansiedade aumentada em relação à separação.

Observei um momento importante de Z. (já em grupo), através de uma proposta Thiers AD15/15, cada elemento decalcou, decorou e recortou, criando em grupo uma nova composição. Após várias tentativas, fizeram uma cesta de flores. Por coincidência, havia na sala dois arranjos de flores, ocasião do meu aniversário. Na verbalização dessa proposta, entre outras coisas, apareceram as dificuldades de crescimento em suas novas atividades na fala de uma paciente e o desejo de serem adotadas. Z. questionava sobre quem iria orgulhar-se de sua formatura, pois seus pais haviam falecido este ano. Estava fazendo o 2.º curso superior e gostaria muito que seus irmãos voltassem a estudar. O grupo se manifestou dizendo que estariam torcendo e felizes por ela.

O grupo, ao mesmo tempo, trazia suas descobertas do mundo externo. Demonstrava a ansiedade de separação com a fala de que tinham que ser adotadas. O importante, neste momento, é o apoio do terapeuta ao crescimento e garantia do amor do objeto.

> *... quanto menos emocionalmente disponível for a mãe, na época da reaproximação, mais insistente e até mesmo desesperadamente vai o filho esforçar-se para conquistá-la. Em alguns casos, este processo emprega uma quantidade tão grande da energia que a criança dispõe para promover o seu próprio desenvolvimento que, como resultado, não sobram energia, libido e agressão (neutralizado) construtiva suficiente para evolução das várias funções ascendentes do ego.* (MAHLER, p. 87)

> *Nesta fase, o mesmo tempo em que a criança adquire a consciência do desligamento, passa a perceber que os seus desejos são diferentes que os da mãe. Sua fonte de prazer desloca-se da locomoção independente e exploração do mundo inanimado em expansão para interação social. São comuns jogos, imitação, identificação com outras crianças, querer o brinquedo e o biscoito do outro, o aparecimento de raiva específica dirigida a um objetivo, da agressão, se o fim desejado definitivamente não pode ser atingido. Desenvolvimento da fase anal com características de ganância anal, ciúmes e inveja.* (MAHLER, p. 97)

Quando Z. solicitou atendimento em grupo, alegou dificuldade de relacionamento e interação social e o desejo de trabalhar em grupo e, posteriormente, profissionalmente, com grupos. No primeiro trabalho grupal, reviveu com uma colega a simbiose com a avó, momento significativo vivido com muita angústia sentindo-se regredida na proposta Thiers E200/6 Painel Decorativo – em dupla, foi trabalhado o interno e o externo de outro. Z. assumiu uma posição passiva dependente, trocaram a proposta a todo o momento e, no final, prevaleceu uma mistura de cores e a indiferenciação do que era interno e externo, vivendo realmente uma regressão, atualizando no setting a experiência infantil.

Na proposta seguinte, Thiers E 600/12 Os Pássaros, Z., a princípio, teve dificuldade de separá-los, entendeu a angústia da vivência anterior, pois, no processo individual, já havia feito várias propostas de recortes sem dificuldades. Neste período, reviveu a morte da avó, elaborando definitivamente o luto. Na sessão seguinte, fez a decoração dos pássaros, para, posteriormente, montar o trabalho em grupo. Sentia-se à vontade, expressando liberdade e contentamento, identificando-se com sua filha – me sinto como a minha filha, pintando. Num trabalho de movimento corporal, de soprar pedaços de papéis de seda com canudo, o fez de forma livre, andando, sentada ou deitada. Era realmente uma criança em todos os seus aspectos: expressão verbal, emocional, motora e social, resgatando sua criança interna, num momento emocionante no grupo. Na verbalização da proposta, disse: essa é a Z. apagada, filha da minha mãe. Essa sou eu ao lado do meu companheiro, brilhando e feliz (os pássaros estavam decorados com purpurina, lantejoulas e cola colorida). Definitivamente, rompe a simbiose com a avó (mãe interna interditora).

Relações Triangulares

Para Mahler, a expansão social e a relação com o pai, o desejo de maior autonomia com certo negativismo, em relação à mãe, favorece a expansão do mundo da criança. A inclusão do pai pertence a uma categoria de objetos de amor diferente daquela à qual pertence a mãe. Apesar de o pai não estar completamente fora da união simbiótica, ele também não se encontra inteiramente dentro dela, porém o bebê percebe, desde cedo, a existência de uma relação especial entre o pai e a mãe. (Mahler, p. 98).

Muitas vezes, a relação simbiótica de Z. com a filha esteve presente nas sessões. A criança dormia com os pais e, outras vezes, Z. dormia com ela. O intenso envolvimento de Z nas novas atividades em seu mundo de interesses permitiu que ela dividisse com o marido a tarefa de levar a filha para a cama, contar histórias etc. Relatou, recentemente, que fotografava a filha numa apresentação de dança na escola, quando observou, por várias vezes, o olhar brilhante e enamorado da filha pelo professor que coordenava o espetáculo e disse: minha filha está apaixonada, e, para sua surpresa, quando ele se virou para agradecer e cumprimentar o público, percebeu uma grande semelhança entre ele e seu marido, descrevendo detalhes, fato este que comentou com o esposo. No dia das crianças, a filha pediu de presente um boneco, para fazer par para suas bonecas, justificando que tinha muitas mulheres e poucos homens naquela casa (situação semelhante vivida por Z. na sua infância). É a vivência da elaboração edípica de Z. e de sua filha, a permissão da entrada do pai e a percepção do par.

A entrada do pai desejado e impedido pela avó, a princípio, odiado pelas sucessivas traições e abandono, aconteceu através das propostas de arame, encaixe, simetria, quebra-cabeça, favorecendo a vivência da autoridade, limite, diferenciação do masculino e feminino, a relação triangular e a elaboração edípica dinâmica fundamental deste processo, impedido pela simbiose. Neste período, fala da admiração e da sua identificação com ele, das diferenças da mãe e do pai, da determinação e independência do pai em relação a normas e regras, da sexualidade, da relação com outras mulheres, do vínculo da relação do pai com a mãe, da dependência e insegurança da mãe e da relação do pai com a avó, a personalidade do marido, os seus desejos e os seus medos na pré-adolescência, como o de ser freira, uma forma de distanciamento da figura masculina.

> *A tarefa empreendida pelo desenvolvimento no auge da separação-individuação nessa fase de reaproximação é imensa. Conflitos e pressões orais, anais e genitais precoces se encontram e se acumulam. Há uma necessidade de se renunciar à onipotência simbiótica. Há um aumento da consciência da imagem corporal e da pressão vinda do corpo dos pontos libidinizados. A crença na onipotência materna parece abalada. O medo da perda do objeto e do abandono, ao mesmo tempo que é parcialmente aliviado, se complica enormemente pela internalização das exigências parentais; isto é além de indicar o início do desenvolvimento do superego, também se expressa no medo de perder o amor do objeto, esse medo corre paralelo às reações altamente sensíveis à aprovação e desaprovação dos pais. Há uma maior percepção das sensações urinárias e esfincterianas, e reações à descoberta da diferença anatômica do sexo. (MAHLER, p. 113)*

A Quarta subfase: consolidação da individuação, segundo Mahler, é o início da constância do objeto emocional e tem como tarefa atingir a individualidade definida em certos aspectos para toda a vida e obter um certo grau de constância objetal. (Mahler, p. 115). Acontece por volta dos três anos, é um período de desenvolvimento intrapsíquico extremamente importante, durante o qual num sentido estável de identidade (fronteiras do self) é atingido. (MAHLER, p. 115)

> *No que diz respeito ao self, há uma ampla estruturalização do ego e sinais claros de uma internalização de exigências parentais, indicando a formação de percursores do superego.* (MAHLER, p. 115)

A constância objetal, além da manutenção da representação do objeto de amor ausente, implica a unificação do objeto bom e mau numa única representação do objeto. Isso promove a fusão das pulsões agressiva e libidinal e modera o ódio em relação ao objeto, quando a agressão é intensa.

> *No estado de constância objetal, o objeto de amor não será rejeitado ou trocado por outro caso que não possa mais proporcionar satisfação, quando este estado predomina o objeto ainda é desejado e não rejeitado (odiado) como insatisfatório por estar ausente.* (MAHLER, p. 116)

Z. brincava sozinha, envolvendo-se em fantasias. Segundo Mahler, parece ter sido obrigada a apoiar-se, precoce e predominantemente, na sua própria autonomia, suprimindo a sua necessidade de apoio materno.

Observamos que as fugas às fantasias apresentadas por Z., no início do tratamento, foram, aos poucos, substituídas por uma introspecção produtiva diante de cada proposta, no silêncio durante a execução, aflorando verbalizações com elaborações, cada vez mais, organizadas e integradas à realidade.

Trabalhamos com o Orientador Terapêutico Thiers para Adultos-E, num total de mais de 30 propostas, com algumas livres: cópias, recortes, modelagens, entrelaçamentos, encaixes, simetrias, transposições, aumento e reduções, quebra-cabeças, promovendo o vínculo necessário ao desenvolvimento, à individuação, à separação, à inter-relação e ao crescimento no sentido da iniciativa, independência e autonomia.

144

COMPARTILHAR EM TERAPIA
SELEÇÕES EM RAMAIN-THIERS

À medida que o vínculo terapêutico se fortalecia pelas sucessivas projeções, introjeções, identificações, através das transferências com o socioterapeuta e com as propostas e materiais intermediários, o ego fortalecido – e com desejo próprio – podia romper a simbiose. Romper a simbiose, primeiro com a amiga, substituta da avó, no mundo interno de Z., através da entrada do terceiro na relação, o sociopsicoterapeuta que ocupou esse lugar. Porém, de forma preparada pessoal e profissionalmente, para promover o holding necessário ao desenvolvimento. Em Ramain-Thiers, a técnica, através das propostas e materiais intermediários, funciona desde o início do processo, como o terceiro na relação, onde o sociopsicoterapeuta é o excluído. O paciente envolve-se e relaciona-se com a proposta, vivenciando o desejo, sem culpa.

Segundo Mahler, poderíamos dizer que, após o processo de simbiose normal, o vínculo terapêutico necessário – o holding, no sentido de Winnicott, aos poucos, vai instando-se o processo de separação e individualização, onde a mãe-terapeuta emocionalmente preparada propicia à criança-paciente com organização interna a diferenciação, o afastamento necessário para o envolvimento com outros objetos, quer sejam humanos ou inanimados e progressivamente uma exploração maior e interação com o mundo externo em expansão e funciona como uma base reabastecedora, no momento em que a criança-paciente necessita dele como suporte ou, mais tarde, nos momentos em que deseja compartilhar suas descobertas e satisfação na relação com o mundo externo.

Em Ramain-Thiers, esse é modelo que se instala no *setting*. Os trabalhos corporais favorecem a integração, tanto dos processos intrapsíquicos, como interpsíquicos, e as propostas e outros materiais funcionam como intermediários na relação. O paciente revive processos arcaicos e primitivos de sua relação com o mundo dos objetos. E o sociopsicoterapeuta Ramain-Thiers, através do processo formativo, que é vivencial, é preparado para favorecer no setting o desenvolvimento através da qualidade da relação.

CONCLUSÃO

Trata-se de um caso clínico da relação simbiótica vivida entre Z. e sua avó, em função de uma mãe depressiva e de um pai que não conseguiu estabelecer-se enquanto falo, fugindo para não se submeter à sogra sedutora. A situação continua na infância e na adolescência e agrava-se mais tarde, quando Z., na vida adulta, mantém em seu casamento a presença psíquica da avó simbiótica. Quando engravida da filha, a avó vem a falecer, e ela não consegue viver o luto, alegando o medo de afetar emocionalmente o bebê (3 meses de gestação). Não consegue romper a simbiose, deslocando-a com o surgimento, no mesmo dia, de um representante da avó – a amiga – que passa a dominar de forma progressiva e severa a dinâmica do casal, inclusive denominando-se pai emocional da criança que está prestes a nascer. Após conflitos intermináveis entre Z., o esposo e a amiga, num período de quatro anos, acontece a separação do casal. A amiga desqualifica o marido de Z. e a seduz a mandá-lo embora, quando, na verdade, existia o desejo sexual por ele, não correspondido. Este conflito foi vivenciado pelos pais de Z., em sua infância, junto à avó materna, que dominava a filha, culminando com a separação do casal, quando Z. tinha seis meses de vida. Segundo seu pai, num relato recente, a avó emitia sinais de sedução em relação a ele.

O casamento de Z., até o momento, não tinha acontecido, apesar do nascimento da filha. Havia a simbiose e o mito familiar de um casal, que era assediado e controlado pela avó, tendo a amiga como substituta. A filha de Z., até então, interditada de aproximar-se do pai, pois segundo ela, este tinha fantasia de sedução pela filha, o que fica claro mais tarde com a evolução do tratamento, que se tratava de seus medos, da entrada do pai e a perda da simbiose com a avó, revividos pela filha, no desejo pelo pai e a ameaça da simbiose com Z., fato que desencadeou o pedido de atendimento.

Com a entrada do sociopsicomotricista e a utilização da técnica, favoreceu à Z. a elucidação e a elaboração, possibilitando a reconstrução de novas identificações, no sentido da individualização, sem segregação, de forma que, no mesmo momento em que reconstituía no consultório, foi permitindo-se reorganizar a vida. À medida que confiava em si, foi desenvolvendo a capacidade de restaurar, reconstruir, ser produtiva e criativa, relacionando-se com o mundo que a rodeava, que era diferente de si, interagindo com o que estava fora de si, através de novos objetos reintrojetados que estão dentro de si. Com isto, a individualização estabeleceu-se, deixando de ser objeto do outro (simbiose), possibilitando o próprio desejo, o novo direcionamento da libido, a estruturação das instâncias psíquicas e a retomada ao desenvolvimento.

O resgate de identidade, do desejo favoreceu o resgate dos papéis de filha, esposa e mãe.

Após três meses de psicoterapia, Z. e o esposo reconciliam-se e, em março deste ano, revogaram a separação.

Após nove meses de trabalhos, com a entrada do pai, rompe mais uma vez a simbiose; desta vez, com a filha, no momento em que permite o encaminhamento, a entrada do terapeuta e do pai da criança, até então, literalmente interditado.

A redefinição da escolha profissional emergiu da proposta Thiers E 600/11, O pavão. Hoje, Z. cursa o 2.º ano de psicologia, após doze anos sem estudar.

Estamos completando 22 meses de trabalho. A filha está em processo de alta. O esposo está em sociopsicoterapia Ramain-Thiers há mais de 18 meses, e Z., com boa evolução do caso, encaminhando-se para a alta.

Num depoimento, fala de seu momento atual e da relação com as pessoas:

> *Como vejo meu pai atualmente... como alguém com quem eu possa contar, que, apesar de nossas diferenças e divergências, me respeita, é respeitado por mim, e que eu sei ser capaz de me ajudar, sem me julgar.*
>
> *Minha mãe... uma criança carente e machucada, ao mesmo tempo persistente naquilo que para ela é o mais importante; não importando se os outros a acham certa ou errada. Alguém um pouco paradoxal. Ao mesmo tempo que quer fazer tudo para agradar, não sabe muito bem como e tem dificuldades de ver as diferenças do outro, porém acaba sempre se assumindo, mesmo que sem muita consciência disto.*
>
> *Eu redescobri a vida, descobri-me, corro atrás daquilo que me satisfaz; revejo minhas metas e objetivos e trabalho a paciência, para preparar o terreno para esse novo tempo que já vivencio, mas que ainda requer algumas mudanças, para que toda a minha energia esteja movimentando aquilo que, de fato, me realiza. Sem culpas, sem medo de ser feliz.*
>
> *Meu marido... meu companheiro e parceiro de lutas e crescimento.*

Observação. Curiosamente, deixa de fora a avó, a amiga e a filha, todos objetos de simbiose. Coloca-se em relação ao pai, à mãe e ao esposo; a tríade, com a elaboração do Édipo, a possibilidade de se casar e o desejo de ter um filho manifestado durante o processo, pois, antes, não se sentia preparada.

BIBLIOGRAFIA

MAHLER, M. S.; PINE, F. & BERGMAN, A. *O nascimento psicológico da criança: simbiose e individuação*. Trad. Jane Araújo Russo. Porto Alegre: Artes Médicas, 1993.

SANDLER, J.; DORE, C. & HOLDER, A. *O paciente e o analista: fundamentos do processo psicoanalítico*. Trad. José Luis Meurer. 2. ed., Rio de Janeiro: Imago, 1986.

THIERS, S. *Orientador terapêutico Thiers para adultos-E*. Rio de Janeiro: CESIR, 1992.

_____. *Sociopsicomotricidade Ramain-Thiers: uma leitura emocional, corporal e social*. São Paulo: Casa do Psicólogo, 2.ª ed., 1998.

7

Da Elaboração do Luto à Possibilidade de Re-encontrar-se: a história de um adolescente com queixas escolares

BEATRIZ PINHEIRO MACHADO MAZZOLINI*

Há algo que existe no sujeito, frente ao qual um elemento externo age, seja como um disparador que evoca, ou como algo que permite a exteriorização daquilo que lutava para se deflagrar.

Sigmund Freud

RESUMO

O presente trabalho relata a história clínica de Erick, um jovem de dezessete anos, aluno do segundo colegial, que procura a terapia por indicação da escola, com queixa de baixo rendimento na escola e apatia diante da vida escolar.

A Sociopsicomotricidade Ramain-Thiers é utilizada como intervenção, por incluir, em seu processo terapêutico, exercícios de psicomotricidade diferenciada, trabalho corporal e verbalizações, ao invés de uma terapia que só opere em nível verbal. Erick é um jovem que se expressa muito pouco através das palavras (uma das queixas), e a proposta do agir no e com algum material intermediário, no caso o

---

* Psicóloga, Psicopedagoga, Sociopsicomotricista Ramain-Thiers, Mestranda em Psicologia Escolar no Instituto de Psicologia da USP, Supervisora do Núcleo Ramain-Thiers de São Paulo-SP.

Ramain-Thiers, é uma possibilidade que pode facilitar a ação-comunicação, no processo terapêutico.

A intervenção visa, no início, deixar Erick à vontade para o desenvolvimento da confiança e do vínculo, pois é avesso a psicólogos e terapias.

Num segundo momento, são feitas propostas que o levam a lidar com situações de perda e elaboração dos conflitos edípicos.

No terceiro momento, há uma real elaboração do luto no processo terapêutico, onde Erick pode re-significar a fase da sua vida em que há a perda da mãe. Erick sufoca a elaboração desse luto, junto com o pai, uma vez que disso não se pode falar na família.

A fase final do trabalho ocorre com a quebra do silêncio entre pai e filho. Erick assume o comando da própria vida, escolhe sua nova escola, aprende a dirigir, não só automóvel, mas a própria vida e toma decisões.

1. Introdução

O relato deste caso refere-se à aplicação da metodologia Ramain-Thiers, na psicoterapia de um adolescente, que, bloqueado em seu processo de desenvolvimento, sofre e faz sofrer as pessoas mais próximas a ele, pois está sempre triste.

A vontade de escrever o caso nasce da constante necessidade que sinto de estar re-pensando a atuação clínica. Acredito que um meio de viabilizar isso é lançar mão de um caso clínico bem sucedido e expô-lo a discussões e reflexões com profissionais que dele se interessem.

Começo a escrever o caso muito tempo depois de tê-lo encerrado, e isto me faz lembrar o artigo de Freud intitulado Recomendações aos médicos que exercem a psicanálise (1912), onde apresenta algumas orientações para quem pretende guiar sua prática com os pressupostos psicanalíticos e adverte:

> ... Não é bom trabalhar cientificamente num caso enquanto o tratamento ainda está continuando – reunir sua estrutura, tentar predizer seu progresso futuro e obter, de tempos em tempos, um quadro do estado atual das coisas, como o interesse científico exigiria. Casos que são dedicados, desde o princípio, a propósitos científicos, e assim tratados, sofrem em seu resultado; enquanto os casos mais bem sucedidos são aqueles em que se avança, por assim dizer, sem qualquer intuito em vista, em que se

permite ser tomado de surpresa por qualquer nova reviravolta neles, e sempre se os enfrenta com liberalidade, sem quaisquer pressuposições. A conduta correta para um analista reside em oscilar, de acordo com a necessidade, de uma atitude mental para outra, em evitar especulação ou meditação sobre os casos, enquanto eles estão em análise, e em somente submeter o material obtido a um processo sintético de pensamento após a análise ter sido concluída. ... (p. 152 e 153)

Assim, sigo a recomendação do mestre e começo a escrever a história clínica de Erick, mais ou menos, dez meses após o seu término. Conto com os muitos apontamentos que fiz após cada sessão, para planejar a próxima e com algumas observações que faço, quando levo o caso para discussão em supervisão.

2. A SOCIOPSICOMOTRICIDADE RAMAIN-THIERS

Escolho o Orientador Terapêutico Thiers para Adolescentes-AD, para atender a este caso, pois é o que parece estar mais de acordo com sua etapa de desenvolvimento e, com o intuito de ilustrar, relaciono abaixo os conjuntos que compõem o Orientador-AD.

AD-01 – Encaixes
AD-02 – Sinuosas e ângulos
AD-03 – Seqüências codificadas
AD-04 – Cópia
AD-05 – Memória
AD-06 – Recorte
AD-07 – Traçado
AD-08 – Caleidoscópio
AD-09 – Superposição
AD-10 – Motivos simétricos
AD-11 – Sócius
AD-12 – Transposição
AD-13 – Percursos
AD-14 – Entrelaçamentos
AD-15 – Trabalhos de grupo
AD-16 – Integração
AD-17 – Códigos e inflexões
AD-18 – Atividades livres
AD-19 – Atividades semidiretivas

Trabalho Corporal
Conscientização de posturas: deitada, sentada, em pé, outras.
Trabalho com os olhos, com o olhar, com a boca e face.
Conscientização da bacia, da pélvis.
Orientação temporal e espacial.
Respiração.
Equilíbrio.
Segmentos corporais: braços, ombros, antebraços, mãos, pulsos, dedos,
pescoço, tornozelo, pés, dedos.
Simetrias corporais.
Outros.
Thiers diz:

> *Assim como a psicanálise, o Ramain-Thiers se propõe a trazer ao consciente conflitos e resistências que estiveram inconscientes por força do recalcamento e da história de vida de cada um. Em ambos os casos, os conflitos e resistências ficam resolvidos não porque atingem o nível do conhecimento, do saber sobre o problema, mas sim porque nas duas vive-se uma experiência específica, a tarefa Ramain-Thiers, que atualiza na transferência as questões a serem tratadas. (Op. Cit., p. 30)*

3. O PRIMEIRO CONTATO

Certo dia, recebo o telefonema de um pai que gostaria de marcar um horário, para que pudéssemos conversar sobre seu filho de 17 anos. O encaminhamento é feito pela orientadora da escola. O rapaz cursa o segundo colegial e, segundo o relato do pai, está apresentando um rendimento escolar bem abaixo da média da classe e do esperado pela escola.

Marcamos um horário para a entrevista inicial.

Após este contato telefônico, alguns pensamentos ocupam minha mente: o pai faz o contato e não menciona a mãe do rapaz, será que são separados? A escola é que encaminha para terapia, será que está tudo bem em casa? O rapaz tem 17 anos e está com dificuldades na escola, que tipo de dificuldades: notas baixas, comportamentos inadequados?

O pai é referido, a partir de agora, como o Sr. Worter, e o filho, como Erick.

4. A ENTREVISTA INICIAL

No dia combinado, conheço-os. Erick é um adolescente de 17 anos recém-completados, magro, de estatura média. Seus cabelos são claros e longos, até os ombros, repartidos ao meio e jogados para a frente, cobrem-lhe todo o rosto e impedem que se veja a sua fisionomia. Tem uma postura encolhida, ao sentar-se. À primeira vista, Erick parece-me um jovem triste e bastante tímido; traja uma roupa surrada e escura. O Sr. Worter é um homem alto, forte, bem apessoado, aparentando uns 50 anos, falante e com um tom de voz mais alto do que o normal.

Começamos a entrevista. Dirijo-me a Erick, perguntando-lhe se sabe por que estamos ali. O pai quer responder por ele, e eu o interrompo. Peço-lhe que deixe Erick falar e, olhando para ele, digo-lhe que tente responder e que, se precisar, solicite a participação do pai que está ali para ajudá-lo.

Após um silêncio breve, Erick, timidamente, começa a falar. Diz com voz muito baixa e com apoio intralingüístico (ã, né) que está com dificuldades na escola, notas baixas.

A queixa fica assim enunciada: notas baixas, dificuldades nos estudos, desmotivação e apatia.

A fim de ter os dados necessários, peço a ele que responda às informações solicitadas por mim. Iniciamos, assim, um diálogo curto e objetivo: nome completo, data e local de nascimento, endereço, telefone, escola, série, nome dos pais etc. Erick responde apenas ao que é perguntado e, ao ser perguntado sobre o nome de sua mãe, o pai responde por ele, dizendo que a mãe havia morrido quando Erick tinha 4 anos de idade. Pergunto a causa da morte, ao que o pai responde: suicídio. O pai olha-me comovido. Eu também sinto que me comovo. Há um silêncio que quebro, ao perguntar-lhes se gostariam de falar mais sobre isso. O pai retoma a fala e diz que a mãe entra em um quadro depressivo profundo e acaba por suicidar-se. Ela já era uma pessoa depressiva. Erick é criado pelo pai e pela avó materna. Enquanto o pai fala, Erick olha para o teto e para os lados.

A entrevista segue seu curso carregada de emoção; emoção essa aflorada nas revelações feitas por um pai, das suas próprias lembranças, da história de vida de seu filho. O pai informa pouco sobre o nascimento e desenvolvimento de Erick. Lembra-se que o parto foi normal, e que Erick é mal alimentado até os 6 meses, por causa da depressão da mãe. Acha que seu desenvolvimento, de um modo geral, foi dentro dos padrões normais. Erick é o quarto filho de uma constelação familiar de quatro (O: 27 anos; O: 26 anos; O: 20 anos). O pai lembra que Erick fez tratamento com uma fonoaudióloga, na fase de alfabetização, por solicitação da escola, e teve alta.

Erick sempre estudou numa única escola, desde que começou aos 4 anos (antes de a mãe morrer). A escola em que Erick estuda segue uma pedagogia própria, onde não há repetência, e a aprovação é automática. Peço a Erick que fale sobre essa escola, e ele diz que seus problemas começaram aos 13 anos. Os professores implicam com ele, com seu jeito de ser: rebelde, desligado e sem vontade de estudar. O clima fica tão difícil para ele no colégio que se vê obrigado a mudar de escola. Peço que me explique melhor essas questões, mas nem Erick e nem o seu pai fazem com que eu entenda que perseguição é essa, que desmotivação é essa. Não insisto nesse momento.

A nova escola é escolhida pelo pai e segue um modelo de ensino mais tradicional, com grande ênfase no conteúdo e com uma filosofia e uma pedagogia bem diferentes daquela escola a que Erick está acostumado. Erick estranha muito a mudança, tem poucos amigos e está indo muito mal nos estudos.

Pergunto a eles por que não procuram orientação, quando as dificuldades começam. Erick diz que acha que há algo errado com ele, mas o pai não liga. O Sr. Worter embaraça-se um pouco e diz que estão ali para ver o que está acontecendo, naquele momento.

O Sr. Worter menciona que Erick teve um problema de inflamação na unha do pé, sugere que eu entre em contato com a médica que o atende, pois ela o acompanha já há um tempo e o conhece bem (acha que o problema na unha é somatização). O Sr. Worter relata que faz terapia há algum tempo e que será bom que Erick também faça.

Finalizo a entrevista, esclarecendo que o trabalho que ali se inicia tem como um de seus objetivos que Erick encontre ou re-encontre prazer na aprendizagem, na vida, pois para um jovem de 17 anos ele me parece passivo, apático demais, apesar de querer aparentar uma certa agressividade ao falar ou ao não falar. Infelizmente, não podemos mudar sua história de vida, pois ela já aconteceu, ele perdeu a mãe aos 4 anos de idade, e esse fato é irreversível. Mas a terapia pode ajudá-lo a ver de uma outra forma, a re-significar essa história. Ele pode perceber de outra forma um acontecimento tão marcante, quanto este que lhe aconteceu na infância, bem como outros, como o fato de ter que sair da escola de que tanto gosta.

Após alguns relatos breves de coisas de que gosta ou não de fazer, da experiência na nova escola, pergunto a Erick se gostaria de começar o processo terapêutico que consiste numa espécie de diagnóstico que nada mais são que conversas, desenhos, observações ou outras coisas que possam contribuir para que possamos conhecer-nos e entender o que acontece com ele. Depois, faremos uma nova entrevista, para conversarmos sobre essa avaliação, que é apenas uma amostra, um recorte de seu comportamento, de seu jeito de ser, uma hipótese de trabalho, onde analisaremos, juntos, as possíveis orientações para o caso. A partir disso, iniciamos o atendimento propriamente dito.

Erick concorda em iniciar, desde que eu não fale para o pai o que ele fala para mim nas sessões, pois isso já aconteceu com amigos seus. Sou surpreendida com esta colocação. Aquele jovem, aparentemente desligado e sem vontade de falar, coloca-se efetivamente: está em conflito, sofre e tem uma fantasia em relação ao trabalho terapêutico.

Erick, ao mesmo tempo que quer saber o que há de errado com ele, duvida de um trabalho que faz isso. Baseado em relatos de amigos, supõe ser essa uma relação não confiável. Parece que, na fantasia de Erick, um psicólogo é alguém aliado aos pais, que tem, entre suas funções, de contar aos pais o que o filho fala durante as sessões (dedar).

Digo a Erick que, num trabalho psicológico, existem muitos jeitos diferentes de se atender uma pessoa, tudo vai depender de quem está sendo atendido, do que se queixa e também do estilo de quem atende, e que ele tem a chance de vivenciar como iremos analisar, juntos, o que pode estar impedindo-o de estar com boas notas e com vontade de viver e aprender.

Erick concorda. Combinamos as datas da avaliação e os honorários. Combinamos que as entrevistas que se fizerem necessárias com o pai serão sempre a três. Erick reafirma o acordo com um aceno de cabeça, um sorriso e um tá bom.

Após a entrevista, alguns pensamentos começam a tomar conta da minha cabeça: a apatia de um rapaz de 17 anos, bonito (que se mostra feio); seu baixo rendimento escolar; o suicídio de sua mãe; a autoridade do pai (apesar de tentar mostrar-se democrático); será que tenho condições de ajudar Erick?

Várias questões sempre surgem, quando iniciamos um novo atendimento. São questões, muitas vezes, geradas por sentirmos o peso da responsabilidade em nossas mãos, por termos a responsabilidade de auxiliar alguém a conhecer-se ou a re-conhecer-se, em meio a tanta confusão, alguém que está em sofrimento e procura ajuda e, nessa procura, nos encontra e tem em nós um ponto de referência e confiança. É deste lugar terapêutico que tento relatar este caso.

5. A TENTATIVA DE AVALIAÇÃO

Inicio o trabalho com Erick muito envolvida e cautelosa. Tento fazer uma avaliação com o objetivo de conhecê-lo um pouco e poder analisar com que organismo – corpo, inteligência, desejo e influência social – Erick conta, para aprender e se relacionar.

Erick, apesar de concordar e vir, acha a maior bobagem. Numa das primeiras vezes, pergunta-me: Isso vai me ajudar a passar de ano? Olho bem fundo em seus olhos e respondo: Sinceramente, não sei responder a você, mas, se isso for a coisa mais importante para você, talvez vá.

Erick defende-se como pode nesse processo de avaliação: recusa-se a fazer, a falar; verbaliza: Isso é o maior trampo. Que saco! – ou faz de qualquer jeito, sem nenhum envolvimento e para livrar-se logo da proposta.

Erick é realmente um rapaz muito fechado, fala muito pouco, restringe-se ao que é perguntado e faz só o que é proposto.

Sua postura corporal é encorujada, fica encolhido em um canto do sofá na sala de espera, aguardando a minha chamada. Vem sempre de preto e com os cabelos caídos, tampando-lhe o rosto.

Após uma conversa informal, peço a Erick que desenhe uma pessoa.

– Nunca desenhei uma pessoa, diz-me surpreso.

– Você pode tentar desenhar uma agora, respondo.

Erick hesita um pouco, olha para cima, simula um sorriso, pega o lápis e desenha um corpo em forma de círculo, pernas e pés, braços semi-levantados, sem boca e sem cabelos.

– Tó, um homem. E entrega-me a folha em que havia desenhado.

Peço para que fale um pouco sobre esse homem: quem é, o que faz, sua idade etc. Erick olha para o desenho e diz: – É um homem, não faz nada e não é criança. Pergunta-me se precisa fazer chão, se não tem um lance do tipo: – Quem não faz chão é de um jeito e quem faz é de outro?

Respondo-lhe que deve fazer o chão, se realmente quer, e que cada pessoa tem um jeito diferente de ser, fazendo chão ou não em seus desenhos, e que é melhor que se ocupe em pensar no seu jeito de desenhar, no que gosta de ver em seu desenho do que estar se ocupando, naquele momento, com definições simplificadas da personalidade das pessoas relacionadas com o que elas desenham.

A mulher é desenhada do tipo palito. Entrega-a para mim e diz: – É mulher, não está fazendo nada, não é criança.

O desenho da família é composto de três elementos: pai, mãe e filho. São desenhados com mais capricho. O filho entre os pais e todos eles com a cabeça sem rosto. Começa a desenhar pelas pernas; os corpos masculinos (pai e filho) mantêm a mesma forma circular do desenho anterior. O pai está mais à frente, parado; o filho e a mãe dão idéia de estarem caminhando. Erick não quer falar nada sobre esse desenho e, como os anteriores, entrega-o para mim.

– Sei lá, diz, dando de ombros. É só uma família, você não pediu?

Erick desenha uma casa em perspectiva, com porta, janelas e um telhado escurecido; a casa está também solta na folha como os desenhos anteriores. Não quer falar nada sobre ela.

– Sei lá. Fiz aí. É o que diz e me entrega.

Ao desenhar uma árvore, Erick faz as raízes soltas na folha, um tronco simples e uma copa cheia de galhos grossos, mais parecidos com folhas (ou raízes de ponta cabeça). Entrega-me o desenho e, ao ser perguntado sobre ele, diz: – É uma árvore velha, mais ou menos sem folha e está viva.

O desenho livre é o de uma bexiga cheia, solta na folha. Erick não quer comentar. Dá o desenho para mim e diz: – Uma bexiga, sei lá!

No desenho do par educativo, Erick faz dois bonecos esquemáticos, sem rostos, um de frente para o outro, afastados. Diz que estão fazendo esporte, alongamento, têm menos de 15 anos, os dois ensinam um pro outro.

A princípio, seus desenhos me intrigam. Erick desenha rápido demais, como para acabar logo e entrega-me todos ao acabar. Não quer nem olhar para eles. Tem um traçado seguro, firme, é rápido. Os desenhos parecem pobres em detalhes, e as figuras humanas parecem ter sido desenhadas por uma criança de menos de 7 anos. As figuras parecem infantis, mas o traçado não o é. Seu traçado é nítido. A simplicidade do desenho chama minha atenção, e a ausência de expressão nas pessoas parece muito presente também na casa e na árvore. Erick utiliza bem o espaço disponível, seus desenhos são dispostos de uma forma adequada na folha, procura sempre centrá-los.

Passo muito tempo olhando e analisando os desenhos de Erick.

Não costumo guiar-me por análises já prontas, passo muito tempo observando e indagando os desenhos e pergunto que saberes inconscientes Erick tenta expressar nesses seus desenhos? Divago com algumas hipóteses que, depois, analiso junto com Erick.

No desenho do homem e da mulher, Erick identifica-se com a figura de seu próprio sexo (a desenha em primeiro lugar). Reconhece a existência do outro sexo de um modo muito simples (diferencia características como: saia, cabelo em chiquinhas). Erick define a figura desenhada pelo sexo: um homem, uma mulher. No desenho da figura masculina, em sua fantasia, expressa um homem grávido. Talvez o fato de não ter a mãe o faz pensar num pai-mãe que gera o filho. No desenho da figura feminina, o corpo da mulher em forma de triângulo pode expressar, de um modo inconsciente, a sua preocupação com o problema da triangulação ou questões edípicas. Erick parece projetar, nos desenhos, sua atitude de passividade perante a vida, ao dizer: não fazem nada. Expressa sua insegurança em relação à fase de adolescência que vive, ao determinar a idade das pessoas por uma negação: não é criança. A partir dessa afirmação negativa, penso que Erick pode ter a possibilidade de pensar, penso junto com ele e faço um verso:

Se não é criança, quem é então?
Se não sou criança, sou o quê?
Enfim, quem sou eu?

Com estas palavras deixo a questão no ar, para Erick pensar (e para que eu também possa pensar).

No desenho da família, Erick desenha uma família que não é a sua, o que pode sugerir sua vontade de ser o único filho do casal e ter a mãe viva (esboça um sorriso, quando comento isso, coisa rara). O pai parado, exatamente o contrário do que acontece na realidade, pois é uma pessoa muito ativa. A mãe e o filho se movimentando, agindo, talvez vivendo. Sua mãe, na realidade, não vive, mas Erick, tendo a vida, comporta-se passivamente, parece estar parado, para não dizer morto. Brinco com Erick que, neste desenho, o sonho e a fantasia podem expressar-se e substituir a realidade, que é tão diferente e dura.

O desenho da casa faz-me pensar no quanto Erick se sente perdido no espaço. O que Erick projeta, ao escurecer tanto o telhado? Por que marcá-lo mais do que ao resto da casa? O que está tão marcado assim em sua vida? Ao conversarmos sobre esse desenho, fala: – Nada, só desenhei.

No desenho da árvore, a referência à velhice na sua afirmação: é velha. Significa experiência, sabedoria, cansaço ou o quê? A indefinição de uma parte que compõe um todo e que não está por inteira: mais ou menos sem folha. A folha tem a função de fazer a planta respirar, levar oxigênio, pois, sem oxigênio, a planta morre, o que pensar sobre isso? A referência à vida: está viva. Percebo movimento neste desenho. Penso, juntando com a idéia anterior, que Erick pode sentir-se cansado, com dificuldade de levar oxigênio a todo seu corpo, mas ainda está vivo e com forças para aceitar a ajuda da terapia, talvez. Erick sorri... Penso comigo: está vivo! Esse desenho da árvore tem algo interessante; se virar de ponta-cabeça, dá a impressão de ser a mesma árvore, com copa e raízes muito semelhantes.

– É, pode ser. Erick parece concordar que seus processos inconscientes (sonhos, fantasias, medos etc.) confundem-se com seus processos conscientes, afetando, de certo modo, a sua realidade e o seu contato com o mundo, um dos motivos por que se fecha em si mesmo e se apresenta ao mundo sempre encolhido, sem vontade e triste.

No desenho livre, Erick pode estar exteriorizando a sensação de se sentir inflado como um balão, prestes a murchar, se o ar que está dentro escapar pelo buraco ou estourar de vez, se entrar ar, além de sua capacidade de suportar a pressão. Erick é um caso muito delicado que inspira cuidados especiais, para que não murche ou estoure repentinamente, conforme a intervenção externa ocorra. Erick é um balão muito delicado, inflado.

– É, tô de saco cheio, é o que fala.

O desenho do par educativo, não fosse por sua verbalização, graficamente não expressa muito, ou quase nada. A relação ensinante-aprendente, projetada no desenho do par educativo, parece mostrar a indiferença de Erick para com o processo de aprendizagem, seja ele da escola ou da vida. Faz-me supor e pensar mais numa afetividade reprimida: as figuras, muito pobres graficamente, parecem prestes a abraçarem-se ou já se terem afastado após um abraço, mas estão paradas e separadas. Como se estrutura para Erick essa relação ensinante-aprendente que pouco lhe inspira para jogar com a fantasia ou com a recordação? Para Erick ensinante e aprendente têm a mesma idade. Que questões emergem, ou não emergem, de sua curiosidade infantil para que sua verbalização mais comum acabe sendo um sonoro e triste: Sei lá?

Erick obtém resultado médio-inferior na prova de Raven. Seu ritmo de trabalho é mais lento do que ao desenhar, trabalha de modo intuitivo, distraído, intranqüilo, vacilante e, por vezes, quer deixar de fazer os exercícios por darem muito trabalho.

O esquema/imagem corporal de Erick merece algumas considerações: sua postura é desleixada e, ao caminhar, arrasta seus pés, ao invés de levantá-los. Os ombros são curvados para a frente, e os braços largados ao longo do corpo. A expressão do rosto, quando posso vê-la, parece-me triste e sem vida. Os desenhos das pessoas que fez demonstram a pobreza dessa imagem corporal.

Erick apresenta dificuldades nos exercícios de psicomotricidade diferenciada e, no trabalho corporal, dispersa sua atenção com facilidade; suas memórias auditiva e visual são fracas (atém-se aos aspectos irrelevantes das propostas); os deslocamentos espaciais, gráficos e corporais são confusos e inseguros, principalmente, se implicam as linhas diagonais; pouca exploração do espaço físico; ritmo cíclico (ora rápido, ora lento).

Na prancha 1 do Teste de Apercepção Temática (TAT), Erick relata a seguinte história:

> *Um menino tocava violino e parou de tocar, porque se cansou.*
> *Levou uma bronca, porque havia parado de tocar. Olhou o violino*
> *com raiva e achou uma solução, quebrou-o na parede.*
> *Ele nunca mais tocou violino, pois não gostava.*

Erick, ao inventar essa história, encontra uma solução radical e desesperada para o conflito que vive o menino. Não considera nenhuma outra alternativa, a não ser acabar violentamente com o violino. Converso com Erick sobre essa história, e ele diz que, se pudesse, faria isso com os estudos. Nega-se a criar outra história do TAT. Paro por aí, respeito o seu momento de angústia.

Os exercícios que envolvem escrita e cálculo são acompanhados das verbalizações: Que saco, pra que fazer isso?

Seu desempenho não é tão fraco, Erick tem pouquíssimos erros de grafia, mas muito pouca disponibilidade para as questões pedagógicas, apresenta dificuldade em cálculos mentais. Solicito que escreva uma redação, ao que Erick diz: – Odeio fazer redação.

O tema é Descreva um garoto ou uma garota da sua idade. Erick escreve sobre um garoto que mora na rua, é muito pobre e nunca tinha ido para uma escola. Um dia, alguém o leva para um orfanato e o adota. Ele fica bem e não lhe falta mais dinheiro. Mas o garoto não gosta dali e foge para as ruas, onde vive com amigos.

Penso que Erick não pode integrar situações que acontecem ao mesmo tempo, sem excluir uma (como em alguns exercícios do Raven). Por que o garoto não pode morar no orfanato, ter dinheiro e estar com os amigos da rua? O que poderia impedir uma integração entre esses aspectos?

Encerro esse período de avaliação e contato inicial com alguns dados sobre Erick. Faço uma entrevista devolutiva com Erick e o Sr. Worter, onde apresento, junto com Erick, solicitando muito a sua participação, os resultados a que chegamos nessa primeira fase. Erick desconfia menos de mim e demonstra menos tristeza do que quando o conheço. Resumo para o Sr. Worter alguns dados, tais como: a produção rápida de Erick para livrar-se logo das propostas, menos no teste de inteligência. Concordamos que, talvez, essa seja a sua defesa. Seus desenhos são pobres graficamente, parecem os de uma criança com menos de 7 anos. Suas verbalizações o definem como uma pessoa insegura, fraca, submetida à vontade dos outros. Não sabe quem é e nem que lugar ocupa na vida (acho que nem na família). Erick é indiferente para com seu processo de aprendizagem, seja ele da escola ou da vida. Acredita que esse processo aconteça fora dele, os outros são quem sabe, eu, sei lá...

Penso comigo e não falo para o Sr. Worter: Quem é Erick? Tento responder para mim que Erick é uma criança-adolescente, sem mãe, aprisionada ao desejo de seu pai-mãe, que desenvolve um sintoma escolar, talvez a única via que lhe resta, para dizer ao pai-mãe que as coisas não estão bem, nunca estiveram bem e que, agora, devem ser remexidas. Erick está disposto a re-viver seu processo de desenvolvimento emocional, re-escrever a sua história, apesar da desconfiança e da aparente passividade.

Continuo o relato do caso, agora com Erick em atendimento.

6. O ATENDIMENTO: ALGUNS MOMENTOS

O trabalho terapêutico com Erick tem a duração de 1 ano e 3 meses.

Erick é atendido duas vezes por semana, individualmente, em sessões de uma hora de duração cada.

Erick falta uma única vez durante o período de atendimento e telefona-me para justificar essa falta, o ônibus demora muito a passar, e ele perde a hora.

Nas férias escolares do mês de julho, Erick tem as sessões normalmente.

O atendimento é interrompido apenas nas férias de janeiro.

Como todo terapeuta que se apaixona pelo que faz, considero que são muitos os momentos significativos desse trabalho com Erick, e é difícil escolher aqueles que ficarão aqui registrados. Transcrever em palavras o que foi vivido numa relação terapêutica e, segundo a óptica do terapeuta, podem ser dois motivos suficientes, para modificar a experiência, mas não são suficientes, para invalidar as reflexões que surgem no leitor, sociopsicomotricista ou não, a partir deste relato clínico.

Inicio o relato questionando: – O que sei lá?

Penso ser esse o começo ou um começo dentre muitos.

Durante muito tempo, reflito sobre a verbalização preferida de Erick, não se a preferida ou se a mais comum, a mais fácil ou a única que aprendeu para desvencilhar-se dos possíveis desafios que a vida – ou a terapia – lhe impõem: Sei lá.

Comento com Erick o que ela me inspira e escrevo mais um verso para ele ler:

Sei lá ...

Se sei lá fosse: sei o quê?

O que não sei?

O que sei?

O que sei que não sei?

E, como o anterior, fica no ar, para começar a pensar.

Sempre me encontro com Erick na sala de espera. Cumprimento-o, e vamos para a sala de atendimento, onde acontece o nosso ritual de início de sessão.

Entramos na sala, tranco a porta, espero que ele se acomode e se expresse, se quiser. Às vezes, mudo a rotina e inicio o atendimento pelo Trabalho Corporal, numa sala diferente, mas só nos dirigimos para a sala de psicocinética, após este ritual de entrada na sessão, que acontece sempre na sala de atendimento e que marca o início do setting terapêutico. Erick entra na sala e vê sua pasta com os trabalhos feitos sobre a mesa. Pode sentir, nesse momento, que já é esperado antes de entrar e pode, se quiser, abrir a pasta, deixá-la de lado, iniciar um diálogo, esperar ou qualquer outra coisa.

As primeiras sessões de Erick foram elaboradas com propostas predominantemente da fase oral, uma vez que sua postura corporal é encolhida, seu tempo de execução das propostas é extremamente rápido, faz tudo de qualquer jeito, para acabar logo, fica parado esperando ajuda do terapeuta e troca os lápis por trocar, sem nenhuma compreensão do que faz.

O trabalho corporal, nesse primeiro momento, também é muito difícil. Noto uma aceitação melhor das propostas respiratórias (e isto me faz lembrar da árvore sem folhas, sem oxigênio e da bexiga com muito ar).

Erick familiariza-se, aos poucos, com as propostas e materiais Ramain-Thiers, bem como com sua possibilidade de falar de si, que é um convite diário, porém não obrigatório. Erick ainda fala pouco, suas primeiras reações são sempre de recusa, de lamento, de achar que estou brincando com ele, de contradizer-se nas palavras, dependendo do que é proposto a ele. Erick desqualifica-se na análise que faz de si e, muitas vezes, fala: – Isso é muito difícil, não consigo fazer, ou: – Isso é muito fácil, qualquer criancinha faz.

Penso novamente na questão: Quem sou? e, na resposta: Sou uma criança que faz as coisas que são muito fáceis ou sou um adolescente que não sabe fazer as coisas que são mais difíceis?

O primeiro momento que relato ilustra o processo vivido por Erick, quando exposto a uma proposta característica da fase oral. Apresento a Erick a proposta 13 do Conjunto AD-07 (Traçado) que utiliza o desenho AD-07/4 para sua execução e que, segundo a fundamentação de Thiers no Orientador AD, é uma proposta, predominantemente, da fase oral. O processo que Erick vive, neste contexto, é extremamente interessante: Erick ouve a proposta, não pergunta nada e começa a fazer. O anexo 9 ilustra o resultado desse processo: Erick copia duas vezes os desenhos e pára. Pergunta-me se não vou dar-lhe a tesoura. Penso em retomar a proposta com ele, mas escuto o seu pedido e entrego-lhe a tesoura. Erick recorta todos os desenhos que fez e deixa-os espalhados pela mesa. Pede-me a caixa de giz de cera, pois, segundo ele, pinta mais rápido. Novamente, tenho vontade de retomar a proposta, mas não é esse o propósito. Escuto-o, novamente, e entrego-lhe a caixa de giz de cera. Erick pega a cor preta (a sua preferida) e pinta indiscriminadamente. Depois, parece lembrar-se de que deve mudar de cor e usa o verde e o azul. Pede cola e uma folha de sulfite branca. Fico perplexa. O que acontece ali com Erick? O que ele tenta dizer-me? Dou-lhe o papel e a cola pedidos e observo. Erick cola do jeito que estão na sua cabeça aquelas figuras geométricas e entrega-me o desenho, o mesmo comportamento que se repete na avaliação e nessas propostas iniciais (Erick faz para mim?). Devolvo a ele e peço-lhe que fale sobre o que quiser, o que sente, ao fazer aquele exercício. Acho que procuro confirmações para o que penso, e ele só me diz: – Sei lá, você pediu, e eu fiz isso aí. Pra que copiar duas vezes a mesma coisa? Pra que essas figuras?

Refaço-me da surpresa. Já tenho a pergunta que vou fazer a ele. Primeiro, respondo-lhe que não sei por que ele copiou duas vezes as mesmas figuras e pergunto-lhe: – Por que você copiou duas vezes, se a proposta pede apenas uma vez?

Erick fala que não, que eu falei que era para copiar duas vezes e não aceita a minha colocação, mesmo quando releio a proposta para ele. Não insisto. Erick dá ação ao seu sintoma, quando faz, de acordo com o seu mundo interno, aquilo que não tem correspondência com o que o ambiente externo lhe propõe. Erick quer tudo, quer o que não é pedido, quer o que não está disponível na proposta e no momento. Erick, em seu saber inconsciente, sabe que não é um só (precisa copiar duas vezes, precisa copiar mais alguém, além de si, alguém que ainda não sabem bem quem é), sabe que precisa marcar a separação-existência desses dois/três, para integrá-los. Erick pede a sua mãe-pai-terapeuta tudo o que precisa para marcar-se, separar-se, fixar-se e poder continuar pedindo, vivendo. O processo que Erick vive aqui remete-me à fala de seu pai sobre sua alimentação. O pai relata na entrevista que Erick foi mal alimentado até os 6 meses, por causa da doença da mãe. O pai não dá mais nenhuma informação sobre isso, e, agora, Erick pode pedir o que lhe falta e pede: – Quero tesoura, quero giz de cera, quero papel, quero cola, quero leite, quero amor, quero ser!

Recorro aos escritos de Thiers, para pensar o manejo e a intervenção Ramain-Thiers. Thiers, em seu livro já citado, diz-nos que o recorte, em Ramain-Thiers, re-edita a castração e mobiliza a ruptura do campo simbólico; apresenta-se sob várias formas e está vinculado desde o rompimento da simbiose até a um dos estágios de evolução do complexo de Édipo. Começo a pensar que Erick, nesse momento, rompe a simbiose com o fantasma da mãe-pai. Erick faz dois desenhos, quando a instrução era para fazer um. Recorta-os, e isto não foi pedido. Separa-os, ao colar e, embora próximos no papel, estão separados. Erick pede o papel para colar as partes separadas, que ficam soltas. É difícil para Erick viver essa fragmentação de partes, pois ainda não se sentiu inteiro em seu desenvolvimento. Foi sempre parte de alguém, desejo de alguém.

O papel funciona como a terapia, ou seja, o continente para as formas geométricas separadas juntarem-se, enquanto a terapia é o continente para as experiências primitivas integrarem-se e seguirem seu curso de desenvolvimento saudável.

Erick transgride a proposta, transgride a lei? Não, ainda não. Erick precisa criar algo. Faz do jeito que quer, do jeito que pode, do jeito que pede o seu mundo interno. É cedo, para entrar na cultura, pois Erick precisa constituir ou recuperar seu narcisismo básico.

Para ilustrar o processo de Erick, ao executar uma proposta predominantemente de fase anal, escolho uma do Conjunto AD-02, Sinuosas e Ângulos. Verbalizo para Erick a instrução do exercício 3 que utiliza o desenho AD-02/3 e que é adaptada por mim, na ocasião, pois é uma proposta para ser feita em dupla. Erick pergunta-me o que é decalcar. Respondo-lhe mais uma vez, pois esta dúvida já apareceu outras vezes antes. Erick decalca o desenho rapidamente. Corta o fio e faz bem rápido, sem muita qualidade e maior do que o desenhado por ele no papel. Prende o fio moldado por ele com três tiras de durex bem compridas e prende a sobra do fio na parte inferior da folha. Conversamos sobre o processo. Diz ter pressa, não sabe por quê. Diz ter colado a sobra em qualquer lugar, não pensou, não gosta de ficar planejando, em qualquer lugar fica bom. Erick arranca os dois durex excedentes e deixa só um (re-lembra-se da instrução com menos durex possível). Peço algumas associações para a sua produção, e Erick fala: – Já vai começar?

Diz parecer um pássaro voando, arrepende-se e troca.

– Não, é um sapato. Não, não, é um barco a vela.

Pontuo que coloca o fio preto para cima, ao invés do vermelho, e ele diz que é porque gosta mais da cor preta.

Thiers refere-se ao arame, no contexto da Sociopsicomotricidade Ramain-Thiers, como um material que suscita a relação com objetos internalizados de natureza persecutória. Penso que a rapidez com que Erick se relaciona com o arame tem a ver com a relação tão rápida que teve com sua mãe. Erick revive essa relação da forma como a viveu no passado, rápida indefinida, sem pensar. Em qualquer lugar fica bom, de qualquer jeito; pensa em algo que voa para longe ou que caminha no chão, ou ainda, algo que navega (também para longe). A figura da mãe-pai não o ameaça mais como antes, pois, após prendê-la com três durex, recorda-se de uma instrução, uma lembrança e arranca-os e deixa apenas um. Erick não mais deseja ter um controle onipotente sobre esta figura parental que a vivência torna emergente em diferentes situações.

Pode lembrar-se dela sem se sentir tão ameaçado e sem precisar mantê-la aprisionada com tantos durex. Ela pode existir e aparecer em sua cor preta característica, mas agora de uma forma consciente.

Para refletir sobre o momento em que Erick lida com perda e elaboração dos conflitos edípicos, proponho um exercício do conjunto 05: Memória e uma proposta de fase fálica, que é a de número 1. Erick ouve a proposta. Refaço com ele toda instrução, e ele diz que está pronto para começar. Olha por muito tempo, mexe no modelo, conta e re-conta os quadradinhos e gasta todo tempo assim. Guardo o modelo, e ele diz que esqueceu tudo. Falo que coloque o que se lembra.

Erick demora muito tempo nessa primeira fase, verbaliza que é difícil, que não lembra, que não vai fazer, que não tem boa memória, que nunca teve memória, fala alguns palavrões. Esse processo é ilustrado pelo anexo 10. Erick marca os limites das figuras pequenas, mas não as desenha. Gasta o seu tempo, tentando delimitar esses espaços centrais por pequenas molduras.

Mostro novamente o modelo. Erick olha para sua produção. Faz as molduras. Confere-as e volta a contar e re-contar os quadradinhos. Aviso que o tempo acabou e guardo o modelo novamente. Erick conta e re-conta quadradinhos, faz traços fortes e fracos com o lápis azul, no centro das molduras pequenas, que foram marcadas. Verbaliza coisas do tipo: – Isso é muito difícil, já falei que não tenho memória.

Erick fica aliviado, quando falo que o tempo acabou. Mostro novamente o modelo. Erick olha para o seu trabalho, olha para o modelo e re-começa a contar quadradinhos.

Guardo o modelo mais uma vez; Erick pega rapidamente o lápis vermelho e faz traços fortes. Depois, começa a fazer traços fracos, verbalizando bem baixinho, ora palavrões, ora algo como: – Acho que era assim.

Mostro o modelo pela última vez, e Erick pega o lápis verde e copia do modelo. A figura de baixo à direita faz de qualquer jeito, e ela fica diferente do modelo. Erick diz que não faz mal, que ele copiou e não fez de memória, então não conta.

Após terminar a cópia, peço a Erick que escreva seu nome e a data na folha e que fale o que quiser, sobre o que aconteceu ali.

Erick fala que já sabe que não tem boa memória. Pergunto a ele por que começou pela moldura, pelos contornos das figuras. E ele responde que nem pensou nisso. Pergunto o que representam para ele limites, contornos, molduras? Erick nada fala, parece uma pergunta difícil para ele. Falo em voz alta as seguintes perguntas que me surgem no momento: Por que será que Erick quer limitar tanto? O que Erick quer limitar? O que limita Erick? Quem limita Erick?

Espero. Talvez Erick possa responder algumas dessas questões. Falo a ele que não precisa responder para mim, mas que pense nelas. Erick olha para o seu desenho e fala o quanto o pai o limita, o prende, que não pode sair com amigos, que tem que telefonar toda hora, para dizer onde está e a que horas vai voltar. Falo que ele já pode conversar com o pai sobre isso, que ele agora é um adolescente. Erick diz que não adianta, que é o pai que manda.

Procuro ampliar a compreensão de Erick sobre si e digo a ele que o pai pode limitá-lo, mas que pense se ele mesmo não é a pessoa que mais o limita, e repito suas verbalizações: não vou conseguir, não tenho memória, não sei nada. O processo que Erick vive, nesse momento, mostra a sua preocupação com os limites, encerra tudo dentro dos limites ou tem a chance de refletir junto com eles, já que eles brotam de seu mundo interno, e ele traz isso como um conflito, como algo que emerge de dentro. Seu processo segue o seu curso e aponta para o centro das coisas, ora indefinido, ora definido. Que centro é esse? É o centro de Erick que, após limitar, descentrar, ele se permite, com a cor vermelha, marcar o papel com símbolos fálicos: as formas verticais pontudas que ele não deixa de fazer nenhuma, memoriza-as sem esquecer, é a sua potência podendo ser marcada, além da de seu pai e de seus irmãos. A parte final da proposta completa-se com a cópia do modelo, mas Erick não completa tudo, re-vive a angústia de castração, a incompletude.

A terapia de Erick desenrola-se em meio a muitas surpresas e descobertas. Ele passa a compreender melhor o seu desenvolvimento e aprende a associar os seus sentimentos às situações em que vive dentro e fora dela. Não abandona o exercício como antes. Talvez, o desejo de melhorar na escola, expresso tantas vezes em seu discurso, o motive a continuar até o final e ver o que vai dar, o que pode descobrir de si. Nota-se, aos poucos, uma compreensão maior do seu mundo interno, poder projetar no terapeuta e no material Ramain-Thiers esse conteúdo desconhecido o liberta para sair da apatia e agir; primeiro, no material, depois, na relação terapêutica e, por fim, na vida.

Um outro momento do trabalho vivenciado por Erick é apresentado, quando ele se vê diante de um exercício do Conjunto AD-01, Encaixes. Este evoca, predominantemente, a fase genital. Erick, em muitas propostas que viveu, sempre demonstra sua preferência pela cor preta, seja no papel, no arame, no lápis de cor, no giz de cera, nas lãs e linhas, independentemente de qual proposta é dada. A escolha da cor preta é algo que também se repete em suas roupas. Erick ouve a proposta e, imediatamente, pega o giz de cera de cor preta e pinta a folha que deve ser colorida. Erick copia o modelo; primeiro, na folha que está pintada de preto e, depois, na que está com o fundo branco. Copia os dois desenhos do modelo, deixa de lado a sua cópia e a retoma para o recorte. Percebe que Erick se dedica mais a essa proposta, planeja o que vai fazer: primeiro, pinta uma das folhas, depois, copia as duas, recorta as duas, cola as partes externas primeiro e, por último, com muito capricho, cola as partes internas.

Erick coloca a folha pronta diante de si – antes, ele sempre a entregava para mim – e começa a verbalizar que o pai poderia ter escolhido uma escola mais fácil para ele estudar. Pergunto-lhe por que ele mesmo não escolhe uma. Erick responde que é o pai que sempre escolhe as coisas para eles. Foi assim com os irmãos, é assim com ele. Digo-lhe que, a meu ver, as coisas mudam um pouco com ele, pois, apesar de gostar da escola que o pai escolhe para os filhos, ele, de certa forma, quebra a escolha e sai dela. Essa sua saída obrigatória quer dizer algo ao pai, aos irmãos e a ele mesmo. Só que ele ainda não sabe o que é, mas está perto de saber, talvez. Introduzo uma conversa sobre projetos para o futuro, mas descubro que ainda não é o momento. Erick diz que a conversa está chata, cansativa e que não quer ficar falando, ter que encontrar as palavras, ter que procurar as palavras pra falar. Erick silencia, e eu continuo, mobilizada pelas aberturas-encaixes no trabalho que está diante dele. Erick não faz de qualquer jeito, não desiste, não erra a proposta. A sua emoção é exteriorizada e re-vivida, antes de executá-la e, por isso, é capaz de fazer até o fim e sem erros, mas com muitas brechas. Brechas-espaços que muito podem ajudar nessa sua rigidez nos relacionamentos: com o pai, pois é ele que sabe tudo, ou na falta de relacionamento consigo mesmo, pois não é capaz de opinar nem na escolha da própria escola. Pergunto de uma forma bem direta: – O que você, Erick, quer da vida?

Surpresa, ouço Erick falar: – Que a minha vida já tivesse traçada.

Escuto isso e o compreendo melhor. Erick espera que alguém trace o caminho que ele tem que percorrer. Acredita nisso e, por isso, deixa de fazer planos, deixa de viver, deixa que vivam por ele. Retomo a conversa e pergunto: – Quem vai traçá-la?

Erick, na sua ingenuidade, diz que acha que é o pai. Enfatizo que essa é uma resposta que ele não precisa ter agora, mas que pode começar a pensar sobre. E, para minha maior surpresa, ainda, Erick completa com a seguinte colocação: – A minha vida não tá boa desde quando eu nasci.

Sinto a angústia de Erick, na sua afirmação, e peço a ele que tente lembrar-se do começo desse sentimento que ele atualiza agora com essas palavras. Erick diz não saber e pergunta-me: – O que é autismo? Você acha que eu sou autista?

Respondo com muita ênfase que claro que ele não é autista, que ele está descobrindo que é imaturo, infantil, pois nunca decide as coisas por si, o pai decide por ele. Digo que não é fácil ter que inibir a inteligência, porque não se pode perguntar sobre aquilo que deve ficar em segredo, como a morte de uma mãe. Pior do que falar a verdade é não falar sobre ela, é escondê-la e ficar na dúvida do que aconteceu. Percebo que Erick vive muitas dúvidas: não sabe se herda a doença da mãe ou a inteligência do pai. A mãe morre porque é uma pessoa muito triste, mas tem um filho pequeno que fica triste por isso. O pai o domina. Como pode crescer se não larga do seu pé? Erick tem preocupações antigas que impedem que ele estude, memorize, calcule, escolha, integre, seja alguém.

Incluo no trabalho com Erick o Conjunto AD-11, Socius/individual – a questão das preferências ocupacionais e profissionais. Erick começa a diferenciar-se do pai e dos irmãos. Pensa que gosta de trabalhar ao ar livre e não em escritório como o pai e nem em laboratório ou universidade como os irmãos. Erick diz que acha que a grana hoje é importante para ele e que, antes, não era.

O Trabalho Corporal com Erick é muito difícil no início. Para ele tudo é bobo e, antes de qualquer movimento, fala: – Pra que fazer isso? Não tem nada a ver!

Na primeira vez que peço a ele para que tire o tênis, para estar mais em contato com o chão, encontro muita resistência e não insisto. Digo a Erick que é importante que tome contato com seu próprio corpo. No começo, vai sentir vergonha de mim, de fazer os exercícios que proponho. Mas, depois, se acostumará (ou se conhecerá melhor) e ficará mais fácil. O importante é lembrar que o corpo também é uma das partes importantes da pessoa, e é com ele que nos relacionamos com os outros, vamos à escola e aprendemos etc. Depois de uma sessão na sala de psicocinética, onde peço que a explore, Erick lança um olhar na sala, toca alguns materiais expostos e diz que está bom. Voltamos para a sala de atendimento, e peço a ele que escreva, de memória, o que viu lá. Erick lembra-se pouco, escreve poucos itens e fica mal. Digo a ele que, talvez, não dê valor àqueles materiais, por achar que não o auxiliam em seu desenvolvimento intelectual, mas que percebe, nessa proposta, a inter-relação entre materiais explorados, memória, inteligência, recordação, corpo que explora e desejo de acertar. A partir desta proposta, Erick passa a vivenciar melhor o Trabalho Corporal. Vale ressaltar aqui que a via de aceitação para este tipo de trabalho é a cognitiva, é sua preocupação em ser inteligente, em ir bem na escola, que faz com que ele integre o seu corpo ao seu processo de desenvolvimento. Com o tempo, Erick parece mais à vontade, tira o tênis e anda dos diferentes jeitos que proponho ou que quer (quase sempre, prefere que eu determine). Explora pouco a sala. Contenta-se com materiais mais comuns como bola e cubos. Prefere os cubos e as propostas respiratórias. Erick necessita muito do Trabalho Corporal, principalmente, das propostas de noção de eixo corporal, centro, lados direito e esquerdo do corpo e dissociação. Proponho os exercícios, e ele faz na medida do possível e da sua vergonha.

Erick, nesse momento que relato agora, aceita a terapia com confiança. Arrisca-se a fazer perguntas que respondo ou as devolvo, incentivando-o a responder ou ficar um pouco com elas, até poder ter as próprias respostas. Erick, nesse dia, chega com um livro na mão; joga-o sobre a mesa, em cima de sua pasta; fala em tom mais alto do que o seu habitual e com certa agressividade:

> *Tenho que ler esse livro e não entendo nada. Já nos dois primeiros parágrafos, eu não consigo entender. Vai ver o livro todo! Pra que ler esses caras? Que estória mais boba, em que isso me interessa? Que isso tem a ver? Tô de saco cheio desse livro. Não quero ler. Como uma estória pode começar assim? Já não disse que eu sou mongo mesmo, que não entendo nada!*

Ao ouvir tudo isso, misturo surpresa com felicidade. Erick é um adolescente! Fala por si, expressa a raiva que é sua, rebela-se com o que lhe desagrada, revela-se naquilo que o incomoda. Sento-me à sua frente e inicio um diálogo com ele, tentando pensar no que fazer: – Qual é o livro que você tem que ler?

Erick está de pé; tenta acalmar-se. Senta-se, cruza os braços e responde ainda com muita raiva: – Acho que é *Quincas Borba*, desse Machado de Assis.

Tento conter a minha insegurança sobre o que fazer e, através de perguntas objetivas, procuro escutar o que está por trás daquelas palavras. O que Erick quer dizer com esse comportamento inesperado, e pergunto: – Sobre o quê fala a história?

Erick utiliza a sua antiga frase, um pouco esquecida, e diz: – Sei lá.

Retomo, tentando resgatar algumas palavras já ditas por ele e arrisco: – Você diz algo, quando joga o livro sobre a mesa, algo parecido com: – Como uma história pode começar assim? Como ela começa?

– Sei lá, lê você, se quiser, é o que ouço dele.

Continuo: – Se você percebe que ela tem um começo que não tem sentido para você, fale sobre isso.

Erick responde-me com uma pergunta: – Ah, o cara aí, não sei, o que ele é?

Continuo sem ter muita certeza de onde vou chegar: – Não sei o que ele é. Você quer ler em voz alta, para conversarmos sobre o que não fica claro na leitura ou na sua compreensão dela?

Erick não responde. Pega o livro e dá uma bufada, ao mesmo tempo em que abre o livro na página que tem que ler.

Erick começa a leitura. Tem leitura fluente. Articula bem as palavras, mas não lhes dá vida nenhuma. As palavras saem de sua boca com a mesma entonação, exceto algumas palavras em que tropeça, ao verbalizá-las ou gagueja e as pronuncia mais lentamente. Memorizo essas palavras, que são: passado com o presente, chinelas e morreram. Ao terminar de ler, Erick fala: – Sem chance, tá vendo?

Ele olha para cima, sacode a cabeça para os lados, num gesto de negação e impotência. Procuro no texto as palavras e pergunto: – O que tem a ver o passado com o presente?

Erick responde: – Claro que nada. O passado é o passado, e o presente é o presente.

Peço a ele que explique melhor, e ele diz: – O passado já passou. Acabou. E o presente não, ainda tá.

Continuo perguntando: – O que mais você acha do passado?

Pra quê? Já falei. O passado já passou e acabou.

Tento ampliar seu pensamento e pergunto: – Se o passado não acabar desse jeito que você fala, como ele pode se relacionar com o presente?

Erick insiste no que fala: – Se é passado, já passou, não é o presente.

Continuamos conversando sobre o passado e presente, sobre sua visão excludente e que acaba por aprisioná-lo, uma vez que não pode integrar o passado com o presente (como nos exercícios de Raven, não poderia considerar várias alternativas ao mesmo tempo e na redação). Não poder integrar o fato real da morte de sua mãe com o que não pode conhecer dela ou com a falta de oportunidades para esclarecê-las. Penso no desejo de saber sobre o passado misturado com o medo de saber sobre ele no presente. A dúvida clara da infância: A quem perguntar? Quem pode responder?

Retomo a outra palavra que embaraça Erick e pergunto o que seriam as chinelas.

– Chinelos. Pra quê chinelos?

Relembro Erick do que ele traz como única lembrança de sua mãe, o fato de ele ouvir o barulho da calça comprida da mãe batendo no assoalho, quando ela caminha pelo corredor, nas poucas vezes em que sai do quarto, para beber água. Erick recorda o barulho; conta que a calça faz barulho, pois a mãe usa chinelos, e a calça fica mais comprida e arrasta no chão, produzindo um barulho. Erick silencia. Dá-se conta de que o passado se faz presente ali, naquela leitura de Machado de Assis. Erick abaixa os olhos, e a cabeça – como que para olhar para dentro de si, talvez possa rever a única cena que se autoriza a ter e lembrar da mãe. Erick me olha, e faço um carinho na sua mão. Continuo e pergunto o que ele acha disso.

– Não sei, acho que é...

Arrisco a última palavra, o que será que significa a palavra morreram para Erick, e ele logo responde: – Morreu, acabou.

Relembro uma conversa que tivemos sobre morte, quando ele traz seu fichário do colégio, para mostrar as lições. Nessa ocasião, vejo os desenhos que Erick faz durante as aulas. Seus temas giram em torno de morte, diabo, caveiras etc. Falo sobre a morte da mãe, se ele tem idéia do que acontece, e ele diz que vai com o pai ao cemitério e vê o lugar onde a mãe está enterrada e é só isso, morre, acaba. Falo a Erick que as pessoas morrem, deixam lembranças, mesmo que não possam ser faladas, e que as lembranças ficam e aparecem de jeitos diferentes; às vezes, disfarçadas, e que ele pode ter lembranças da mãe sem saber que são dela.

O luto, abafado à força, na morte de sua mãe aparece em suas roupas, quase sempre pretas, nas cores do material que escolhe para trabalhar (papel preto, lápis de cor preta, arame preto) e na pergunta: Não tem preto? Aparece, também, na tristeza do adolescente bonito que é e no comportamento passivo de filho e de aluno que assume.

Erick, acolhido pelo setting, projeta suas angústias de perda na relação com o terapeuta, no material Ramain-Thiers e no texto de Machado de Assis. Para ilustrar, transcrevo o trecho do livro Quincas Borba, de Machado de Assis:

> Rubião fitava a enseada, eram oito horas da manhã. Quem o visse, com os polegares metidos no cordão do chambre, à janela de uma grande casa de Botafogo, cuidaria que ele admirava aquele pedaço de água quieta; mas, em verdade, vos digo que pensava em outra coisa. Cotejava o passado com o presente. Que era há um ano?: professor. Que é agora? Capitalista. Olha para si, para as chinelas (umas chinelas de Túnis, que lhe deu recente amigo, Cristiano Palha), para a casa, para o jardim, para a enseada, para os morros e para o céu; e tudo, desde as chinelas até o céu, tudo entra na mesma sensação de propriedade.
> Vejam como Deus escreve direito por linhas tortas, pensa ele. Se mana Piedade tem casado com Quincas Borba, apenas me daria uma esperança colateral. Não casou; ambos morreram, e aqui está tudo comigo; de modo que o que parecia uma desgraça...

Erick fala pouco de seus relacionamentos amorosos. Diz que ainda não se apaixonou pra valer, mas que sua namorada tem que ser inteligente. Erick parece fazer o gênero carente (pelo pouco que conta). Tem poucos amigos, mas são amigos de muito tempo e é com eles que faz alguns passeios ou viagens, quando o pai deixa.

Erick muda o seu jeito de vestir-se, após algum tempo em terapia. Passa a usar roupas de outras cores, além da cor preta. Sua postura na sala de espera é a de um adolescente: esparramada e não mais contida, curvada. Seus cabelos moldam o seu rosto sem escondê-lo, como antes. Erick mostra os seus lindos olhos azuis.

Erick, agora, associa, significa seus exercícios de acordo com seus conteúdos internos, com suas identificações projetivas e introjetivas. Num exercício, onde tem que copiar uma ave, verbaliza que ele está como aquela ave que copiou, com alguns estragos na asa, mas que está cuidando deles e que logo vai poder voar.

Após um trabalho do Conjunto AD-13, Percursos, peço a Erick que crie seu próprio desenho na prancha de pregos. Erick pega um fio de linha e com ele contorna nos pregos o símbolo da suástica, o símbolo do nazismo. Penso comigo o que Erick fala a partir disso? Erick fala de sua descendência alemã, que não sabe ao certo o que esse movimento prega, mas que deve ser certo. Converso com Erick sobre filiações a grupos políticos e minoritários, onde um líder decide por todos e onde as pessoas têm menos chance de pensar e opinar, como numa família onde um dos membros decide por todos, e ele sabe do que estou falando. Erick diz que não quer isso para ele e pode pensar na sua dificuldade de aprendizagem, onde o seu conhecimento sobre algo não é profundo, mas o faz dar razão ao que não conhece.

Um dia, Erick traz seu fichário escolar para mostrar-me como anota as matérias e como é sua organização. Observo atentamente o material. Percebo que Erick anota a matéria dada em aula. Sua letra é bem pequena e com pouca pressão na caneta. Sua escrita é leve. O que mais me chama a atenção, no fichário de Erick, são os seus desenhos. Alguns ocupam a página toda, principalmente os que são desenhados nas divisórias das matérias. Desenhos expressivos, com sombreado nos traçados, traços firmes, de um profissional, bem diferentes daqueles que fez na avaliação e em desenhos livres. Os temas que noto são: túmulos, cruzes, morte, morcego, monstros etc., tudo em uma cor só, ou preto ou azul, e com efeitos de sombreado em quase todos. É Erick quem os desenha. Com aqueles desenhos tenho a oportunidade de observar um talento de Erick, até então escondido. Erick tem talento para desenhar, disfarça-o nas figuras humanas, casas ou árvores, mas expressa-os com muita emoção naqueles desenhos feitos durante o horário das aulas (aulas chatas e que o inspiram a desenhar). Converso sobre seus desenhos, não só o fato de serem bons, mas também dos temas que retratam. São desenhos ligados a algumas das questões da adolescência, como a morte do corpo infantil, assim como são questões ligadas à morte real de sua mãe e suas lembranças dela.

Uma outra questão que sempre preocupa Erick é a inteligência. Um dos seus trabalhos em argila traz isso. Erick tem que moldar uma pessoa em argila e faz apenas uma cabeça e diz: – Terminei.

Pergunto: – Não falta nada?

E Erick responde: – Não, não falta, o que conta é a cabeça.

Erick percebe o quanto valoriza aquilo que se nega a mostrar que também tem – cabeça – inteligência. Nas propostas que tem mais facilidade, fala: – Isso é muito fácil, só um mongo não consegue fazer. Nas propostas que tem mais dificuldades, fala: – Isso é muito difícil, tá vendo como sou mongo? Analiso com Erick o seu conceito de inteligência que considera como uma pessoa inteligente aquela que pega as coisas fácil, que fala bem. Para Erick quem fala mal é pouco inteligente. Discuto com Erick um texto que enfoca a inteligência, ampliando o seu conceito que resume a inteligência a uma capacidade verbal. Erick interessa-se, lê e parece ter modificado a sua concepção de inteligência. Erick diz que o pai e os irmãos são muito inteligentes, e que ele não é, tem dificuldade.

Após um período significativo da terapia, acho que, no terceiro momento, na fase em que Erick elabora o luto pela morte da mãe, retomo as questões do Sei lá, e tento, junto com Erick, brincar com as verbalizações que ele traz durante as re-vivências de seu processo terapêutico. O verso, talvez, pudesse ficar assim:

Sei que tenho um problema de cabeça
Não sei se minha cabeça é como a da minha mãe, doente
Sei que não entendo nada, principalmente na escola.
Sei que não sei se sou artista, autista ou normal.

As conversas, a cada dois meses, junto com Erick e seu pai, colocam em circulação a informação, o diálogo, e ambos podem retomar assuntos esquecidos e/ou reprimidos, como a morte da mãe e esposa. O pai pode, a partir desse trabalho, ver o filho como uma pessoa que tem qualidades, opiniões, preferências e desejos, diferentes dos desejos do pai e dos irmãos. Erick expressa seu desejo de querer aprender a dirigir, e que o pai o ensine. Eles começam, então, a sair aos finais de semana, e isso dá muito prazer a ambos. Erick re-escreve, sem ter que fazer uma redação escolar, a história da morte da mãe e começa a escrever a própria história: agora, escolhe a escola em que pretende estudar e faz um curso extra de desenho, porque descobre que gosta de desenhar.

Após um período de um ano e três meses, Erick pede-me para parar com a terapia; quer tentar resolver seus problemas sozinho, e eu concordo. Considero esse um dos momentos mais importantes da vida de Erick; o momento em que ele pode escolher o que quer e fala por si mesmo.

Erick compromete-se a telefonar-me, assim que as notas saírem. Eu coloco-me à disposição para o que ele precisar, e nos despedimos.

Conforme combinado, Erick telefona-me. Fico muito feliz, ao ouvir sua voz, marco suas notas, todas na média ou acima. Diz que está bem e que é o maior trampo estudar. Pergunto sobre seu relacionamento com o pai, e ele diz que o pai já não pega tanto em seu pé, agora confia mais. Pergunto sobre as meninas, e ele diz que está tudo bem.

Essa é a última notícia que tenho de Erick.

7. Conclusões

O relato de alguns momentos significativos deste caso ilustra um processo terapêutico rico, vivido por Erick. A terapia dele culmina e termina com sua alta, solicitada por ele e endossada por mim, pois Erick, agora, fala em seu próprio nome.

Concluo este trabalho com a certeza de que a Sociopsicomotricidade Ramain-Thiers se aplica ao tratamento dos conflitos primitivos revividos pelos adolescentes e dos problemas que têm como sintomas o processo de aprendizagem.

A princípio, Erick necessita de uma espécie de maternagem, pois muitas de suas dificuldades pertencem a uma fase pré-verbal, e ele precisa viver seu corpo, explorá-lo em suas possibilidades e limites, antes que possa criar algo com ele.

Erick, em suas primeiras vivências, faz rapidamente os exercícios e dá para mim as folhas feitas. Com o transcorrer da terapia, após constatar que recebo, admiro, analiso suas produções e as devolvo, pois são suas, ele começa a perceber que elas são importantes, que têm um sentido e passa a ficar com elas diante de si e as admira e analisa e até fala delas.

Algumas vezes, no início do trabalho com Erick, ao encerrar a sessão, tenho a sensação de que não voltará na próxima. Isto me incomoda. Sinto que ele sofre muito, ao deparar com suas dificuldades e quase não tem chance de encontrar-se com suas possibilidades. Quando as tem, nega-as e acha que qualquer um pode fazer aquilo que faz. Quando o vejo sentado na sala de espera, sinto-me muito feliz. Erick compreende e aceita o desafio de assumir para si a responsabilidade pelo próprio desenvolvimento, pela descoberta pessoal de sua verdade.

Erick também vive momentos em que acredita que a terapia não o ajuda em nada. Não deixa de vir, mas assinala que perde tempo, que precisa estudar e não ficar fazendo essas bobagens.

Erick revive, na terapia Ramain-Thiers, as situações primitivas mais arcaicas de seu desenvolvimento emocional, elabora suas questões edípicas, supera a perda e está livre, para conhecer coisas novas e usar sua criatividade em proveito próprio e da sociedade. Erick desenvolve uma identidade, é alguém e faz muitas coisas.

No texto A criança diante da morte, Priszkulnik escreve que uma criança, por volta dos três anos de idade, entende a morte ligada à imobilidade. A criança brinca de matar e de transformar o que é animado em inanimado. Erick tem quatro anos, quando sua mãe morre, e esse brincar com a morte não lhe é possível. A morte não é escondida, mas não pode ser falada, ocorre a interdição do luto, e este é abafado.

Erick pode culpar-se pela morte da mãe ou pode culpar outra pessoa, no caso o pai. As fantasias de Erick podem ser muitas: se vive a identificação com o pai, fica difícil para ele identificar-se com um pai que evita falar de sua mãe e, quem sabe, a mata. A imobilidade do adolescente Erick pode ter sua origem aí.

Erick, além das perdas simbólicas, vive uma perda real, a da mãe. Vive o segredo em torno da doença e da morte da mãe e não pergunta, porque não tem a quem perguntar. Como aprender?

Erick, filho de mãe depressiva e de pai autoritário, sufoca o luto pela morte da mãe. Cresce sob a superproteção do pai-mãe que, para não sofrer com a falta da esposa doente, nega ao filho conhecer e vivenciar a falta real da mãe, na fase em que vive sua entrada na cultura.

Erick não recorda nada de sua infância; é cuidado pela avó, e tudo é silêncio e desconhecimento. Erick é cúmplice de um segredo com o pai. A escola é a via eleita, para que um sintoma se manifeste e fale por ele.

Para Freud a sublimação é o direcionamento da libido para atividades ideologicamente valorizadas. Para onde se dirige a libido de Erick? Erick inibe-se, não tem curiosidade, esquiva-se de um sentido que possa revelar um segredo que o angustia: Sou doente como a minha mãe?

A inibição intelectual de Erick re-aparece na adolescência. O seu saber, agora, deve converter-se em sinônimo de êxito, e este em sinônimo de ser adulto. A rivalidade com o pai pela possessão do objeto amado é despertada, e o superego o impede de superar o pai. Erick suspende o seu pensar e, pra não pensar, esquece, não quer pensar, não quer falar e não quer fazer.

Erick aprende a olhar-se e percebe-se separado desse mistério que envolve a morte angustiante de sua mãe. Erick começa a falar a própria palavra, a agir com o próprio corpo.

Erick é mal alimentado até os 6 meses, na fala do pai. Erick tem fome. A relação terapêutica é o alimento que permite que ele cresça e fique forte para falar, agir e decidir. E é nessa inter-relação, que se instalam a fala, o gesto, a ação. Erick é um mito vivo, é olhado-escutado em sua ação sociopsicomotora por uma mãe-socioterapeuta, prescinde-se de seu sintoma e expressa-se pelo seu próprio desejo.

Erick fala aos 13 anos que tem um problema na cabeça, e o pai não o escuta. Erick procura fazer-se reconhecer em sua autenticidade simbólica, mas ela não é reconhecida e deixa lugar para o reconhecimento imaginário. O pai proíbe Erick de conhecer e o faz adotar uma forma de falar que, na verdade, fala através de um saber-não saber (Sei lá), que é sei lá, em algum lugar, mas não é sei cá, neste lugar.

O equilíbrio emocional de cada um depende basicamente das primeiras relações vivenciadas com a mãe ou com quem cumpra essa função. A relação de Erick com sua mãe só ele sabe, só ele pode revivê-la e re-escrevê-la, para libertar-se dela e de suas ameaças, e ele revive e re-escreve a sua história, tal como pode compreendê-la agora.

Erick desenvolve a percepção de si, através de um processo intenso chamado de atenção interiorizada.[6] Erick, agora, busca e encontra a vigilância de ser, quando necessária, desperta o tônus, antes adormecido, e descobre-se, sendo um ser social.

Erick muda de atitude, encontra novas cores, além da preta, e encontra novos caminhos. Desenvolve seu potencial criativo, através de seus desenhos, e é com ele que pode chegar a uma autonomia. Erick busca, agora, as próprias soluções e está preparado para as diferentes situações que a vida venha a lhe proporcionar.

BIBLIOGRAFIA

ASSIS, M. *Quincas Borba*. Série Bom Livro. 11.ª ed., São Paulo: Ática, 1992.

BARONE, L.*De ler o desejo ao desejo de ler: uma leitura do olhar do psicopedagogo*. Petrópolis: Vozes, 1993.

BLEICHMAR, H. *Introdução ao estudo das perversões: a teoria do Édipo em Freud e Lacan*. Trad. Emília Oliveira Diehl. Porto Alegre: Artes Médicas, 1984.

CORDRÉ, A. *Los retrasados no existen*. Buenos Aires: Nueva Visión, 1994.

FIGUEIRA, S. A.*Contratransferência: de Freud aos contemporâneos*. São Paulo: Casa do Psicólogo, 1994.

FREUD, S. *Edição Stand. Bras. Das Obras Psicológicas Completas*. Rio de Janeiro: Imago, 1976.

GARCIA ROZA, L. A.*Freud e o inconsciente*. Rio de Janeiro: Jorge Zahar, 1988.

---

6. Expressão utilizada por Simonne Ramain.

LAPLANCHE, P. *Vocabulário de Psicanálise*. São Paulo: Martins Fontes, 1992.

MANNONI, M. *A primeira entrevista em psicanálise*. Rio de Janeiro: Campus, 1986.

PRISZKULNIK, L. A criança diante da morte. *In*: MOREIRA, C.C. Coord. *Pediatria com Psicologia*. São Paulo: Grupo Editorial Moreira Junior, 1994.

SAFRA, G. *Momentos mutativos em psicanálise*. São Paulo: Casa do Psicólogo, 1995.

THIERS, S. *Orientador Terapêutico Thiers para Adolescentes-AD*. Rio de Janeiro: CESIR, Biblioteca Nacional, reg. N. 79695, 1992.

_____. *Sociopsicomotricidade Ramain-Thiers: uma leitura emocional, corporal e social*. São Paulo: Casa do Psicólogo, 2.ª ed., 1998.

WINNICOTT, D. W. *A família e o desenvolvimento individual por Winnicott*. Trad. Marcelo Brandão Cipolla. São Paulo: Martins Fontes, 1993.

_____. *Os bebês e suas mães por Winnicott*. Trad. Jefferson Luiz Camargo. São Paulo: Martins Fontes, 1993.

_____. *Tudo começa em casa*. Trad. Paulo Sandler. São Paulo: Martins Fontes, 1996.

8

Coragem e Afetos Livres –
Um caso clínico Ramain-Thiers

MARGOT DUARTE*

A minha emoção é grande, e minha satisfação é ainda maior em fazer parte desta grande comunidade Terapeutas Ramain-Thiers.

O grande filósofo Santo Agostinho, certa vez, refletiu como é incrível que as pessoas possam passar a vida maravilhando-se com viagens, objetos de consumo, sem perceber que a maior maravilha é o ser humano.

Sem dúvida que admirar o ser, em suas relações e na busca de si, é uma felicidade que nossa profissão oferece e foi exatamente esta sensação de felicidade que pude experimentar, ao ver de perto o crescimento, a beleza, as conquistas de um pequeno ser. Esta criança chegou para mim como uma plantinha quebrada, faltando um pedaço de luz em sua vida. Iniciou o tratamento em 1993.

A. M. era uma criança de 10 anos que nasceu com Retinoblastoma (câncer) no olho direito. Foi submetido, desde bebê, a tratamentos traumáticos, na busca de sua cura, o que culminou com a extração do globo ocular e a instalação de uma prótese que, enfim, salvou sua vida.

Quando a mãe o trouxe, a queixa principal era a baixa produção escolar como um todo, além das deficiências específicas na linguagem escrita (trocas, omissões e aglutinação). Também era queixa a dificuldade de relacionar-se com tendência ao isolamento.

---

* Psicóloga Escolar e Clínica, Sociopsicomotricista Ramain-Thiers, Supervisora de Recife-PE.

Logo ficou delineado um quadro de baixa estima associado a um alto nível de exigência, o que o fazia errar na vida e no setting e se condenar por produzir mal, criando um ciclo de tensão que o fazia errar mais e mais, embora fosse muito inteligente.

Isolava-se do mundo, abdicando dele, como se nada valesse a pena.

A relação com vivências de morte, concretamente na 1.ª fase de sua vida, trazia à sua dinâmica psíquica a prevalência de Tanatus.

Na avaliação de A. M., utilizei-me do desenho livre como material sugestivo da projeção de conteúdos internos.

Aparece a triangulação edípica, a árvore sentida como a mãe boa; o sol como pai, figura distante, sem interferir, mas poderoso, e o cavalo, ele guiando a própria sexualidade (cavalo-falo) em direção à mãe. As nuvens, sua ansiedade frente ao mundo.

Constatamos a projeção do olho da árvore, o olho retirado, a castração consumada. O olho no interior da árvore, resquícios da indiferenciação com a mãe e perceber como a presença nítida do conflito, a carência afetiva e a dificuldade de integração de seus afetos.

No estudo do caso, formulei esta hipótese sobre a dinâmica psíquica de A. M.: O trauma físico, vivido através de inúmeras cirurgias, intensificou o medo da morte, trauma natural que surge no nascimento.

Sendo, até 8 anos, exposto a estas situações, foi tornando-se frágil emocionalmente, até que a ameaça de morte foi concretizada pela perda do olho, o que intensificou seu processo de angústia de castração. A relação com a mãe era de superproteção dela para com ele. Poderíamos dizer que ela funcionava como mãe fálica, dificultando a entrada do pai e procurando manter um processo de indiferenciação, o que já não está totalmente intacto.

A. M. viveu a perda do olho como a apropriação de seus sentimentos de punição pelo seu amor edipiano pela mãe.

Simultaneamente, fantasias de punição pelo amor à mãe geram a castração real aos 8 anos, pela perda do olho, como o castigo de Édipo, frente ao seu amor por Jocasta, a culpa torna-se evidente.

Pude também perceber que os sentimentos de baixa auto-estima têm origem na dificuldade da entrada total da função paterna, sendo esta vivido como terrificante.

Este tipo de sentimento gera em A. M. algumas dificuldades no processo de identificação, pelo alto nível de exigência que se faz, para aceitar-se como é diante do pai. A conseqüência do processo é a baixa de auto-estima, a baixa produção.

O desenvolvimento do processo terapêutico Ramain-Thiers passou pelo emprego do Orientador Terapêutico Thiers para Crianças-CR, de Solange Thiers, e pelo trabalho corporal.

Utilizei propostas livres com a finalidade de deixá-lo mais relaxado, flexível, mais aberto.

Escolhi o Conjunto Cópias, buscando com isto facilitar a transferência e trabalhar a identificação, nos diferentes momentos: orais-anais e fálicos.

O Conjunto Artes foi utilizado para trabalhar a angústia da castração, permitir-se sentir com o poder de criar, liberando a criatividade.

O Conjunto Sinuosas, que são as propostas de arame, foi usado no momento fálico, para que A. M. trabalhasse sua relação difícil com a autoridade terrificante paterna.

O Conjunto Recorte para A. M. foi empregado para que ele elaborasse melhor seus processos de perda, buscasse a individuação, separando-se da figura materna.

Nos trabalhos corporais, A. M. resistia muito, parecia ser muito ameaçador para ele. Realmente, se pensarmos que, no auge da sua fase oral, período de vida que se caracteriza por receber, ele vivenciou seu corpo sendo invadido por picadas de agulhas em seus tratamentos dolorosos, podemos entender o seu temor em aproximar-se de outros corpos, de ser tocado pelos outros.

Percebi que o toque corporal precisava ser resgatado como algo rico em afeto e suavidade e não mais de sofrimento. Dentro dos princípios Ramain-Thiers, A. M. vivenciou a reconstrução da maternagem, através de materiais intermediários como a bola, a tinta, os tecidos, até que conseguisse ser tocado. Os momentos de massagem foram decisivos, para quebrar sua resistência em trabalhos corporais.

Ele pouco a pouco foi estabelecendo uma relação transferencial de mãe boa, onde o toque terno e amoroso, que provavelmente houve em sua vida e no meio de tanto sofrimento, pôde ser despertado, a partir da mobilização das marcas impregnadas no seu corpo.

No processo terapêutico Ramain-Thiers, após um período de resistência, onde não conseguia falar de si, nos momentos de verbalização, A. M. passou a expor-se e buscar elaboração sobre seus sofrimentos, frustrações e conflitos. Os conflitos eram compatíveis com a faixa etária, culpa e rivalidade.

A. M. oscilava entre momentos de regressão, quando se escondia, se jogava no chão, chorava e outros, onde se mostrava voluntarioso e manipulador.

ALGUNS MOMENTOS DA TERAPIA DE A. M.

No movimento de cópia, aparece a sua auto-estima baixa e o nível de exigência alto. No primeiro, ele marca com E, para sinalizar o erro; no segundo, ele se nega a fazer (Anexo 11).

O traçado irregular e a dificuldade de A. M. em trabalhar as relações através do arame ficaram evidentes. Ele só faz a cópia por decalque com dificuldades. São compatíveis com o seu isolamento os seus problemas de relacionamento.

Foi constatado, em outros trabalhos, pouco investimento de A. M., por um certo desinteresse.

Após algum tempo, percebe-se a reação de A. M. em consertar o erro que em Ramain-Thiers é feito através da troca dos lápis de cor. Ao negar-se a trocar os lápis, A. M. também não aceita que para si possa existir uma forma de vida melhor. Dificuldades de introjetar o bom.

O momento mais importante do processo terapêutico de A. M. foi a proposta de copiar o cavalo recorte, remontar e desenhar o olho. Fui buscar esta proposta no Orientador Terapêutico Thiers para Adolescentes-AD, porque A. M. trouxe o cavalo no seu desenho livre, e considerei importante o desenhar o olho. A. M. não agüentou, teve uma descompensação. Muito irritado, disse que tudo aquilo era uma merda (sic), amassou e jogou o trabalho no lixo. Regrediu muito, sentou-se no chão encolhido, resmungou que não ia apanhar, porque o lugar do cavalo era no lixo.

A minha ação como terapeuta, neste momento, foi ir até próximo a ele e perguntar se queria ajuda. Angustiado, ele disse não. Eu lhe disse que ele teria o tempo que precisasse para tirar o seu cavalo do lixo, já que o seu cavalo era importante para ele e queria jogá-lo fora, para não entrar em contato com conteúdos seus, dolorosos de vida. Disse-lhe que eu o compreendia, e que eu estava ali para ajudá-lo a retirar o cavalo do lixo, que significaria aceitar-se como é e guardá-lo em sua pasta (seu mundo interno).

Ele tranqüilizou-se, levantou com dificuldade e disse: – Me ajude.

Trabalhamos juntos e apanhamos os pedaços do cavalo e usamos durex (objeto intermediário reparador), para organizar e colocar na pasta a sua fragmentação, a sua dor.

A partir deste momento, tudo ficou mais fácil. A. M. atualizou seu conflito, pôde resgatar sua relação com o pai, através de propostas de arame.

O processo terapêutico culminou com a aceitação de sua doença inicial, bem como a falta do olho esquerdo. A aceitação da falta é a representação da aceitação da ferida narcísica com o aparecimento do desejo.

No anexo 12, percebemos a superação dos sentimentos de perdas, ele já trocou os lápis de cor e pode viver a diferenciação.

Em outro trabalho, percebemos que para ele a simbologia fálica, masculina já estava reconstruída, pela identificação. Vivenciou intensamente as fantasias edípicas, sem medo de um desamor de todos, sem tanta culpa.

Ao longo das sessões, A. M. pôde reconstruir sua auto-estima, seu crescimento com uma individualidade própria.

Reconheceu os aspectos de perda e dor de sua história de vida, porém conseguiu atualizar seu crescimento social nas relações, na produção, simbólica e concretamente, guiando sua direção e liberdade.

Quando nas sessões de encerramento propus que ele fizesse um trabalho livre, ele procurou o desenho de um cavalo, decalcou-o, cravou alfinetes em todo o contorno do cavalo (as agulhas de suas cirurgias).

Descravou e puxou o papel, soltando o cavalo.

Colocou o cavalo em uma pintura de relva, no campo livre (Anexo 13).

CONCLUSÃO

A. M. já teve alta, está mais reflexivo, sociável, praticando hipismo, que é um esporte bastante ousado e que requisita destreza, coragem e elegância corporal. Considero boa a sua evolução psíquica.

Foi um atendimento muito gratificante. A. M. corajosamente achou o seu caminho, o que nem sempre será fácil, mas o simbolismo do cavalo faz-me pensar que ele pode galopar como um ser inteiro, sua vida pulsando e não mais tendo a morte como referência interna de vida.

BIBLIOGRAFIA

THIERS, S. & cols. *Sociopsicomotricidade Ramain-Thiers – Uma leitura emocional, corporal e social*. São Paulo: Casa do Psicólogo, 2.ª ed., 1998.

THIERS, S. *Orientador terapêutico Thiers para crianças-CR – Embasamento teórico*. Rio de Janeiro: CESIR, Biblioteca Nacional, reg. N. 75307, 1992.

_____. *Orientador terapêutico Thiers para adolescentes-AD*. Rio de Janeiro: CESIR, Biblioteca Nacional, reg. N. 79695, 1992.

9

A Reintegração Social de Jovens Infratores

SOLANGE THIERS* & SONIA GRUBITS**

Projeto desenvolvido pela Promoção Social de Mato Grosso do Sul – PROMOSUL

AGRADECIMENTOS

À PROMOSUL, pela oportunidade de viabilizar este projeto.

À Equipe de Terapeutas Ramain-Thiers de Mato Grosso do Sul, pela colaboração e dedicação à pesquisa:

Almachia M. T. Z. Brandão, Cirlene Antello Silva, Dulce Jacques Costa Almeida, Eliete Silveira, Marly B. S. Abujamra, Nancy B. B. Sbalchiero, Wania Cristina de Andrade, Wania Fátima A. do Nascimento.

Aos Supervisores de Mato Grosso do Sul, pela assistência aos terapeutas e participação constante:

Ana Cristina Espíndola, Arilda Angeranes Vargas Goulart, Kátia Tognini, Lucy Nunes Ratier Martins, Marilene Verão, Zoly Reynaud.

---

* Psicanalista pelo IBRAPSI (Instituto Brasileiro de Psicanálise, Grupos e Instituições), Psicóloga, Sócia fundadora e titular com Especialização pela Sociedade Brasileira de Psicomotricidade, Presidente da Sociedade Brasileira Ramain-Thiers, Criadora da Metodologia Ramain-Thiers.

** Coordenadora do Mestrado da Universidade Católica Dom Bosco, Diretora responsável pelo Instituto de Psicologia Médica MT Ltda., Pós-doutoranda em Semiótica na Universidade Paris VIII – França.

Ao Psicólogo e Psicanalista Valfrido Medeiros Chaves (grupo GEP-MS), professor convidado para a reciclagem dos professores.

DEDICATÓRIA

Aos jovens infratores que descobriram o desejo e puderam reencontrar-se, abandonando a marginalidade na busca do Ser Social.

REFLEXÃO[7]

Não consigo enxergar saídas,
Todas as portas parecem estar fechadas.
Não consigo ficar encarcerada.
Quero e quero muito estar num lugar como mar de rosas
Onde as rosas exalem um perfume agradável
e não fétido como os que sinto neste lugar.
Que a escuridão deste mundo seja substituída
por uma claridade pura nos meus olhos
para que eu possa enxergar um local menos
podre, sujo, imundo como esse!
Que o meu ser encontre a liberdade, a paz que eu tanto procuro.
Sei que Deus iluminará meus passos, concedendo-me aquilo que
tanto anseio: PAZ.

(Alessandra, 18 anos)

APRESENTAÇÃO

Mato Grosso do Sul é um dos mais novos estados do Brasil, tendo sido criado em 1977, quando da divisão do antigo estado de Mato Grosso. O fato de ser um Estado que busca novas estratégias de desenvolvimento, com uma população pequena em comparação com outras unidades da federação, muitas pesquisas e experiências têm sido incrementadas pelo próprio governo do estado, universidades e outras

---

7. LEVINSKI, David Léo. *Adolescência – Reflexões Psicanalíticas*. São Paulo, Casa do Psicólogo, 2.ª ed., 1998, p. 85.

instituições, objetivando, na maioria das vezes, a busca de uma identidade, de acordo com suas características regionais e culturais.

O acolhimento e grande interesse pelo projeto A Reintegração Social de Jovens Infratores são, sem dúvida, um exemplo desta disposição. Esta população, além de ser constituída por pessoas oriundas de vários estados do Brasil, tem contato permanente com as fronteiras da Bolívia e Paraguai, o que tem gerado problemas com tráfico de drogas, contrabando e outros que acabam refletindo, principalmente, nos grupos mais jovens, em formação.

O projeto vem desenvolvendo-se durante dois governos, independentemente de questões políticas. Todos os que participaram e participam do projeto têm vivido uma experiência enriquecedora e inovadora que tem repercutido nos meios científicos, ultrapassando as fronteiras de Mato Grosso do Sul e mesmo do Brasil. Acreditamos que este fato justifica sua apresentação em nove congressos:

- VIII Encontro Nacional da ABRAPSO – Associação Brasileira de Psicologia Social, em Fortaleza-CE, julho de 1995.
- VI Congresso Brasileiro de Psicomotricidade, III Encontro de Profissionais de Psicomotricidade, no Rio de Janeiro-RJ, julho de 1995.
- XII Congresso Internacional de Psicoterapia de Grupo, em Buenos Aires, Argentina, agosto de 1995.
- III Encontro Luso-Brasileiro de Grupanálise e Psicoterapia Analítica de Grupo; II Encontro Luso-Brasileiro de Saúde Mental; I Congresso de Psicanálise e Configurações Vinculares, no Guarujá-SP, outubro de 1995.
- XIII Congresso Brasileiro de Neurologia e Psiquiatria Infantil, em Brasília-DF, outubro de 1995.
- 1st Congress of the World Coucil for Psychotherapy, em Viena, Áustria, julho de 1995.
- XXVI International Congress of Psychology, em Montreal, Canadá, agosto de 1996.
- VI Congreso Mexicano de Psicologia Social; II Reunion Latinoamericana de Psicologia Transcultural. Publicação do trabalho no livro Psicologia Social em México, volumen 6.
- I Encontro Nacional Ramain-Thiers, no Rio de Janeiro-RJ, julho de 1996.

1. Início do Projeto

Em 1994, após atendimentos entre a Coordenação Local do Mato Grosso do Sul e os dirigentes da PROMOSUL-Promoção Social de Mato Grosso do Sul, ficou estabelecido que a Sociopsicomotricidade Ramain-Thiers seria a metodologia utilizada no processo de desenvolvimento e reintegração social de população de baixa renda – adolescentes infratores. A instituição vinha buscando de diferentes formas uma intervenção efetiva para a reintegração dessa população. A Sociopsicomotricidade já vinha sendo considerada como uma das áreas mais procuradas por clientes e profissionais no estado, sendo considerada eficiente no tratamento de diferentes desajustes e patologias, o que levou a direção a buscar contato com a coordenação local de formação de profissionais Ramain-Thiers.

Entre os procedimentos para a efetivação do projeto e sua aplicação, foi necessário:

- Estudar a população a que se destinava o trabalho;
- Traçar um perfil institucional;
- Criar o projeto;
- Selecionar os profissionais que participariam da experiência socio-clínica;
- Adequar a metodologia Ramain-Thiers ao tipo de atendimento;
- Criar um programa para a preparação dos profissionais que iriam atender aos jovens e aos supervisores locais.

2. Desenvolvimento do Projeto

2.1- Estudo da população

No estudo da população que iria ser atendida, encontramos como característica geral, em todos, o alto grau de comprometimento emocional com desvio de personalidade, baixo nível de escolaridade, déficits psicomotores, cognitivos e hiperatividade.

Na maioria, eram membros de gangues, drogadictos com a sexualidade desviada e, portanto, vivendo a prostituição e perversões sexuais em geral. Havia, também, alguns que eram acusados de ter cometido homicídio. Situavam-se, psicopatologicamente, com características sociopáticas.

Diante deste tipo de população, foi preciso remeter-nos à compreensão de quem é este jovem que tem como alternativa de vida a não vida, cuja postura desafiante é sempre infringir regras, arriscar a vida, desrespeitar, marginalizar-se.

O jovem infrator é fruto do desequilíbrio na nossa sociedade, onde, a cada dia, cresce a violência em função da impunidade; cresce a corrupção, e a criança, jovem de amanhã, fica sem modelos identificatórios saudáveis. A crise social que vive o Brasil de hoje gera desemprego, e o desemprego gera violência nas famílias.

Os jovens delinqüentes foram crianças fruto de relações pouco afetivas, não desejadas por suas mães, impregnadas – a nível de psiquismo fetal – de experiências traumáticas; muitas vezes, de tentativas de aborto. Quando existem núcleos familiares, a criança assiste a crises de violência na própria casa, entre os pais. Este é o modelo identificatório que possuem.

Sabemos que os adolescentes, de uma forma geral, revivem, nesta fase de vida, impregnações do seu psiquismo fetal, e que o fato de terem sido rejeitados, terem passado por tentativas de aborto, terem que vencer a morte, antes mesmo de nascer, marca sua vida de forma traumática e cria no psiquismo a marca de que é preciso matar para viver.

Outro fator importante, neste processo, é o fato da ausência do limite, da não entrada da função paterna, quer a nível familiar, quer a nível social, impedindo assim que estes jovens saiam da marginalidade, saiam da perversão e entrem no processo normal da evolução psicossexual.

A adoção da Sociopsicomotricidade Ramain-Thiers como técnica indicada para referida população deve-se ao fato de que se faz necessária e urgente uma intervenção a nível grupal, considerando elementos culturais e a condição socioeconômica dessa clientela.

Na introdução do *Orientador Terapêutico Thiers para Adolescentes* (1992:05), Thiers diz que:

> *A concepção sócio-psicanalítica do Ramain-Thiers é que a Psicomotricidade vivida no contexto social-grupo, deve ser compreendida não só, pelas intersecções cognitivas x emocionais x psicomotoras, mas pela integração destas com o social, para que o indivíduo se insira melhor na cultura. Isto se dá porque ele apreende a necessidade de respeito à Lei. Sente-se produtivo porque passa pelo fazer, pela expressão motora, que é a ação, onde*

tem a oportunidade de reparar as questões danificadas, não só no seu próprio corpo, como referência de vida, mas num corpo que sentindo e que vivendo, descobre formas alternativas de crescer, amadurecer, ser adulto, ser produtivo, ser social.

2.2- PERFIL INSTITUCIONAL

A PROMOSUL é um órgão governamental que recolhe jovens adolescentes infratores, retirados das ruas, oferece um regime de atendimento em semi-internato, além de promover trabalho em horário de meio expediente.

Os jovens atendidos pela instituição recebem salários mínimos por seu trabalho e fazem uma poupança obrigatória de 15% (quinze por cento).

O Ramain-Thiers foi, inicialmente, trabalhado na Diosul e Clube do Pequeno Trabalhador, duas instituições da PROMOSUL.

3. PROJETO

3.1- JUSTIFICATIVA

A Fundação de Promoção Social de Mato Grosso do Sul – PROMOSUL vem trabalhando com diferentes grupos sociais, geralmente, de classes de nível socioeconômico-cultural caracterizado pelos pesquisadores como baixo, menos favorecido ou carente. Assim, entram nessa população, por exemplo, adolescentes infratores, menores de rua, objetivando a possibilidade de uma intervenção para recuperação ou apoio a esta clientela, não só através de uma ação educativa e informativa, mas também visando a uma recuperação mais profunda a nível social e psicológico.

3.2- OBJETIVOS

Atendimento sociopsicoterápico à população do PROMOSUL, não só a nível terapêutico, como também dentro de uma ação preventiva e educativa, como no caso de preparação de adolescentes para colocação no mercado de trabalho.

3.3- Teoria e Técnica Ramain-Thiers

Ramain-Thiers possui técnicas que se propõem a um desenvolvimento integral do Ser nos aspectos afetivo, social, motor e intelectual, através da vivência de propostas que possibilitam a resolução de situações novas e antigas e estimulam o processo criativo.

- *Atenção interiorizada.* A técnica permite que o indivíduo perceba a realidade tal como ela se apresenta e possa lidar com ela da melhor forma possível. Procura-se desenvolver atenção, para que, a partir dela, surjam a atitude de interesse e a busca da resolução.
- *Desenvolvimento do processo criativo.* Ao encontrar-se diante de propostas sempre novas, ou mesmo já conhecidas, mas apresentadas de forma diferente, o indivíduo é levado a buscar novas atitudes para a solução.
- *Busca de autonomia.* Mediante uma proposta Ramain-Thiers, o indivíduo vive uma experiência que propicia o respeito aos limites de seu corpo como parte do grupo em que está inserido. Ele é levado a buscar suas próprias soluções.
- *Mudança de atitude.* Os três aspectos acima mencionados propiciam essencialmente a mudança de atitude do sujeito consigo mesmo, com os demais e com os seus objetivos, diante de situações concretas. Tais mudanças acontecem nos níveis cognitivo, comportamental e de atitude.
- *Níveis de atuação.* Educação Social, atuando como estimulação a nível preventivo, visando ao desenvolvimento pleno dos potenciais necessários para novas aquisições, situando melhor o indivíduo na sociedade. Psicopedagógico, visando integrar diversos aspectos do indivíduo, através da autopercepção, oferecendo-lhe recursos necessários para melhor tolerância à frustração e diminuição de perseguições internas, relacionadas com as cobranças externas, ajudando-o a situar-se em sua faixa etária. Psicoterapêutico, mobilizando a regressão, de tal forma que o indivíduo pode atualizar seus afetos, liberando a repressão e aceitando-se melhor como é, com seus aspectos bons e ruins.

A metodologia deve ser aplicada por profissionais da área de saúde mental, formados ou cursando a Formação em Sociopsicomotricidade Ramain-Thiers.

Os Orientadores Terapêuticos Thiers para Adolescentes-AD e para

Crianças-CR, que devem ser aplicados no programa de atendimento, são constituídos por propostas onde são usados materiais concretos como: papel, cola colorida, papel quadriculado colorido, cartolinas, arames, tesoura, barbantes, lápis, bolas e outros.

O atendimento deve ser feito em grupos de seis elementos, num mínimo de duas vezes por semana, de uma hora e quinze minutos de cada vez a uma hora e meia, dependendo das características do grupo.

O trabalho é feito em salas com mesas e cadeiras e espaço livre para trabalhos corporais, sendo que pode ser utilizado o mesmo espaço para trabalho de mesa e corporal.

3.4- Recursos Humanos

A Coordenação Ramain-Thiers de Campo Grande-MS propõe-se a indicar os profissionais que já pertencem aos quadros de funcionários do Estado e que têm especialização na área, ou outros que se interessem em participar do projeto e que poderiam participar, quando convocados, dentro das possibilidades econômicas da Instituição.

Os profissionais que trabalharão no projeto deverão também ter um acompanhamento em supervisões de quinze em quinze dias, cerca de duas horas cada supervisão, com dois profissionais da coordenação local da Formação Ramain-Thiers e com Solange Thiers, quando estiver na cidade.

Quanto ao PROMOSUL, indicará os grupos que necessitam de atendimento, cedendo os espaços para as sessões de terapia.

Além disso, solicitamos, na medida do possível, a contratação de serviços, pelo menos uma vez por ano, que promoverão os Seminários, a Supervisão e a Consultoria em grupo, objetivando manter a unidade do trabalho, a atualização dos profissionais, o levantamento de dados para trabalhos e relatórios futuros de interesse científico e, também, avaliar o desempenho dentro da Instituição. Esta proposta justifica-se, pois, sendo um trabalho a nível terapêutico, tornam-se relevantes o suporte e a orientação dos profissionais em supervisões regulares.

A PROMOSUL deverá solicitar cedência e colocação imediata da equipe para os locais de aplicação da técnica para preparação (estudo de textos, preparação de material, organização dos grupos).

3.5- Recursos Materiais

Nos locais de trabalho, as terapeutas necessitam de armários com chaves e carteiras (tipo mesa separada da cadeira), uma para cada elemento do grupo de terapia. Seria interessante que a terapeuta tivesse uma carteira para seu uso durante a sessão.

O material necessário para o desenvolvimento das sessões de grupo, de acordo com os orientadores, deverá ser: cópias xerox de acordo com o desenvolvimento dos trabalhos, pastas de cartolina para cada adolescente, lápis, papel, cola, tesouras etc.

4. Adequação da Metodologia Ramain-Thiers à Natureza do Atendimento

Pelo fato de ser uma experiência nova com jovens que cometeram uma ação delituosa, torna-se necessário imprimir flexibilidade, para atingir o objetivo geral. O objetivo era uma ação Socioterapêutica e preventiva com estes jovens da PROMOSUL. Por isso, foi desenvolvido um programa de preparação do sociopsicomotricista, que contava dos seguintes seminários:

1. Os problemas de caráter. Estudaram-se os caracteres neurológicos, psicóticos, narcisistas, psicossomáticos e o caráter perverso. Foi incluído o estudo dos traços de caráter: estruturais, neurológicos, psicóticos, narcisistas, pulsionais, agressivos, dependentes das pulsões do ego para a compreensão das patologias: neurose de caráter, psicose de caráter e perversão de caráter.
2. Técnicas Ramain-Thiers. Foram estudados: Orientador Terapêutico Thiers para Adolescentes-AD; Fundamentação das propostas; Organização de grupos; Organização de sessões, segundo o momento grupal, e A leitura transversal e horizontal em Ramain-Thiers.
3. Terapias de grupo. Foi abordado o aspecto social apresentado por Pichón Riviére; fundamentos da organização grupal; a presença do inconsciente, nos trabalhos grupais, e contribuição de Klein e Freud, na terapia Ramain-Thiers.
4. A leitura corporal na Sociopsicomotricidade Ramain-Thiers. Foram abordados os momentos grupais de reconstrução da maternagem, entrada do limite, diferenciação edipiana, tendo sido criados

trabalhos corporais específicos para adolescentes com distúrbios de conduta, que são um problema de limite. Foi criado um programa de trabalho corporal relacionado a limite para esta população. O Planejamento de Reconstrução Corporal-Emocional para jovens delinqüentes inclui as atividades corporais Ramain-Thiers e mais:

- *Amassamento.* Técnica de reconhecimento das estruturas corporais que consistem em segurar de forma firme a mão, o próprio corpo, buscando sentir a sensação da mão segurando o corpo, e a sensação do corpo que está sendo contido pela mão. Trabalhar mãos, braços, pés e pernas (um em cada sessão).
- *Reconhecimento das estruturas ósseas.* Pés, tornozelos, pernas até a coxofemoral, reconhecimento da bacia e do esterno/costelas, crânio/face, reconhecimento da coluna do outro, braços/mãos. Trabalho feito com as próprias mãos. Neste estudo pessoal/corporal, cada um vai tomar consciência das suas qualidades ósseas, estruturas mais profundas quanto a solidez, elasticidade, mobilidade de articulações.
- *Reconhecimento de possibilidades tônicas.* Tônus é a atividade de um músculo em repouso aparente. É ele que regula a nossa postura corporal. É o tônus também que controla e define nossas mutações expressivas de alegria, angústia, estresse, depressão. A regulação do tônus vai desde a hipertonia à hipotonia.
- Práticas posturais vinculadas à Psicocinética. São as propostas de ritmo, orientação e organização têmporo-espaciais, deslocamentos e outras.
- Relação de contato x relação de limite. Trabalho de contato do corpo com o chão, quer deitado ou de pé. Ele é sempre sustentado, apoiado.
- Relação de contato e sensação interno/externo. Material: edredom, toalha de banho ou colcha de casal, gaze, papel kraft. O trabalho corporal passou também pela reconstrução da maternagem, através de propostas de sonorização, toque, com objetivos intermediários, com a finalidade de que os jovens pudessem ter a pele como referência de continente de um corpo vivo.

5. Desenvolvimento do Projeto

5.1- Primeiro momento

Ao iniciarmos Ramain-Thiers no PROMOSUL, foi incluído no projeto um esclarecimento sobre o trabalho junto às pessoas encarregadas de trabalhar, direta ou indiretamente, com a nossa população-alvo, no caso os adolescentes da instituição. Os profissionais solicitados para este esclarecimento tinham diferentes tipos de formação como: assistentes sociais, técnicos, pedagogos, instrutores, muitos com 1.º e 2.º graus incompletos.

Nosso objetivo era esclarecer o que vem a ser Ramain-Thiers. Para isso, no decorrer deste ano de 1994, foram feitas três reuniões de duas horas e trinta minutos de duração.

Iniciamos nosso trabalho em 5 de março de 1994 com uma reunião, onde a equipe se apresentou ao grupo da instituição, já que os Sociopsicomotricistas não faziam parte desta Fundação. Os participantes iniciaram suas apresentações com bastante cautela e curiosidade, diante da nova proposta. Procuramos inserir, na reunião, uma vivência do trabalho Ramain-Thiers, para que todos pudessem conhecer como os adolescentes seriam trabalhados, e o que vem a ser Ramain-Thiers.

Os participantes mostraram-se bastante otimistas quanto à nova proposta.

Começamos o trabalho com atividades livres e semidiretivas, para identificar as fases do desenvolvimento psicossexual, em que o grupo se encontrava. Utilizamos propostas, predominantemente, da fase oral e o trabalho corporal. Pensávamos trabalhar só com o Orientador Terapêutico Thiers para Adolescentes-AD, entretanto, em alguns grupos, foi necessário o uso de propostas do Orientador Terapêutico Thiers-CR (para crianças), porque eram muito imaturos intelectualmente e com baixo nível de escolaridade, além de revelar dificuldades de compreensão e psicomotoras, raciocínio lento, hiperatividade, instabilidade emocional, extrema ansiedade. A evasão foi muito significativa, o que nos levou a reformular o projeto.

Verificamos, porém, que este fato esteve relacionado tanto ao processo terapêutico, como aos problemas familiares, sociais e institucionais.

Era uma população com apoio e acompanhamento precários a nível familiar e social. São bastante permeáveis a influência e instabilidade que apareciam no setting, como:

198

COMPARTILHAR EM TERAPIA
SELEÇÕES EM RAMAIN-THIERS

- Dificuldade de realização de tarefas; falta de atenção na instrução, onde há a influência dos bloqueios, dos sentimentos e angústias, sempre presentes na execução de tarefa proposta pela mobilização de recursos intelectuais afetivos e perceptivo-motores.
- Nos trabalhos corporais, não foi bem conseguido o desenvolvimento da atenção interiorizada, onde diagnosticamos que, muitas vezes, a impossibilidade de executar com atenção orgânica se relacionava à falta de disponibilidade do sujeito, para perceber o que ocorre consigo.

Os trabalhos corporais, a princípio, foram recebidos com muita resistência, havendo, por parte de alguns membros do grupo, fuga da sala, como também eles se negavam a tirar o sapato, trabalhar descalços.

Com o tempo, essas resistências diminuíram, o que proporcionou melhores condições, para que eles se integrassem à movimentação. Usamos bola de meia, bola de borracha n.º 6, bola de tênis, hemibola e propostas com espuma, tecido, argila. As propostas corporais eram utilizadas também para reestruturar o grupo, quando seus componentes estavam muito ansiosos e excitados, recompondo suas energias para a realização das propostas do Orientador Terapêutico Thiers.

Sentimos uma aceitação maior por parte do grupo às propostas Semidiretivas, tanto do CR, quanto do AD. Na verbalização, houve muita resistência, a ponto de se negarem a falar, e alguns até saíam da sala nestes momentos. Percebemos que, durante a execução das propostas, eles falavam alguns conteúdos, fazendo com que a terapeuta fizesse a devolutiva nesses momentos, para que não se perdesse a oportunidade, o *timming* do grupo.

A dinâmica dos grupos era difícil, porque as lideranças eram destrutivas, com agressividade presente, manifesta, principalmente, nas atividades corporais, onde procuravam atingir a terapeuta com a bola ou corda, ou ainda desrespeitando e trazendo a capoeira para o setting, como forma de provocação.

Geralmente, ameaçavam as terapeutas, contando que pertenciam à direção de gangues. Havia muita rivalidade, competição e falta de confiança mútua, para falar de seus problemas. Procuravam manter o seu espaço pela força física e tinham muita dificuldade em trocar os lápis de cor, o que denotava a resistência em aceitar a reparação como processo de crescimento psíquico.

6. Verificação

A verificação foi feita em janeiro de 1995. Foram observadas e constatadas a aquisição de novos hábitos, mudança no comportamento social, melhora de auto-estima, nos estudos, nas expressões de afetividade, melhor conduta pessoal-social.

Consideramos importante relatarmos que, na grande maioria, houve abandono de condutas sexuais desviantes.

7. Amostragem socioclínica

Caso 1: M. I. Era uma adolescente que foi criada pela avó, vivia na rua, roubava, cheirava cola, e seu envolvimento afetivo era pouco.

Na atividade de recorte, constatamos que houve modificação de modelo, aparecendo a rotação no momento da colagem. Este tipo de projeção, no papel, no *setting* Ramain-Thiers, vincula-se a desvios emocionais, tais como alteração da percepção da realidade. Já em outro momento, quando foi oferecido o Caleidoscópio – que, em Ramain-Thiers, mobiliza perdas, envolve discriminação, já que a escolha de alguma coisa exige renúncia de outras –, M. I. não pôde fazer a escolha e cobriu a forma com tinta, negando as questões da relação tríade – que aparece mobilizada pelo papel triangulado.

Após algum tempo de trabalho com a Sociopsicoterapia Ramain-Thiers, em um tipo de trabalho prático, em uma atividade semidirigida, M. I. aceitou o material e a proposta. O afeto já aparece através das cores, e ela faz uma escolha: pelo feminino. A flor representa a aceitação da feminilidade, a castração. Podemos observar que, no desenho, há também a presença de um pai idealizado, desconhecido, ausente, mas que ela sente como criador, que, segundo ela, é para enfeitar. Foi trabalhado o movimento edipiano, que passa pelo seu desejo de enfeitar-se, ser uma flor, bela, cheirosa, delicada, para alguém que representa em sua vida o deslocamento do pai.

Caso 2: J. M. J. M. é um adolescente infrator, acusado de homicídio, pertencente a gangues. Morava sozinho e era líder de grupos.

Durante o desenvolvimento do trabalho, J. M. mostrou-se pouco cooperativo.

Como sabemos em Ramain-Thiers, as atividades de recorte

favorecem a vivência de separação, e o uso dos lápis de cor, a possibilidade de encontrar a reparação.

J. M. negou a atividade de recorte e, posteriormente, a troca das cores dos lápis.

A defesa mais difícil de ser trabalhada com ele era a negação. Ele sentia temor de entrar em contato com seus conteúdos ruins. Ele negava a sua entrada na cultura, na sociedade; seu mundo era diferente e parecia muito difícil levá-lo a criar vínculos.

Após meses de terapia, através do material intermediário Ramain-Thiers, ele começa a buscar identificação. Isto torna-se mais claro através do trabalho da modelagem de arame, que é basicamente uma cópia.

O arame em Ramain-Thiers tem características muito fortes. A modelagem em arame facilita a emergência de conteúdos arcaicos, persecutórios ou não, conteúdos de poder e agressividade. Neste caso em particular, a proposta – que envolvia também transparência de si mesmo – pôde permitir que seu mundo interno pudesse ser, parcialmente, conhecido. A terapeuta aproveitou do momento para fazer devolutivas integradoras, o que representou para J. M. um momento de mudança.

Lidando com o mal (o arame), dominando o arame (dando forma) e usando da transparência, JM pôde aceitar que era possível mudar; mudar não só a forma, mas a sua vida e tornou-se mais receptivo ao processo.

Caso 3. Aqui apresentamos um momento grupal. Era um grupo com dificuldades de lidar com limites, com muito desrespeito a regras sociais.

No início, não conseguiram, sequer, ouvir a proposta, não conseguiram fazer cópia simples que, para nós em Ramain-Thiers, se vincula ao momento oral e facilita a transferência.

Não havia aceitação do modelo identificatório, o que se evidenciava na má integração com os papéis quadriculados, que simbolizam pulsão de vida x pulsão de morte. Aos poucos, isto foi modificando-se, como pode ser percebido nos anexos 14 e 15.

Escolhemos apresentar a modelagem em arame, já que o arame, no setting Ramain-Thiers, é capaz de suscitar a mobilização de relações muito arcaicas com a figura materna. Foi a fala deste grupo.

A seguir, a terapeuta propôs que fosse feito um painel com as borboletas e ofereceu ao grupo papel-balão colorido e cola. O grupo entusiasmou-se com a atividade e, enquanto decoravam as borboletas, falavam:

- Saindo do casulo – renascendo (*sic*).
- Esta não vai nascer nunca (*sic*).
- A minha vai ser aleijada (*sic*).
- A minha está sendo gerada (*sic*).

A terapia utilizou-se do momento para trabalhar as questões de rompimento de simbiose, medo de nascer para a vida, culpa por estar separando-se (A minha vai ser aleijada).

O momento de gestação grupal foi muito importante, o grupo estava gerando, quase saindo (momento do parto), renascendo (nascendo dentro do grupo) (Anexo 16).

O grupo, porém, não suportou tanto crescimento e regrediu. Houve um descontrole no grupo, e, em ressonância, todos se uniram. Apanhavam colas coloridas e jogavam sobre mesas e cadeiras, no chão, procurando destruir tudo.

A terapeuta percebeu que, neste momento, o ataque era ao social. Eles vieram para o grupo porque cheiravam cola. Simbolicamente, agora jogavam fora as colas que cheiravam e preservaram as borboletas que podiam voar. Foi um momento de *acting-in*, o que é comum em terapias de grupo como denúncia do movimento oculto.

O grupo liberou a raiva, a culpa pela raiva e partiu para um movimento de reparação.

No momento seguinte, eles usaram cola, para decorar, e, desta vez, a produção que faziam era designada: É uma pizza. É um bolo.

O grupo já havia se desvinculado da pulsão de morte. Sentiam-se capazes de produzir alimento, sem negar a fome, sem negar a realidade difícil e o desejo de se alimentar.

Sabemos que a maioria deste jovens cheirava cola para esquecer que tinha fome (Anexo 17).

Caso 4. T.G. Foram selecionados trabalhos do grupo como emergentes de momentos. O grupo, neste momento em desenho livre, projeta conteúdos de morte interna.

Havia a tentativa de negar a depressão.

A realidade grupal era a imposição do medo, do ser forte e a destruição, para garantir a liderança. Na fala deles, surgia muito a fantasia de ser imortais.

Havia momentos em que surgiam sinais de afetividade, era a busca do equilíbrio forte x fraco, mas sempre sob o fantasma da morte.

Já há fortalecimento egóico que permitiu projetar o trauma sofrido (tronco da árvore). Já existe presença de conteúdos afetivos pela presença do colorido.

A proposta Caleidoscópio, como foi explicado, propicia a vivência da escolha e da perda, sentimentos de solidão e separação. A fala emergente foi a desorganização familiar, a separação de pais, o alcoolismo do pai, as brigas familiares, a loucura como tônica. Surgiu também a violência como exemplo de vida.

Na atividade Animais Primitivos, feita algum tempo após, é interessante explicar o movimento grupal. Eles se sentiam ameaçados pelo final do ano, talvez o término do grupo, talvez a saída da terapeuta. Eles propuseram viver o amigo oculto, incluindo a terapeuta. Foi aceito, e a terapeuta devolveu que, naquele momento, o grupo não queria mobilizar seus sentimentos internos ruins (primitivos) e, sim, viver com a terapeuta momentos gratificantes (defesa maníaca, para não lidar com a perda). Eles não atingiram o momento de reparação sadia. O amigo oculto eram os animais primitivos, os monstros internos terrificantes de cada um. Preferiram a reparação maníaca, o que foi trabalhado pela terapeuta, antes da vivência do amigo oculto.

Caso 5: J. A. Era um adolescente, integrante de gangues, envolvido com drogas, liderança negativa sobre os demais.

Na atividade de arame, associada à sua fala, foi constatada a projeção de fragmentação interna, grande dificuldade de percepção da realidade. Sua fala era ambivalente.

Na proposta de Socius, que é feita através de recortes de revistas e é livre a criação, J. A. começa a entrar em contato com a sua realidade, projeta sua vida, suas formas de sentir.
- Cada dia de vida – últimos dias do mundo.
- A sensação de paz vem de um outro lado. Um lado desconhecido para ele, que leva a desejar viver. É importante assinalar que é um indicador do desejo inconsciente de morte.

Novamente com outra atividade de arame, já o objeto fragmentado pode ser percebido como todo. Isto significa que reconhece o lado da violência (mau) e o lado da paz (bom).

Os três últimos desenhos referem-se à construção da representação da mãe natureza com folhas secas (depressão) e areias (mãe má), por colagem. A seguir, em outro momento, a mesma criação é feita com cores. O último traz o falo como esperança de vida. Houve um bom amadurecimento emocional.

7. CONCLUSÃO

O trabalho foi realizado durante aproximadamente nove meses, compreendendo uma média de sessenta sessões por grupo, num total de cerca de sessenta adolescentes atendidos. Durante esse período, houve várias interferências, tais como: Copa do Mundo, greve de ônibus, campanhas políticas e feriados, o que reduziu a freqüência dos adolescentes, interferindo no processo terapêutico, é o que denominamos de transversalidade que exigia ser trabalhada.

Podemos enumerar algumas das dificuldades encontradas durante esse período, como sugestões para melhoria da qualidade dos atendimentos posteriores.

Acreditamos haver a necessidade de um psicólogo da instituição para seleção dos adolescentes. Cabe registrar também que o material que restou do ano de 1994 foi cuidadosamente guardado pelas terapeutas, para possibilitar um reinício de atividades em 1995, sem ônus inicial para a instituição. Neste primeiro momento, concluímos que o nosso trabalho foi uma adequação do Ramain-Thiers à instituição; por isso, acreditamos nas possibilidades de um resultado melhor no ano de 1995, tendo em vista que a PROMOSUL pretende ampliar o trabalho.

BIBLIOGRAFIA

ANZIEU, D. *O grupo e o inconsciente*. São Paulo: Casa do Psicólogo, 1993.

ARRUDA, Sérgio L. S. *Grupo de encontro de mães: vivências de seu funcionamento em um ambulatório de saúde mental infantil*. Campinas: Universidade Estadual de Campinas. Dissertação de Mestrado, 1989.

_____. *Vivências Clínicas de um grupo de mães, cujos filhos estão em Ludoterapia*. Campinas: Faculdade de Ciências Médicas/UNICAMP, Tese de Doutoramento, 1991.

BERGERET, J. *Personalidade normal e patológica*. Porto Alegre: Artes Médicas, 1968.

DECHERF, G. *Édipo em grupo: Psicanálise e grupos de crianças*. Trad. de Carlos Eduardo Reis. Porto Alegre: Artes Médicas, 1986.

FENICHEL, O. *Teoria psicanalítica das neuroses*. Rio de Janeiro: Atheneu, 1981.

GAYOTTO, M. L. C. *A psicologia social de Enrique Pichon-Riviére*. São Paulo: APLUB, s/d.

PICHON-RIVIÉRE, E. *Teoria do vínculo*. São Paulo: Martins Fontes, 1991.

THIERS, S. *A imagem do corpo. O grupo em psicomotricidade. In*: Sociedade Brasileira de Psicomotricidade.

——————. A leitura do corporal, na Sociopsicomotricidade Ramain-Thiers. *In: Caderno Teoria e Técnica Ramain-Thiers 2*. Organizado por: Eliana Júlia Garritano e Solange Thiers. Série Cadernos de Teoria e Técnicas Ramain-Thiers, Rio de Janeiro: CESIR, 1993.

——————. *Orientador terapêutico Thiers para crianças-CR*. Rio de Janeiro: CESIR, Biblioteca Nacional. Reg. N. 75307, 1992.

——————. *Orientador terapêutico Thiers para adolescentes-AD*. Rio de Janeiro: CESIR, Biblioteca Nacional. Reg. N. 79695, 1992.

——————. *Orientador terapêutico Thiers para adultos-E*. Rio de Janeiro: CESIR, Biblioteca Nacional. Reg. N. 74486, em 1992 (1.ª ed.) e 75307, em 1995 (2.ª ed.).

——————. *A Sociopsicomotricidade Ramain-Thiers – Uma mudança conceitual*. Rio de Janeiro: CESIR, Biblioteca Nacional. Reg. N. 74485, 1992.

——————. *Caderno I da teoria e técnica Ramain-Thiers*. Rio de Janeiro: CESIR, Biblioteca Nacional, 1992.

——————. *Caderno II da teoria e técnica Ramain-Thiers*. Rio de Janeiro: CESIR, Biblioteca Nacional, 1992.

——————. *Caderno III da teoria e técnica Ramain-Thiers*. Rio de Janeiro: CESIR, Biblioteca Nacional, 1993.

——————. *Caderno IV da teoria e técnica Ramain-Thiers*. Rio de Janeiro: CESIR, Biblioteca Nacional, 1993.

——————. *Sociopsicomotricidade Ramain-Thiers: Uma leitura emocional, corporal e social*. São Paulo: Casa do Psicólogo, 1994.

ZIMERMAN, D. E. *Fundamentos básicos das grupoterapias*. Porto Alegre: Artes Médicas, 1993.

Capítulo III

ABORDAGEM SOCIOTERAPÊUTICA

1. A Sociopsicomotricidade Ramain-Thiers na Empresa
   MARILENE VERÃO
2. Ramain-Thiers Empresa
   DAISY FLORIZA C. AMARAL E MARIA GORETTI ESTIMA N. NUNES
3. Programa de Assistência Global
   ANA LÚCIA LOBO, BEATRIZ MAZZOLINI, HELOISA MUNERATTI, HENRIQUETA BRUNORO, KARINA CODEÇO BARONE E MARIA LÚCIA GOMES
4. A Sociopsicomotricidade Ramain-Thiers contribuindo na recuperação de Adolescentes em dependência química
   ANGELA RENNER
5. A Sociopsicomotricidade Ramain-Thiers na Zona Rural – Relato de uma experiência
   CYBELE AMADO DE OLIVEIRA
6. Possibilitando a Estruturação Afetiva de Uma Criança
   ETHEL QUERINO BASTOS
7. A Redescoberta do Afeto
   HELENICE SOARES
8. Caso Clínico
   FÁTIMA ALVES E MARIA PAULA COSTA RAPHAEL
9. Caso Clínico
   FÁTIMA PRADO MAIA

1

A Sociopsicomotricidade Ramain-Thiers na Empresa

MARILENE VERÃO*

INTRODUÇÃO

Aproveito minha experiência como empresária, posteriormente como gerente de Recursos Humanos em um grupo de empresas e atualmente em consultoria e capacitação em treinamento de pessoal, para trazer uma contribuição aos que desejam conhecer sobre o trabalho.

A idéia básica é oferecer uma visão do momento empresarial frente ao movimento chamado globalização. Mostrar como se dão neste modelo as relações entre capital-trabalho-mercado e principalmente apresentar a Sociopsicomotricidade Ramain-Thiers, uma técnica psicológica, moderna e eficaz, no desenvolvimento organizacional.

Dos manufaturados artesanais, passamos para a produção em série com a Revolução Industrial, um processo repetitivo com ênfase no controle da qualidade do produto, com setores e especialistas em inspeção. Hoje, além da qualidade do produto, necessitamos da qualidade dos processos para produzir mais e melhor, produtos que, afora a qualidade, atendam às necessidades do cliente.

Surge Qualidade Total, uma filosofia da Gestão Empresarial presente hoje nos quatro cantos do planeta: do Japão aos Estados Unidos, da Europa aos chamados Tigres Asiáticos, da China ao Brasil. Este

---

* Psicóloga, Sociopsicomotricista Ramain-Thiers, Supervisora de Campo Grande-MS e Belém-PA.

movimento iniciou-se nos Estados Unidos com Edward Dening, estatístico norte-americano, e percorreu um longo caminho, até o sucesso no Japão, onde ajudou na recuperação da indústria japonesa. Introduziu sua teoria sobre qualidade total naquele país, a partir de 1950, e hoje é prêmio anual de qualidade.

As empresas brasileiras estão, a cada dia, mais envolvidas em Programas de Qualidade, visando abrir e garantir novos mercados. Empresas estrangeiras conquistam a cada dia o mercado nacional. Produtos e serviços estão cada vez mais competitivos no mercado interno e externo. As empresas precisam mudar, atualizar-se, competir, se quiserem sobreviver.

Tivemos a oportunidade de coordenar um programa de Qualidade e Produtividade num Grupo de Empresas, assessorado por consultores qualificados dentro e fora do país, nas áreas de Produção, Desenvolvimento e Gerenciamento de Recursos Humanos (RH). Concluímos que, nesse movimento mundial, onde há grande troca de informação entre os países e existem no mercado recursos econômicos e tecnológicos disponíveis a todos, o que faz a diferença é o pessoal, que deve estar disponível, flexível às mudanças, aos novos conceitos e produtos, preparado profissional e pessoalmente, principalmente, para as novas necessidades dos produtos, das empresas e do mercado. E neste aspecto, Ramain-Thiers tem-se mostrado uma técnica atualizada, moderna, eficaz, capaz de promover as mudanças necessárias tanto do pessoal quanto da organização, para se adaptar às novas situações do mercado, novas exigências, novos objetivos.

O propósito é descrever informações e experiências sobre o emprego de Ramain-Thiers nas organizações e o momento atual das mesmas.

AS PESSOAS E AS ORGANIZAÇÕES

A organização é vista como um grande processo que recebe insumos, informações e recursos do ambiente, processa-os e devolve produtos e serviços, informações.

As pessoas e as organizações estão engajadas em uma complexa e incessante interação. As pessoas passam a maior parte de seu tempo nas organizações das quais dependem para viver, e as organizações são constituídas de pessoas sem as quais não poderiam existir. Uma organização somente existe, quando se juntam duas ou mais pessoas, que pretendem cooperar entre si, a fim de alcançar objetivos comuns. As organizações constituem para as pessoas um meio pelo qual elas podem alcançar muitos e variados objetivos pessoais, com um mínimo de custo, de tempo, de esforço e de conflitos, os quais não poderiam ser atingidos apenas através de esforço individual. Em face destas limitações, os seres humanos são obrigados a cooperar uns com os outros, formando as organizações, a fim de obterem objetivos comuns e, ao mesmo tempo, garantir a existência da organização.

A existência da organização depende da sua efetividade: eficiência e eficácia. A eficácia é fazer a coisa certa, está relacionada com o alcance dos objetivos da organização. Eficiência com a utilização adequada dos recursos pessoais, materiais e técnicos de que a organização dispõe, para produzir bens e serviços aos clientes e, com isso, lograr êxito.

Para avaliar a saúde da organização, Liket salienta

> *que o mais importante do que as medidas de resultado final são as variáveis intervenientes com a qualidade da organização humana, o nível de confiança e interesse, a motivação, lealdade, desempenho e capacidade de a organização comunicar abertamente, interagindo afetivamente e alcançando decisões adequadas. Essas variáveis refletem o estado interno e a saúde da organização.*

As organizações são consideradas como segundo nível social, onde os grupos são o primeiro nível e as instituições o terceiro. Elas se situam como mediadoras entre o poder dirigente e o social. Através da mobilização dos grupos, atingimos a organização, e esta, as instituições. Os grupos, por sua vez são permeados pelas ideologias institucionais. O trabalho nos grupos visa atingir mudanças de atitudes e comportamentos que influenciarão o social.

Desde que existem empresas, existem grupos, formais ou informais, e são múltiplos os meios que os caracterizam e a riqueza de sua expressão. O indivíduo utiliza o grupo como uma estrutura sociológica em modelo reduzido e, nele, aprende a modificar suas relações, utilizando grupo como uma amostragem social, e procura atitudes novas para reportar-se a outras situações.

Na empresa, o sujeito desloca para seu ambiente de trabalho questões emocionais mal resolvidas, com figuras de autoridade, quase sempre deslocadas para a chefia, ocorrendo também entre os colegas, como forma de identificação, apoio e oposição. As chefias muitas vezes são instituídas, onde o chefe assume a posição de autoridade e liderança, sem estar pessoalmente preparado.

Segundo Maslow, à medida que o homem satisfaz suas necessidades básicas, outras mais elevadas tomam predomínio no comportamento. Para ele, hierarquicamente, as necessidades são primárias: fisiológicas (ar, comida, repouso, abrigo); segurança (proteção contra perigo e privações); sociais (amizade, inclusão em grupos); as necessidades secundárias: de estima (reputação, reconhecimento, respeito, amor), e autorealização (realização do potencial, utilização plena dos talentos individuais).

Toda vez que surge uma necessidade, esta rompe o estado de equilíbrio do organismo, causando tensão e insatisfação da necessidade e o alívio da tensão. Com a satisfação, o organismo volta ao equilíbrio anterior e se ajusta ao ambiente, até que um novo estímulo crie uma nova necessidade.

A motivação humana é que impulsiona o indivíduo a agir de determinada forma, dando origem a um comportamento específico. O estímulo pode ser externo (proveniente do meio) ou gerado internamente, nos processos do indivíduo. A motivação é uma força vital impulsionadora de desejo ou receio. As pessoas são diferentes quanto à motivação. As necessidades são diferentes de indivíduo para indivíduo, produzindo padrões diferentes de comportamento e podem mudar para um mesmo indivíduo ao longo do tempo.

As pessoas são vistas na organização como dotadas de características próprias de personalidade e de individualidade, aspirações, valores, atitudes, motivações e objetivos individuais e dotadas de habilidades, capacidades, destreza e conhecimentos necessários para as tarefas que executam na organização.

QUALIDADE TOTAL

Para que possamos compreender o momento atual das organizações brasileiras, onde o sociopsicomotricista vai atuar na capacitação de recursos humanos, é preciso conhecer o movimento chamado Qualidade Total.

A qualidade começou a ser incorporada à introdução industrial, a partir da década de 20, para impedir que produtos com defeitos chegassem às mãos dos consumidores. Com o advento da produção em massa, para atender a mercados em crescimento, foram introduzidas, continuamente, técnicas de controle estatístico da Qualidade. O controle do produto era final. Após a Segunda Guerra Mundial, com o desenvolvimento da Indústria Aeronáutica, começou a ser enfatizado o controle dos processos, englobando toda a produção desde o projeto até o acabamento.

A partir da década de 60, os consumidores passaram a exigir produtos diferenciados, e a alta tecnologia passa a ser adotada nos processos produtivos. As barreiras do comércio internacional são reduzidas, e a competição internacional se intensifica: o consumidor mais exigente, a legislação que o protege, a possibilidade de comprar produtos importados. Frente a isso, passam a liderar as empresas que oferecem produtos com qualidade a preços competitivos. A qualidade que, no momento anterior, se centrava no controle do produto ou serviço, volta-se também para a plena satisfação do cliente, e nasce uma nova gestão empresarial.

Esse conceito evoluiu e, para a garantia da qualidade, hoje existe uma sistematização através de normas escritas, com padrões e requisitos para cada etapa do processo produtivo. O objetivo é garantir a qualidade uniforme para os produtos e serviços. Tais normas são organizadas pelas empresas e requisitadas nas relações comerciais entre fornecedor e cliente. A partir de 1987, foi criada a certificação (ISO 9000), conjunto de exigências que qualifica a empresa, com a finalidade de garantir o mercado e, principalmente, a exportação de seus produtos.

Hoje, qualidade total é o conceito que resume as condições para que a empresa sobreviva e se desenvolva em um ambiente competitivo e seja flexível às rápidas mudanças que o mercado exige. No Brasil, a qualidade total significa postura de liderança empresarial e modernidade. Através de técnicas e ferramentas, poderá desenvolver-se e estar à frente com um diferencial precioso. A crise da economia brasileira e a mudança de comportamento dos consumidores levaram as empresas a aderir ao Programa de Qualidade e Produtividade, de forma que somos o segundo país em implantação de qualidade total, perdendo só para o Japão.

A Empresa que adota a implantação do projeto passa a ser um cliente exigente, que cobra do seu fornecedor, e com isso, a cada dia, temos novas adesões. Hoje, produzir um bem ou serviço de qualidade, com entrega no prazo determinado, com o atendimento correto e menor custo, é a nova regra do mercado.

O movimento pela qualidade é vagaroso; mais firmemente, vai tornando nossas empresas mais competitivas, internacionalmente agressivas, surpreendendo até mesmo o próprio governo, tamanho os ganhos de produtividade.

Por iniciativa do Governo Federal, na década de 80, vários brasileiros dedicaram-se a aprender estes métodos e técnicas, principalmente com os japoneses. O programa proposto pelos japoneses, a meu ver, visa transformar as empresas em grupos competentes e dedicados, onde cada pessoa, sentindo-se feliz em seu local de trabalho, usa de todo o seu potencial para o benefício do grupo e, assim, garante a sobrevivência da empresa, cumprindo a finalidade para a qual ela foi fundada, na busca contínua da melhoria dos processos, para satisfazer cada vez mais e melhor seu cliente e com isso atender a seus objetivos individuais.

O processo empresa subdivide-se em vários outros subprocessos, que se subdividem em atividades, e estas em tarefas. Dentro da empresa, todos os setores são interdependentes, e, obviamente, a qualidade tem de abranger não somente a área industrial, como a área administrativa, comercial, financeira e, principalmente, recursos humanos. Não há qualidade total sem o envolvimento, interesse, comprometimento e adesão do pessoal. As pessoas fazem acontecer ou não.

Falando em qualidade total, resistências às mudanças, pensamos nos paradigmas. Os paradigmas são um conjunto de regras, regulamentos, padrões ou rotinas, nem sempre conscientes, que mostram como resolver problemas dentro de certos limites. Paradigmas influenciam fortemente a maneira de ver e analisar, afetando sensivelmente as decisões. Impedem a previsão do futuro e bloqueiam a criatividade. Todo mundo tende a buscar, nas experiências do passado, soluções para novos problemas, apoiados em velhos paradigmas. As pessoas se aprisionam a uma determinada maneira de resolver problemas, tendem a rejeitar novas maneiras de fazer as coisas; só conseguem deixar de utilizá-los, quando se tornam ineficazes. São as chamadas resistências às mudanças.

Às vezes, o que pode ser aceitável pelo processo lógico não é, necessariamente, pelo psicológico. O comportamento afetivo associado com o não envolvimento se apresenta sob forma de resistência à mudança: rebelião, indiferença, atitudes não cooperativas e outros aspectos negativos. O envolvimento grupal garante compromisso com os resultados, significação para o empreendimento e cumprimento fiel das decisões.

Ramain-Thiers, através das propostas e trabalho corporal, visa exatamente propiciar ao indivíduo experimentar situações novas, recriar, promove a quebra de automatismos, através do ser e do fazer, com propostas de aumentar, reduzir, transformar. O próprio processo leva o grupo a experimentar situações fáceis, ora difíceis, prazerosas e desprazerosas, individuais e de grupo, criando uma flexibilização interna, tornando-o capaz e disponível a enfrentar e experienciar o novo, sem medo, pois passa a acreditar na sua capacidade de reparar, restaurar, reintegrar, diante de novas experiências.

Em todo o mundo, funcionários e empresários tomam consciência de que é preciso mudar e ter mais qualidade, eliminando desperdícios e melhorando o ambiente de trabalho. Neste fim de século de muitas viradas, uma coisa é clara: na política, nos negócios e na convivência entre as pessoas, não há mais lugar para truques, meias-verdades e improvisação, principalmente, na relação empresa-pessoal e empresa-cliente. O brasileiro recupera princípios esquecidos, exige honestidade, participa de perto dos problemas que afetam o país. O cidadão é mais consciente, exigente e faz valer seus direitos.

Qualidade é para quem quer competir, gera fidelidade, expansão de clientela, garante mercado e proporciona maiores lucros. Qualidade empresarial significa ganhar mais, com maiores perspectivas de negócios, em um clima de cooperação e responsabilidade dentro da empresa. O sucesso depende da vontade e da determinação.

As pequenas organizações têm vantagens na hora de implantar o programa, são menos empregados, menos níveis de gerência e todos alocados no mesmo local, podem-se operar mudanças muito mais rapidamente do que em uma grande organização. É mais ágil; o pessoal está mais próximo dos clientes; muitas vezes, cara a cara com eles. Esta intimidade faz com que a voz do cliente esteja sempre presente, na criação de produtos, serviços e política. A pequena tem mais capacidade de se equilibrar a longo ou curto prazo. A dificuldade está geralmente em recursos financeiros para contratar consultorias, valendo-se de treinamentos oferecidos pelas associações de indústrias, com materiais impressos ou vídeos.

Para se implantar qualidade total, é preciso que o empresário tenha claro o seu objetivo em relação à empresa, sinta a necessidade e deseje instalar um programa de qualidade e produtividade em sua empresa, que haja comprometimento, conscientização da importância do processo, que sua implantação seja gradual, que tenha vontade política e liderança, capaz de envolver a todos, criando condições para a implantação, que seja flexível diante das necessidades de mudanças, sem desanimar ou perder o rumo frente às dificuldades. É preciso assumir seu compromisso e interesse perante a empresa.

O importante é adotar atitudes positivas que levam ao sucesso, como: partilhar com os empregados as metas da empresa; priorizar a melhoria dos serviços ao cliente e não o corte de despesas; demonstrar vontade de mudar tudo se for preciso; implantar programas para resolver problemas; permitir que as pessoas implantem suas próprias sugestões para mudanças; recompensar os empregados responsáveis por melhorias no atendimento aos clientes, e, principalmente, manter todos informados do sucesso ou insucesso do programa.

É necessário tratar seu pessoal como cliente; treinar desde a contratação; criar um ambiente em que as pessoas se sintam bem, comunicando o que a empresa espera delas; contratar pessoas que se relacionam bem com os clientes; pesquisar o interesse e as necessidades do cliente; definir o que ele quer e disseminar tais informações com o pessoal.

Participação traz comprometimento. Ninguém assume aquilo que não é seu. O envolvimento do funcionário com a empresa gera satisfação e responsabilidade. Um fator dos mais relevantes para o bom desempenho grupal está associado ao aproveitamento das contribuições individuais como dinâmica interior que impulsiona o querer e o assumir determinada ação. As pessoas dão valor e tendem a apoiar aquilo que elas ajudam a criar. Por outro lado, a não participação gera frustração que pode prejudicar seriamente o rendimento de um grupo de empregados de uma empresa.

Procuramos trabalhar nos grupos Ramain-Thiers o desenvolvimento das potencialidades individuais, incentivando para que o indivíduo as experimente. Com isso, a atitude atualiza os aspectos pessoais que foram impedidos de serem desenvolvidos.

A participação é fundamental. Fazer parte é o sentimento que as pessoas têm de pertencer ao grupo, à organização. Tomar parte é ajudar a construir algo, decidir, estar presente nas reuniões, nos momentos importantes da vida do grupo, da organização. Ter parte é o sentimento de realização pessoal, decorrente do aproveitamento de sua contribuição individual em benefício do grupo, da organização, preenche a necessidade de reconhecimento, própria da psicologia humana.

Qualidade total é uma postura gerencial, para produzir com

qualidade, está ligada inteiramente ao comportamento humano e depende de querer – que é emoção: adesão interna, compromisso. Saber – que é razão: conhecimento, certeza e técnica; poder – que é confiança, postura, entendimento entre os seres humanos, responsabilidade compartilhada, solidariedade e participação.

No processo de qualidade, é preciso fazer dos funcionários parceiros do sucesso. Na gestão empresarial para qualidade total, a política de Recursos Humanos deve estimular a participação do pessoal na decisão da empresa, criam-se os times da qualidade, representantes de diversos setores da empresa que questionam, sugerem e decidem junto com a direção da empresa. O querer do empresário e o do empregado devem unir-se ao objetivo comum de progresso e desenvolvimento da empresa e de todos os seus integrantes.

Vestir com orgulho a camisa da empresa é tarefa da direção e colaboradores, dando a importância devida a todos, respeitando o interesse, as limitações e conhecimentos; às vezes, até a simplicidade de como são trazidos alguns assuntos a serem discutidos.

Este modelo de administração busca delegar poderes, que é uma forma de propiciar um clima de confiança, comprometimento (responsabilidade) e solidariedade, além de bons resultados com satisfação de clientes externos e internos. É preciso ganhar junto, para conseguirmos o envolvimento e o comprometimento de todos, com bom desempenho de cada um em sua função, dando o melhor de si, bem como que o objetivo da empresa esteja composto e permeado com os objetivos do pessoal, utilizando-se dos modelos de administração participativa, onde todos ganham, onde cada pessoa possa alcançar seus objetivos particulares. Sabemos que os indivíduos se juntam em grupo, porque sozinhos são limitados para atingir seus objetivos. Esta administração deve ser feita de forma clara e transparente com aceitação de todos. Caso contrário, não funciona. Para conseguir plena colaboração de seus funcionários aos ganhos de produtividade e competitividade da empresa, as mudanças de comportamento devem acontecer em todos os níveis, especialmente, nos gerenciais. Inclusive, mudar os padrões da relação capital-trabalho é fundamental.

No modelo anterior, o chefe detinha o poder, a responsabilidade e os lucros. O empregado obedecia, cumpria ordens, desempenhava tarefas, recebia salários, acompanhados de benefícios como alimentação, presentes etc., para ser bonzinho e grato, e com isso tinha garantia do emprego (numa relação pai-criança). Neste novo modelo, as empresas precisam da participação e interesse de todos. O empregado passou a ser cooperador, assume responsabilidades, participa dos lucros e assume riscos. Se ele não se empenhar está fora. Exige-se maturidade, sem espaço para paternalismo, imperam a cooperação e a troca, onde cada um dá de si e tem o direito de satisfazer, a seu modo, suas necessidades com os resultados obtidos através do seu trabalho (enquanto a relação é de adulto-adulto). Esta é uma mudança profunda e estrutural que exige de todos e que não acontece da noite para o dia.

Na nova gestão de administração não se trata de conceder benefícios, prêmios, presentes, honras, e sim de estabelecer uma correspondência entre vantagens, em função do atingimento de resultados preestabelecidos. Todos devem estar a par das metas, acompanhar e saber quais são os resultados. Reconhecimento e recompensa são ingredientes indispensáveis à motivação de pessoal e a base para garantir a constância da participação.

O novo gerente, comprometido com a qualidade total, tem a marca da participação. É líder, facilitador, induz o grupo a atingir objetivos e resultados, considera importante as contribuições de cada membro da equipe, reparte o poder e as responsabilidades. Motiva sempre a equipe, ouve sugestões, reconhece o trabalho do grupo, ajuda a eliminar o medo e as barreiras.

É muito difícil e, às vezes, de certa forma, quase impossível atingir bons resultados sem o comprometimento dos Recursos Humanos. Por isso, a preparação, com a capacitação e desenvolvimento adequado, é fator decisivo para a sobrevivência, o crescimento e o sucesso da empresa. Hoje, muitas empresas se utilizam de muitas horas para treinamento de seu pessoal.

A INSERÇÃO DO MÉTODO NA ORGANIZAÇÃO

A todo momento em que falamos das organizações e do movimento da globalização, qualidade e produtividade, estamos nos referindo às mudanças de posturas gerenciais, flexibilidade, resistência. Diante dessa demanda socioeconômica, propusemos-nos a trabalhar com Ramain-Thiers.

O Sociopsicomotricista Ramain-Thiers tem várias formas de introduzir e operacionalizar o método na organização: como prestação de serviço em consultoria e treinamento de pessoal; e como funcionário da empresa, atuando na área de Recursos Humanos (RH).

Em consultoria e capacitação de RH, através de um contato com a direção da empresa ou chefias do setor, identificam-se a política empresarial, as necessidades e expectativas de trabalho. O sociopsico-motricista apresenta uma proposta, definindo tempo de duração, dias, horário, material, local, honorários. O grupo a ser trabalhado prepara propostas que serão utilizadas (psicomotricidade diferencial e corporal), visando alcançar os objetivos definidos anteriormente. Neste caso, o profissional se favorece da neutralidade, pois está fora do contexto da empresa.

Como funcionário da empresa, atuando na área de Recursos Humanos – entre as várias atribuições de RH, encontra-se a de treinamento de pessoal. É por aí que entra a técnica, trabalhando com o pessoal, de acordo com a demanda da empresa: programas de sensibilização, autoconhecimento, preparação para mudanças, desenvolvimento gerencial, melhoria da inter-relação, preparação para definir e assumir responsabilidade, cooperação etc. Nesta situação, o profissional está em interação diária com a empresa, perde parte da neutralidade, mas tem possibilidades de observação direta na atuação do pessoal, favorecendo a montagem de programas, planejamento e de desenvolvimento organizacional.

O MATERIAL

Para o trabalho empresarial, o Sociopsicomotricista Ramain-Thiers conta com o Orientador Terapêutico Thiers para Adultos-E, composto de vários conjuntos de propostas dirigidas, semidirigidas e livres, organizadas de acordo com as fases do desenvolvimento psicossexual, e transição entre elas, formado de um conjunto riquíssimo de material projetivo a ser inserido no contexto do trabalho grupal.

Além do Orientador Terapêutico Thiers para Adultos-E, utilizamos uma vasta quantidade de materiais que chamamos de intermediários, como: bola, papéis, arames, cordas, tintas, barbantes, tesoura e alicate, bambolês, esponjas, tecidos, aromas e óleos, usados para desenvolver os trabalhos de psicomotricidade diferenciada e, também, nas vivências corporais.

218

COMPARTILHAR EM TERAPIA
SELEÇÕES EM RAMAIN-THIERS

A POSTURA DO SOCIOPSICOMOTRICISTA NA EMPRESA

É necessário que possua uma visão abrangente da realidade socio-econômica, para saber inserir sua proposta de trabalho; tenha a flexibilidade e a capacidade de integrar-se, bem como mostrar-se seguro de sua técnica, preparado, pessoal e profissionalmente, o suficiente para um modelo de atuação profissional e não mais academicista de quem sabe só os conceitos; tenha seus conteúdos emocionais bem trabalhados, principalmente as questões edipianas, permitindo a vivência do social. Requer muita responsabilidade no trato de conteúdos emergentes nas vivências, quer de natureza individual ou grupal, bem como de uma atuação firme e segura frente ao grupo e à direção da empresa.

A nossa responsabilidade é por uma desalienação, uma mentalidade desenvolvimentista, contribuindo para que o indivíduo ou grupo conheça como esforçar-se, para obter o mínimo indispensável de que precisa, mobilizando seus recursos pessoais; é cooperar para que as pessoas possam superar as mudanças necessárias, adequando-se aos novos tempos.

EXPERIÊNCIAS DE EMPRESAS QUE VIVENCIARAM AS TÉCNICAS RAMAIN-THIERS

1.º CASO

Atuei como gerente de RH, num grupo de empresas (de engenharia, indústria, transportes e representação comercial), num período de quatro anos, com um trabalho de 20 horas semanais.

Tinha uma interação diária com a dinâmica da empresa. Neste caso, perde-se na neutralidade, mas ganha-se na possibilidade de observação direta do pessoal, o que favoreceu no planejamento e na administração de programas, de acordo com as necessidades do desenvolvimento organizacional.

Aos poucos, com a conquista e credibilidade na nossa atuação, fomos ganhando espaço, de forma que participávamos de todas as decisões da empresa. Com isso, tínhamos o acesso às informações e aos objetivos.

Entre as várias atribuições de RH, encontra-se a de Seleção e Treinamento de pessoal.

Seleção de Pessoal

Com maior conhecimento e experiência em Ramain-Thiers, passamos a utilizar propostas que nos auxiliavam, avaliando a capacidade do indivíduo de perceber a realidade, de se situar no meio, de lidar com os limites, normas e regras, como: utilizar recursos disponíveis, as dificuldades diante do fazer, a capacidade de reconhecer o erro, a disponibilidade psíquica para reparação, para refazer, como vivia a frustração, o nível de iniciativa, independência e autonomia etc.

De forma bastante rápida, era possível avaliar a estrutura e a dinâmica da personalidade, possibilitando a escolha da pessoa certa para o cargo e, principalmente, que tivesse um perfil adequado à dinâmica e aos objetivos da empresa.

De acordo com o trabalho de psicólogos americanos, recentemente publicado, o QI hoje significa 20% na hora de contratação de pessoal e 80% depende do QE, quociente emocional, aspecto pessoal necessário ao bom desempenho profissional.

Observamos que, todos os anos, brilhantes profissionais saem das Universidades e não conseguem atuar no mercado. Inclusive entre nós psicólogos, onde o QE é o que faz a diferença.

Capacitação do Pessoal

Dividi o pessoal em cinco grupos: diretores, gerentes, administradores e dois grupos de operadores da fábrica.

As reuniões eram semanais, de 2 horas de duração.

Trabalhamos inúmeras propostas de mesa, corporais e verbalização.

As propostas eram preparadas, de acordo com o objetivo da empresa e do momento do grupo.

As dificuldades que emergiam eram relacionadas aos limites e às impossibilidades de cada um, às dificuldades de inter-relação no grupo e dos grupos em relação às chefias.

Cada empresa, assim como cada grupo ou família, tem uma dinâmica própria. Sua identidade é permeada de características específicas, onde cada membro influencia e é influenciado, principalmente, os desejos e as necessidades de quem as dirige.

As leituras eram feitas no sentido de clarear o papel de cada um, a necessidade de participação e comprometimento, o interesse e o desejo de mudanças.

Cada fala era vista como uma fala do grupo. Procuramos sempre fazer uma correlação entre o vivido no grupo e as situações do dia-a-dia na empresa.

Os resultados obtidos foram surpreendentes e gratificantes em todos os sentidos: crescimento pessoal, cooperação e fortalecimento grupal, redefinição da identidade e do papel social do grupo.

O grupo de empresas se dissolveu. Os três sócios tinham características e objetivos diferentes. Cada um abriu seu próprio negócio. Tive a oportunidade de visitar uma das empresas, e percebi a organização e o entusiasmo do proprietário.

O gerente das fábricas, juntamente com o administrador do grupo, abriu uma fábrica, e a gerente da engenharia, o seu próprio escritório.

A seguir, depoimento da Arquiteta M.M. – Gerente de Engenharia, uma das empresas do grupo, em julho de 1996.

A necessidade de buscar alternativas para qualificação das empresas e coesão do grupo fez com que a direção optasse por um treinamento gerencial, já que, na sua visão, o maior problema quanto a estes aspectos se encontrava neste grupo.

A princípio alguns se mostravam resistentes, com certo receio. A partir do desenvolvimento dos trabalhos e dos resultados apresentados, a motivação foi crescente. Como atribuição posso afirmar que todos, sem exceções, dentro de seus limites, tiveram crescimento.

Os trabalhos com esta técnica captaram os reais problemas vivenciados pelas empresas naquele momento. Comprovou-se que as dificuldades não se encontravam somente naquele grupo, emergindo os conflitos existentes em todas as áreas. Assim, direcionaram-se os trabalhos para o desenvolvimento e a capacitação das potencialidades, inclusive as lideranças, redefinindo as pessoas, os grupos e, principalmente, a identidade das empresas.

Particularmente, os trabalhos com Ramain-Thiers reafirmaram a minha escolha profissional e meu preparo pessoal para assumi-la, fazendo com que, de profissional envolvido, passasse a comprometido, mudança de atitude que proporcionou assumir, de fato, o cargo de gerente, com total credibilidade da direção do grupo.

Cabe salientar que este processo teve continuidade, mesmo quando já me encontrava fora do quadro de funcionários da empresa, numa busca pessoal de desenvolvimento. Hoje, tenho meu próprio escritório e me sinto preparada, pessoal e profissionalmente, para enfrentar as dificuldades apresentadas pelo mercado, confiante de que não existem limites para o crescimento.

A nível pessoal, aprendi a valorizar as pessoas e as relações, que, antes de Ramain-Thiers, não eram prioridades.

2.º CASO

Prestação de serviço e Treinamento e Consultoria, numa empresa de ramo gráfico há um ano.

Esta experiência teve início, através de um contato com o empresário, num Seminário de Qualidade e Produtividade, oferecido pela Federação Nacional da Indústria, no qual, na época, representava o grupo de empresas (primeiro caso).

Após alguns meses, solicitou-nos uma visita a sua empresa, que, a princípio, relutei por estar envolvido com o consultório, sem horários disponíveis. Através de conversas com o empresário e a esposa, constatei:

- Havia um grande desejo de crescer.
- Sempre houve o interesse na psicologia e havia um estagiário na Empresa.
- A empresa era pequena, temia não poder arcar com os honorários.
- O empresário se mostrava uma pessoa inteligente, interessado e preparado profissionalmente.
- Percebi que a solicitação era uma demanda dos aspectos pessoais que impediam o organizacional.

Sugeri, primeiramente, a continuidade do estagiário de Psicologia e Sociopsicomotricista Ramain-Thiers em formação, com a minha supervisão, se necessário, e, se o julgasse incapaz, indicaria outro profissional. Também sugeri que o proprietário fizesse uma psicoterapia, para trabalhar as questões pessoais, liberando o seu potencial.

Após duas semanas, procurou-me, e iniciamos o processo Sociopsicoterápico, em outubro de 1994. Com esse processo e neste período, aconteceram na empresa:

- Mudanças na relação pessoal x profissional, com autonomia e liderança na relação e direção dos funcionários.
- Segurança para tomar algumas atitudes. Algumas pessoas demitiram-se, e outras foram demitidas por não se adequarem ao processo de mudança.
- A filial, criada recentemente, mudou de endereço para uma sede maior e melhor no centro da cidade.
- O gerenciamento da mesma por familiares que não se identificavam com o negócio, gerando conflitos profissionais e familiares, foi substituído pelo gerenciamento do proprietário e da esposa, e eles foram liberados e encaminhados para áreas de atuação adequadas aos seus interesses e capacidades, propiciando maior realização e melhor relacionamento familiar.
- A empresa inicial mudou do bairro residencial, onde se estabelecera há mais de dez anos, para uma sede ampla, moderna, numa das avenidas mais movimentadas da cidade.
- Os auxiliares de venda e de administração assumiram o papel gerencial.
- No setor de psicologia, o estagiário deixou a empresa em 1994. Assumiu outra profissional Ramain-Thiers, indicada por nós, auxiliada por outra estagiária no início de 1995, que se afastou em julho, e a estagiária assumiu até dezembro. No início de 1996, contrataram outra profissional recém-formada. Houve grande rotatividade de pessoal neste setor, o que nos preocupava muito naquele momento.
- Em janeiro de 1996, o empresário interrompe o processo psicoterápico, alegando dificuldades financeiras. Esta era uma questão intra-subjetiva e também objetiva, decorrente das mudanças nas empresas efetivadas recentemente.
- Em março, o proprietário solicitou-nos uma supervisão para ele e os gerentes, onde a queixa era de que precisavam continuar crescendo. Discordavam em alguns aspectos do profissional contratado. Estavam inseguros e solicitavam um profissional mais preparado, que inspirasse confiança.

A decisão foi atendê-los, já que era a terceira vez que solicitavam o trabalho e acreditavam na técnica Ramain-Thiers.

A proposta inicial foi trabalhar quinzenalmente com os dois grupos já organizados na empresa, às quartas-feiras com duas horas de duração, fazendo uma avaliação após dois meses.

Após o primeiro mês, o proprietário e os gerentes solicitaram uma supervisão. Mostravam-se ansiosos, querendo minha impressão sobre o grupo. Com base em duas propostas Ramain-Thiers, trabalhadas em cada grupo, na fala dos grupos e na fala da reunião, concluí:

• O problema da empresa era gerencial. Os gerentes não estavam preparados para assumir a função e não eram reconhecidos pelos grupos – aspecto natural – nem esperados dentro do processo de desenvolvimento organizacional, pois os mesmos haviam assumido recentemente. Pudemos ver mais claramente isso, através da proposta da árvore, que é de aumentar, crescer em grupo, onde cada um deles fazia parte de um grupo e os dois escolheram peças semelhantes, e cada um expressou sua dificuldade no grupo. A falta de confiança e de aceitação, no seu desejo de crescer, e a superpreocupação com os demais impossibilitaram o desempenho de suas tarefas.

Sugeri: retirar os gerentes dos grupos instituídos e trabalhar em um programa gerencial todas as terças-feiras, uma hora e meia, objetivando qualificá-los pessoal e profissionalmente para o cargo.

Após quatro dias da segunda reunião, o empresário, fora do processo, solicitou a volta para psicoterapia, e estamos trabalhando com leituras horizontais, transversais e, principalmente, verticais, por considerar que este é o objetivo. O empresário precisa conhecer a si, seus desejos, objetivos, aspirações etc., para melhor direcionar seus recursos a fim de atendê-lo, bem como, mobilizar seu pessoal neste sentido. Já os gerentes e os grupos precisam de uma proposta organizacional com leituras horizontais e transversais, visando preparar, pessoal e profissionalmente, todos com reflexo na vida pessoal, profissional e social. Esta experiência teve início em abril de 1996. O trabalho está-se desenvolvendo num clima de muita confiança, receptividade, cooperação e envolvimento de todos. A dinâmica e o clima da empresa é leve, em um relacionamento de entusiasmo e gratificação. Os resultados parciais, é claro, são surpreendentes, e o trabalho particularmente apaixonante.

As mudanças já observadas são:

• A maior consciência de cada um e de seu papel na organização – empresário, gerentes e demais funcionários.
• Maior participação e responsabilidade de todos.
• Melhor conhecimento das habilidades e das capacidades do pessoal, com maior aproveitamento.

224

COMPARTILHAR EM TERAPIA
SELEÇÕES EM RAMAIN-THIERS

- Início de investimentos em equipamentos no setor de produção com o objetivo de produzir mais e melhor, visando satisfazer o cliente, principalmente na qualidade do produto e pontualidade de entrega.
- Reorganização de cada setor essencial à empresa: venda, produção e administração.

Iniciamos, priorizando o trabalho com pessoal e, paralelamente, estamos organizando os setores e os processos entre eles, de forma a produzir afinadamente, com menor custo, eliminando o desperdício de material e mão-de-obra, com boas negociações na hora das compras e bons fornecedores com qualidade de produto, preço, prazo e entrega. A partir daí, teremos toda a possibilidade de oferecer produtos de qualidade no prazo determinado com preços competitivos.

O objetivo é organizar a casa, definir seu perfil, suas características, sua identidade, para que se possa colocar de forma positiva no mercado e ser reconhecida por ele.

Paralelamente, trabalhamos com a direção no sentido de traçar o rumo e o crescimento da empresa, que serão postos em prática, a partir dos resultados positivos obtidos.

Hoje, o investimento da empresa está na reorganização, é um movimento lento que nos leva gradualmente ao crescimento, porém cada passo dado é um diferencial em relação à concorrência.

O clima do pessoal na empresa, frente a este processo de abertura e participação, iniciou com momento de muito entusiasmo, passando posteriormente por dificuldades, quando perceberam que seu envolvimento gera responsabilidade. Porém, não dá mais para voltar atrás, só resta a eles duas opções: vencer dificuldades e continuar crescendo, ou demitir-se. No início, não conseguia dormir de entusiasmo, hoje, de responsabilidade (funcionário da empresa).

Com o trabalho, passamos a conhecer melhor e mais profundamente o pessoal, identificando o perfil, favorecendo promoções e deslocamentos para outras funções, com aproveitamento mais adequado do potencial de cada um. Com isso, conseguimos a eficiência no desempenho do pessoal.

Estamos desenvolvendo as pessoas, para que tenhamos grupos fortes e estruturados, e a empresa possa funcionar como um todo. Este processo é muito parecido realmente com um quebra-cabeça, onde cada peça tem de ser identificada de forma isolada e depois colocada no conjunto, até, finalmente, após muita luta, ser agraciado com a visão de todo quadro. Só aí, teremos qualidade total. O processo é contínuo com o crescimento e a adaptação às novas mudanças.

A seguir, depoimento do Empresário J.L.G., proprietário das empresas, em julho de 1996.

Após dez anos, no endereço na Avenida Tiradentes, um bairro residencial em Campo Grande, motivados pelas mudanças ocorridas no cenário mundial, não só do Brasil, procuramos nos atualizar, mudar, para se adaptar às novas solicitações dos clientes. Procuramos programas de qualidade, procuramos todos os caminhos. Esses caminhos nos levaram a encontrar, num seminário, nossa psicóloga atual e também nos levou a fazer mudanças de local, abertura de uma filial. Esse processo – que nós demos o nome de Programa de Qualidade na verdade – era um processo de adaptação.

Nós estávamos tendo grandes dificuldades e precisávamos de uma assessoria mais profissional, nós tínhamos uma cultura, onde dizia da necessidade de uma psicóloga na empresa e de ter uma administração bastante organizada. No ponto em que nós chegamos, faltava uma pessoa mais experiente.

Conheci Ramain-Thiers através da Psicoterapia no consultório da Marilene, quando comprei totalmente a idéia, comprei totalmente o sistema de trabalho, quando vi os resultados, nós empresários gostamos de ver resultados imediatos, na primeira reunião vi possibilidade destes resultados imediatos.

A abertura da filial no centro da cidade é a consolidação e apresentação das mudanças que vêm ocorrendo. Acreditamos também que estas mudanças se darão mais a longo prazo com a mudança do comportamento nosso, desde o meu como empresário e de todos os funcionários, entendendo melhor o mercado e se adaptando melhor às necessidades dos clientes. Nossa preocupação é com recursos financeiros, para que possamos manter o trabalho até que todos atinjam estado de maturidade e uma posição no mercado.

Conclusão

Trabalhar os grupos na empresa com propostas Ramain-Thiers promove o desenvolvimento dos indivíduos nos aspectos intelectual, emocional e social, tornando-os conscientes de si e do meio, capaz de uma interação saudável. Participa dos problemas do grupo, sugerem mudanças etc.

A tarefa ou proposta é grupal, é vivida por todos, cada um na sua singularidade, trazendo para o grupo a dinâmica do dia-a-dia. As análises e conclusões fluem através da verbalização, identificando a dinâmica do grupo, pontuando as dificuldades e sugestões para melhorias. A leitura com devolutivas integradoras ajuda o grupo a se reorganizar, reestruturar e redirecionar seus esforços para o alcance de seus objetivos.

No grupo, o indivíduo pode reapresentar, vivenciar cenas associativas diversas, de momentos difíceis de sua existência e poderá, assim, reelaborá-las, antes de revivê-las em outras situações. Quando reapresentamos para nós mesmos ou ao grupo situações difíceis de nossas vidas, reexperimentamos e reaprendemos; com isto, nos tornamos conscientes e donos delas.

O trabalho de grupo segundo Decherf visa:

- *à mudança de atitude*, quando, diante do grupo, o indivíduo experimenta um comportamento diferente, numa situação que é privilegiada, e que representa uma microssociedade;
- *à liberação dos afetos* que acompanham a repetição de situações ansiógenas, ou a procura de atitudes novas que ela pode experimentar;
- *aos remanejos do equilíbrio libidinal*, que resultam dessas interações, de sua interpretação numa situação transferencial e do efeito que os fenômenos de grupo desencadeiam na vida psíquica.

O pessoal desenvolvido e preparado passa a ter uma percepção mais abrangente, não fica alheio aos processos, participa e se responsabiliza; isto significa desenvolvimento emocional e social. Esses ganhos, que a princípio são pessoais, enriquecem o grupal e, conseqüentemente, a empresa.

Os benefícios no desenvolvimento dos Recursos Humanos na empresa se refletem em todas as relações do indivíduo, são um processo educacional que extravasa as fronteiras da empresa, repercutindo no familiar e no social.

A capacitação e desenvolvimento de pessoal com propostas Ramain-Thiers visam desenvolver as potencialidades individuais, o autoconhecimento, a criatividade, a iniciativa, a independência, a autonomia, liderança, através da queda de automatismo, promovendo a flexibilidade para se adaptar a novas situações, num modelo de inter-relação maduro, de responsabilidade, empatia e cooperação. Podendo atender, desta forma, aos objetivos da empresa de melhorar a qualidade dos produtos, aperfeiçoar os processos produtivos, reduzir os custos necessários à produção, melhorar a satisfação e segurança com melhor resultado para todos (cliente, empresa e funcionários).

A Sociopsicomotricidade Ramain-Thiers tem-se confirmado na sua ação, podendo ser utilizada nas mais diferentes empresas, com toda a classe de pessoal, desde o diretor até o faxineiro, populações elitizadas até sem escolaridade; o que varia são os objetivos a serem atingidos, e estes norteiam a escolha do programa e das propostas mais adequadas e definem a leitura a ser realizada.

Na empresa, o trabalho é sempre em grupo, com leituras horizontais e transversais, o conteúdo manifesto através da verbalização é incorporado à dinâmica da organização, sempre com um fechamento em cada vivência.

O Sociopsicomotricista deve estar atento ao desenvolvimento e aos resultados do seu trabalho, reavaliando sempre frente às necessidades do grupo e da empresa.

Ramain-Thiers, além de facilitar a integração corpo-mente-emoção-sociedade, desperta a consciência pessoal e a responsabilidade social, ensina a viver coletivamente. Os resultados têm sido surpreendentes, vêm com o objetivo alcançado, que em Ramain-Thiers é visível a todos, através das vivências, não fica só na fala de Sociopsicomotricista.

Ramain-Thiers favorece a definição da identidade à empresa, enquanto grupo, para o meio, estabelecendo seu papel social e o vínculo de troca com esta sociedade.

A Sociopsicomotricidade Ramain-Thiers favorece ao ser humano, mesmo num contexto empresa, mudanças profundas, situações vividas, que são revividas, compreendidas e elaboradas. Observamos que os grupos se reorganizam e se desenvolvem, conquistando evolução psicossexual, descrita por Freud, e acredito que os grupos se tornarão mais produtivos, a partir do momento que, de alguma forma, tenham rompido a célula narcísica, vivido a castração simbólica, e em algum nível passado pelo Édipo.

Muitas outras experiências estão acontecendo a nível de Brasil; o processo é novo e se enriquece a cada dia. A impressão que tenho é que temos muito a compreender, a ler, dentro da riqueza e das muitas possibilidades que o método oferece.

BIBLIOGRAFIA

CHIAVENATO, I. *Recursos humanos*. Ed. Compacta, São Paulo: Atlas, 1985.

DECHERF, G. *Édipo em grupo: psicanálise e grupos de crianças*. Porto Alegre: Artes Médicas, 1986.

FOLHA DE S. PAULO. Jornal. Qualidade Total SEBRAE, 1994.

THIERS & cols. *Caderno IV de teoria e técnica Ramain-Thiers*. Rio de Janeiro: CESIR, 1993.

THIERS, S. *Orientador terapêutico Thiers para adultos-E*. Rio de Janeiro: CESIR, 1992.

_____. *Sociopsicomotricidade Ramain-Thiers: uma leitura emocional, corporal e social*. São Paulo: Casa do Psicólogo, 2.ª ed., 1998.

2

Ramain-Thiers Empresa

DAISY FLORIZA CAVALCANTI AMARAL*
E MARIA GORETTI ESTIMA A. NUNES**

INTRODUÇÃO

O Ramain-Thiers trouxe sua colaboração à empresa, proporcionando um atendimento com embasamento psicanalítico que atende a diferentes demandas empresariais:

a) Sensibilização de profissionais;
b) Desenvolvimento gerencial;
c) Relações interpessoais;
d) CCQ-Círculos de controle de qualidade;
e) Planejamento e desenvolvimento organizacional (THIERS, S. *Teoria e técnica Ramain-Thiers*. Caderno 4. Rio de Janeiro, CESIR, 1993).

O Ramain-Thiers Empresa tem como principal característica o fato de não trabalhar com a leitura vertical.

A singularidade subjetiva de cada membro do grupo será observada nas relações interpessoais, através de projeções e identificações. As leituras serão sempre horizontais e transversais.

O grupo que surge na empresa tem a liderança representada pela função da chefia, onde o líder é imposto. A relação com o poder não é natural; isto provoca competições, e o chefe, muitas vezes, neutraliza a capacidade criativa de seus comandos. Quem comanda tem o saber, e

---

* Psicóloga, Sociopsicomotricista Ramain-Thiers, Supervisora da Equipe de Recife-PE.
** Psicóloga, Sociopsicomotricista Ramain-Thiers, Supervisora da Equipe de Recife-PE.

quem obedece não precisa pensar, não precisa saber. Fica colocado assim, numa posição de não pensante, o que leva ao automatismo na execução das tarefas.

Nesta dinâmica, a chefia deverá ter todas as respostas e soluções, devendo o funcionário acatá-las e realizá-las.

Uma forma de o funcionário neutralizar a chefia é atuando sem investimento pessoal. Assim, à medida que a sugestão da chefia não traz o resultado esperado, fica claro que o funcionário não detém o saber, porém a chefia também não o possui. A política interna, neste momento, prejudica a empresa.

No Ramain-Thiers Empresa, estaremos sempre atentos à liderança que surge a partir das qualidades pessoais e da aceitação do sujeito pelos membros do grupo social da empresa (THIERS, S. *Teoria e técnica Ramain-Thiers*. Caderno 4. Rio de Janeiro: CESIR, 1993).

Através das sessões de psicomotricidade diferenciada, trabalho corporal e dos momentos de verbalização, buscaremos resgatar a participação ativa do funcionário, com a quebra de automatismos e o aumento da capacidade de reflexão.

O ATENDIMENTO

Uma vez definido o compromisso com a empresa, algumas providências são tomadas, a fim de que se conheçam questões pertinentes ao grupo que será atendido:

a) Entrevistas com a direção da empresa e chefia de setor, para identificar a política empresarial, as necessidades da empresa e as expectativas de trabalho.

b) Entrevistas com os funcionários, para saber quais são suas necessidades:
   • Necessidades básicas;
   • Necessidades de segurança;
   • Necessidades sociais.
   ⇒ Quais estão sendo as suas necessidades no grupo.
   ⇒ Quais são as suas expectativas frente a este tipo de trabalho a ser desenvolvido.
   ⇒ Descrição de cargo em função dos membros do grupo.

c) Avaliação diagnóstica e prognóstico empresarial. Escolha do Programa a ser desenvolvido.

d) Apresentação à empresa da proposta de trabalho. (THIERS, S.*Teoria e técnica Ramain-Thiers*. Caderno 4. Rio de Janeiro: CESIR, 1993).

Citaremos, a seguir, o exemplo de um grupo atendido dentro das técnicas do Ramain-Thiers Empresa. Trata-se de um grupo onde os participantes já trabalhavam juntos há muitos anos, e alguns já estavam próximos da aposentadoria. Haviam testemunhado entre si horas amargas e felizes (casamentos, nascimento de filhos, separações, falecimento de familiares).

O trabalho foi solicitado pelo fato de a relação interpessoal haver-se deteriorado no grupo. Agressões, indiferença, desapontamento eram agora o que se apresentava entre os funcionários.

Em reunião com os funcionários, prestamos esclarecimentos sobre a técnica, onde os materiais a serem utilizados eram os que mais provocavam a resistência do grupo, acostumado com os treinamentos tradicionais.

Através das entrevistas com a direção e com os funcionários, fizemos o levantamento das necessidades do grupo, que era fortemente atingido pela verticalidade da política de demissões do governo. Em resumo, se na Empresa iriam ocorrer cortes, cada funcionário temia por seu emprego, e cada colega tornou-se um inimigo, disputando a permanência no cargo. Acusações de incompetência e falhas apontadas a toda hora eram recursos utilizados para justificar a saída do outro. Foram incluídos no grupo dois jovens estagiários.

Diante das questões trazidas pelo grupo, apresentamos à empresa uma proposta de trabalho em três módulos, sendo o primeiro um módulo de sensibilização.

O programa Ramain-Thiers para grupos de Sensibilização é apresentado por Thiers (THIERS, S.*Teoria e técnica Ramain-Thiers*. Caderno 4, Rio de Janeiro: CESIR, 1993) com os seguintes objetivos:

- Sensibilizar os participantes para a importância do seu papel como educador, executivo e para a correlação direta entre os traços de sua personalidade e seu desempenho profissional;
- Oferecer situações vivenciais Ramain-Thiers que favoreçam aspectos de sua dinâmica interpessoal em diferentes papéis: o de liderança, o de membro de uma equipe no contexto organizacional;
- Oferecer textos para leitura reflexiva e conclusiva em grupo, e
- Oferecer espaço de discussão no grupo.

A carga horária disponível foi dividida em cinco dias, e organizamos propostas de trabalho corporal, psicomotricidade diferenciada e momentos de verbalização que se adequavam à realidade do grupo e aos objetivos da sensibilização.

Durante o decorrer do trabalho, pudemos constatar as mudanças relativas à percepção, quando os participantes, de modo geral, passaram a ter *insights* dentro das atividades que executavam, ampliando a capacidade de pensar.

As mudanças no comportamento surgiram de modo espontâneo, a partir da reflexão, com maior flexibilidade para lidar com erros, acertos e aceitar-se como pessoas.

Mudanças na produção foram consolidadas com a descoberta do outro, durante propostas de integração. A consciência da sua contribuição no produto final da empresa e a valorização desta participação foram os principais aspectos que cooperaram para tal mudança.

Mudanças na disponibilidade surgiram, por se sentirem importantes em suas atividades, aumentando assim o investimento pessoal no trabalho executado.

Sendo a atitude um somatório de aspectos corporais e mentais frente à ação, pudemos confirmar que os participantes deste grupo de sensibilização alcançaram suas metas. (Anexos 18 e 19)

Algumas questões vistas no grupo:

- A característica de não cumprir horários foi pensada na relação com a autoridade. As origens deste comportamento remetiam a questões pessoais que interferiam no ambiente de trabalho.
- A desorganização com o trabalho, a mesa sempre cheia de papéis misturados e a dificuldade em atender a prazos apareceram no setting, através do emaranhar-se com as linhas de bordar e puderam ser refletidas.
- Atividades de entrelaçamento e encaixe promoveram descobertas entre líderes naturais que se hostilizavam. – Depois de 20 anos trabalhando no mesmo ambiente, estamos finalmente nos conhecendo e trabalhando juntos.
- Um dos estagiários verbalizou o sentimento de insegurança que, em geral, o acompanhava na relação com os colegas de trabalho e que pôde, a partir das vivências Ramain-Thiers, perceber-se incluído de modo produtivo, no grupo e na empresa.
- Os participantes conseguiram reencontrar-se enquanto grupo, onde

a interferência vertical do momento econômico não deveria agir separando-os ou jogando-os uns contra os outros. Ao contrário, a amizade e o apoio entre si amenizavam estes momentos de insegurança.
- Ficou combinada a continuidade do trabalho com dois módulos restantes, onde seria necessário um atendimento especialmente organizado para alguns membros da empresa (adeptos dos treinamentos tradicionais) que não haviam participado deste primeiro módulo e estavam desejosos de participarem dos demais, visto que se rendiam às mudanças nas relações pessoais e na produtividade que testemunhavam.

CONCLUSÕES

Cabe ao Terapeuta Ramain-Thiers, durante o trabalho com a empresa, facilitar o caminho para o resgate da autonomia. A descoberta da própria capacidade torna o sujeito desejante, pronto para entrar em contato com suas faltas e buscar superá-las.

BIBLIOGRAFIA

THIERS, S. *Orientador terapêutico Thiers para crianças-CR*. 1.ª ed., Rio de Janeiro: CESIR, Biblioteca Nacional, reg. n. 75.307, 1992.
_____. *Orientador terapêutico Thiers para adolescentes-AD*. 1.ª ed., Rio de Janeiro: CESIR, Biblioteca Nacional, reg. n. 79.695, 1992.
_____. *Sociopsicomotricidade Ramain-Thiers – Uma leitura emocional, corporal e social*. São Paulo: Casa do Psicólogo, 2.ª ed. 1998.
_____. *Teoria e técnica Ramain-Thiers*. 1.ª ed., Caderno 4, Rio de Janeiro: CESIR, 1993.

3

Programa de Assistência Global

(GRUPO P – SÃO PAULO)
COORDENAÇÃO: ANA LÚCIA LOBO* E BEATRIZ MAZZOLINI**

Sociopsicomotricistas: HELOISA R. MUNERATTI, HENRIQUETA BRUNORO,
KARINA CODEÇO BARONE E MARIA LÚCIA GOMES.

APRESENTAÇÃO DE CASOS CLÍNICOS

A) FRAGMENTO DE UM ATENDIMENTO INDIVIDUAL EM RAMAIN-THIERS: A QUEIXA ESCOLAR COMO SINTOMA

KARINA CODEÇO BARONE***

Esse trabalho refere-se ao atendimento individual em Sociopsicomotricidade Ramain-Thiers de uma menina de nove anos de idade, encaminhada pela escola com um distúrbio de aprendizagem. Chamála-ei Helena.

A queixa inicialmente trazida por sua mãe é a de que, reproduzindo suas palavras, a única dificuldade é nas contas: Helena não percebe os sinais. Ela é uma criança normal, que não apresenta nenhum

---

* Psicóloga, Coordenadora do Núcleo Ramain-Thiers da cidade de São Paulo, Terapeuta de formação Ramain-Thiers.

** Psicóloga, Supervisora do Núcleo Ramain-Thiers da cidade de São Paulo, Mestranda em Psicologia Escolar no Instituto de Psicologia da USP.

*** Psicóloga pelo Instituto de Psicologia da Universidade de São Paulo, Sociopsicomotricista Ramain-Thiers, Supervisora do Núcleo Ramain-Thiers de São Paulo-SP.

tipo de dificuldade evidente, é pouco autoritária, é alegre, enfim, é como qualquer criança.

O pai não comparece à entrevista, embora sua presença tenha sido solicitada, a mãe alega que ele está trabalhando. Quando questiono a mãe sobre sua opinião a respeito de se realizar um trabalho terapêutico, ela relata não poder opinar, atribuindo à professora o encaminhamento e a mim a decisão de iniciar o tratamento. Afirmo que a opinião da família também tem importância, mas ela argumenta que essa decisão cabe unicamente ao profissional. Menciono a necessidade de realizar uma avaliação com o intuito de averiguar a pertinência de um trabalho terapêutico.

A avaliação de Helena configura-se por um período curto de atendimento, no qual posso constatar o seguinte: motricidade adequada à idade (avaliada segundo um exame psicomotor); imaturidade emocional (avaliada segundo a técnica de Walter Trinca do Desenho Livre com história); capacidade cognitiva adequada (avaliada de uma forma generalizada pelos raciocínios empregados por Helena na construção das histórias).

Converso com Helena a respeito de suas dificuldades. Ela relata a mesma queixa trazida por sua mãe, e diz que eu posso ajudá-la treinando-a em contas. Eu esclareço que meu trabalho não é realizado assim, e explico-lhe o papel de terapeuta.

Após a realização da avaliação, converso com a mãe de Helena novamente sobre a pertinência da realização do trabalho terapêutico. Eu me encontro mais instrumentalizada para propor o trabalho a partir do que constato na avaliação. A mãe traz novamente a expectativa de que a decisão seja apenas minha; eu reafirmo a importância de que a responsabilidade seja compartilhada entre todos: a terapeuta, a criança e sua família. A mãe confessa preferir que Helena inicie o trabalho, acrescentando que ela é muito distraída na escola, e que isso pode estar prejudicando-lhe.

As sessões de Sociopsicomotricidade Ramain-Thiers são iniciadas. O relacionamento de Helena comigo caracterizasse pelo fato de ela atribuir a mim muitas qualidades. Essa postura de Helena é acompanhada por outra autoritária. É freqüente a atitude de repetir uma instrução fornecida por mim, modificando-a segundo seu desejo, como, por exemplo, quando lhe forneço uma bola para o trabalho corporal, e Helena diz em voz alta: agora pegue um bambolê, dirigindo-se ao local onde fica esse material; e passa a trabalhar com ele. Respeito essa escolha. Na verbalização, pontuo a existência de diferenças entre o que

Programa de Assistência Global
(Grupo P – São Paulo)

eu digo e o que ela realiza. Nessa época, percebo a singularidade da relação que ela estabelece comigo: predomina um tipo de manipulação, acompanhada de intensa apreciação como uma forma de sedução com intuito de manter-se no controle. Verifico que Helena repete o ato de entrar e sair do bambolê, durante o trabalho corporal, e na aproximação do término da sessão, quando Helena novamente se dirige ao material. Acredito que é uma forma de lidar com a angústia suscitada pela nossa separação, que escapa ao seu controle, dado o estabelecimento da combinação dos nossos encontros. Com essa atitude, Helena fantasia controlar ativamente a entrada e a saída.

Helena apresenta dificuldade em entrar em contato com uma realidade que difere de seu desejo. Essa atitude é presente num momento de realizar uma correção por intermédio da troca de lápis. Helena manifesta surpresa em não poder usar borracha, por mais que essa instrução seja explícita desde o início. Uma outra forma de Helena lidar com isso caracteriza-se por, a partir de um erro, manter a troca contínua das cores, exclamando: Ficou lindo! Dessa forma, seu erro fica maquiado por esse uso indiscriminado das cores.

Em uma proposta do conjunto Motivos Simétricos (CR 10-2), Helena manifesta dificuldade em unir duas partes, concluindo que isso apenas pode ser feito pelo traçado de uma linha que interligue ambas. E assim é realizada a proposta. No momento de realizar a colagem, Helena percebe outra forma de integração. O todo é formado pela união de partes cindidas. (Anexo 20).

Em uma atividade livre, forneço à Helena vários materiais que podem ser utilizados como ela quiser na construção de um painel. Helena inicia, desenhando algumas nuvens com chuva e ventos, típicos de tempestade. Depois, recorta apenas as nuvens, deixando a chuva e os ventos na folha. Essas nuvens são coladas em outra folha, na qual Helena acrescenta um sol, grama e uma casa. O resultado final é um dia de sol, que nada lembra o início tempestuoso de sua produção. Helena pega as sobras de papel e joga no lixo. É possível notar a cisão entre elementos bons e maus, culminando na manifestação do bom, à custa da eliminação do mau. Após terminar a sua produção, Helena disse-me que vai levá-la para sua casa, e pergunta se pode fazer isso. Eu reafirmo o que combinamos no início, a respeito de todas as suas produções serem guardadas em sua pasta, que fica comigo. Ela permanece insistindo, alega que quer mostrar para o seu pai, pois ele quer saber o que ela faz comigo. Respondo que ela pode contar o que fazemos, sem que seja preciso levar o trabalho. Helena continua insistindo, acrescentando que eu havia permitido. Pontuo que é difícil perceber a diferença entre o que ela deseja e o que eu digo. Ela nada responde e, ao final da sessão, leva consigo sua produção.

Em outra sessão, proponho à Helena a realização de outra proposta do conjunto Motivos Simétricos (CR -10/1). Helena realiza a proposta, decalcando todas as partes, exprime a dificuldade em uni-las e alega que isso só pode ser feito pelo traçado de uma linha que interligue as figuras e, desse modo, finaliza a proposta (Anexo 21). Nesse momento, Helena dirige-se ao quadro-negro e começa a realizar a cópia das partes das figuras no quadro-negro, procurando uma forma de realizar a integração. No início, isso não é obtido; Helena pede-me um apagador, eu digo que não tenho. Ela diz para eu esperar, sai da sala, e volta instantes depois com alguns lenços de papel. Apaga seu desenho com a utilização dos lenços. Volta a desenhar, cometendo o mesmo erro, que é também apagado por ela. Eu pontuo a importância do erro, que, ao marcar o caminho escolhido, pode sugerir que seja escolhido outro que não incorra no mesmo engano, e, portanto, tem papel importante na construção do que é considerado correto. Helena nada diz.

Ao final, Helena faz cópia de três das quatro figuras, manifesta dificuldade em realizar a quarta, abandona a proposta, dizendo que já terminara. Em seguida, apaga toda a lousa, dizendo que agora vamos fazer outra coisa, volta a escrever no quadro-negro: Separe as sílabas...

A integração das partes da figura na folha de papel não é possível à Helena. É apenas apagando suas primeiras produções que ela realiza a proposta. A dificuldade em lidar com essa integração é confirmada pela seqüência dada por Helena à sessão, ao escrever no quadro-negro: Separe as sílabas.

A queixa trazida pela mãe de Helena refere-se a um conteúdo escolar. Inicialmente, questiono a necessidade da realização do trabalho terapêutico, acreditando que uma dificuldade com contas pode ser eliminada com um reforço escolar. Entretanto, a avaliação de Helena e seu processo terapêutico trazem elementos para compreender tais dificuldades como associadas a seu próprio funcionamento psíquico. E, portanto, a intervenção mais adequada refere-se ao método Sociopsicomotricidade Ramain-Thiers, dada a sua função terapêutica.

Sobressai-se, na produção de Helena, a dificuldade em integrar de maneira adequada as partes dos objetos. É presente também a dificuldade no contato com a realidade, promovida pela frustração insuportável de perceber que a mesma não corresponde ao que ela deseja.

A possibilidade de lidar com ambos os aspectos supõe uma maturidade egóica que parece não estar presente em Helena. Cabe ao ambiente fornecer sustentação adequada, para que o desenvolvimento egóico se dê. Essa sustentação inclui tanto a satisfação das necessidades, quanto a implantação de limites. A característica autoritária de Helena sugere certa inadequação de seu ambiente, que não pôde propiciar a instalação de limites.

Na entrevista com a mãe de Helena a inadequação ambiental é traduzida tanto pela dificuldade dela de mencionar as particularidades de sua filha, afirmando que ela é como qualquer criança (sic), quanto pelo fato de a mãe delegar a responsabilidade do atendimento apenas à terapeuta, ficando impossibilitada de colocar-se como uma figura que forneça sustentação à queixa de sua filha, partilhando a responsabilidade do atendimento.

Encontra-se presente grande dose de ambigüidade na participação paterna, pois seu envolvimento é muito pequeno, mas a idéia trazida por Helena remete-se à intensa expectativa que ele tem do atendimento.

O ambiente familiar de Helena, por caracterizar-se como enfraquecido e ambíguo, atua de maneira permissiva, e permite à Helena colocar-se de maneira autoritária. Helena, portanto, tem maior dificuldade em adequar-se aos limites estabelecidos pela escola, e a resultante é a queda no seu rendimento.

No setting terapêutico, a dificuldade em lidar com o limite estabelecido pela realidade também aparece: ao efetuar uma correção por intermédio da troca do lápis, Helena atua com intuito de não entrar em contato com a frustração de seu erro; em outros momentos, indiferencia-se a mim, ditando outra instrução que corresponde ao que deseja, como se a separação entre a minha fala e a dela desaparecesse.

Thiers (1992) afirma, no embasamento teórico do conjunto Motivos Simétricos, a idéia de que as propostas de simetria mobilizam emocionalmente a integração de pares antagônicos, tais como: bom e mau, interioridade e exterioridade, atividade e passividade. Tais vivências referem-se à fase anal do desenvolvimento psicossexual, na qual a criança vê-se às voltas com questões acerca das divergências existentes entre seu desejo e a realidade. A maturidade egóica contribui para a crescente percepção de que o mundo externo não corresponde às próprias fantasias, promovendo que as realizações alucinatórias de desejo, próprias da fase oral, tenham de ser abandonadas, privilegiando um contato mais próximo com a realidade. A castração simbólica, oriunda da percepção da diferença entre a realidade e o desejo, parece ser insuportável à Helena, promovendo a atuação de defesas onipotentes com o intuito de prevalecer seu próprio desejo.

A dificuldade de integração pode evidenciar que o senso de identidade ainda não se encontra instaurado solidamente, e que o eu ainda não se encontra devidamente desenvolvido.

Winnicott (1963), em seu artigo intitulado Moral e Educação, traz importante contribuição ao presente caso, ao afirmar que o modo como se deu a maturação do eu interfere no aprendizado dos conteúdos escolares; segundo ele:

> Educação em termos do ensino da aritmética tem de aguardar por aquele grau de integração pessoal da criança que torna o conceito de um significativo, e também a idéia contida no pronome da primeira pessoa do singular. A criança que conhece o sentimento do EU SOU, e que pode carregá-lo sabe sobre um e então, logo a seguir, quer que lhe ensinem adição, subtração e multiplicação. (WINNICOTT, 1963, p. 94).

No mesmo artigo, Winnicott salienta ainda a importância do ambiente como impulsionador do processo maturativo da criança, quando afirma que:

> há mais para se ganhar do amor do que da educação. Amor aqui significa a totalidade do cuidado com o lactente ou criança, que favorece o processo maturativo. Isto inclui ódio. Educação significa sanções e a implantação dos valores sociais ou dos pais à parte do crescimento e amadurecimento próprios da criança. (WINNICOTT, 1963, p. 94).

Penso que a necessidade de Helena é a de uma prática de intervenção que se relacione com o amor; ou seja, uma forma terapêutica na qual possa ser estabelecida uma relação que potencialize seu amadurecimento. Que inclua delimitações definidas e que auxilie a lidar com as frustrações, retirando a paralisação em que ela atualmente se encontra. Sem, no entanto, configurar-se como uma prática educacional que impõe sanções com o intuito de obter forçosamente o aprendizado de determinados conteúdos. Acredito que o método Ramain-Thiers possa possibilitar a criação desse espaço fecundo ao crescimento de Helena, por não impor o modo correto ou mesmo nenhum tipo de reeducação, mas por possibilitar um setting no qual Helena pode trilhar o caminho de seu amadurecimento, passando a apropriar-se de maneira adequada de suas potencialidades.

B) TRABALHO RAMAIN-THIERS COM UM GRUPO DE CRIANÇAS

HENRIQUETA FERREIRA BRUNORO*
E MARIA LUCIA GOMES**

Vou falar a respeito do trabalho Ramain-Thiers com um grupo de crianças, atendidas dentro do projeto.

Em outubro de 1995, este grupo começa a ser atendido por mim, Kitty, e por Maria Lúcia Gomes e, até o momento, estamos trabalhando em co-terapia no atendimento a estas crianças. De modo que todas as considerações por mim aqui apresentadas referem-se ao nosso trabalho terapêutico.

Após a triagem realizada pela Coordenação, conversamos com os pais que, de certa forma, ratificam a queixa apresentada pela escola.

Realizamos, então, a anamnese, seguida do período da avaliação, composto dos seguintes momentos:

1) Entrevista com a criança;
2) Hora livre;
3) Atividades que nos possam dar uma noção das condições cognitivas e afetivas da criança no momento. Foram várias atividades, distribuídas em 5 sessões de atendimento individualizado.

Depois destas atividades, montamos um grupo, inicialmente composto por cinco elementos, sendo três meninos e duas meninas, na faixa etária de dez a doze anos, alunos de 2.ª a 4.ª série do primeiro grau. Forma-se, portanto, um grupo heterogêneo quanto ao sexo, à série escolar, à idade cronológica, mas que guarda características de similaridade nos aspectos de nível socioeconômico, nível cultural, ambiente escolar, período de aula e experiências. Observamos que,

---

* Pedagoga, Sociopsicomotricista Ramain-Thiers.
** Pedagoga, Especialista em Psicopedagogia, Sociopsicomotricista Ramain-Thiers.

embora pertencentes a diferentes séries escolares, as crianças não apresentam significativas diferenças em termos de conteúdos acadêmicos assimilados e, sobretudo, em termos de seu desenvolvimento emocional.

Apresentamos uma breve descrição de cada um dos cinco elementos deste grupo inicial, e dizemos breve, já que nosso intuito é falar mais da dinâmica do grupo, do que do conteúdo emocional individual. Os elementos são:

ANA. 10 anos, 2.ª série do 1.º grau. Filha caçula, tem irmãos e sobrinhos bem mais velhos. É uma menina bastante segura de suas ações, em relação às demais; em alguns momentos, destaca-se pela forma como assume a iniciativa, sendo que nestes é seguida principalmente pela outra menina. Essa liderança ocorre como conseqüência da rapidez com que decide agir, ao aceitar as propostas de trabalho corporal e atividade diferenciada, revelando uma atitude de grande competitividade. Contrastando com esta impulsividade, nos momentos de verbalização, mostra-se exaurida de todas as suas forças. Na maior parte do tempo, Ana revela comportamentos sexualizados, especificamente com relação a José Carlos que, por sua vez, dá continuidade às brincadeiras de toques, beliscões e provocações verbais.

CECÍLIA. 11 anos, 3.ª série do 1.º grau. Apresenta um desenvolvimento físico superior à sua idade cronológica e, paradoxalmente, desenvolvimento socioafetivo aquém da mesma. Bastante insegura, na maior parte do tempo, opta por adotar Ana como modelo e líder. São poucas as vezes em que observamos uma atitude mais espontânea de sua parte, principalmente nas atividades corporais e diferenciadas. Em compensação, nas verbalizações, por não suportar o silêncio, é a primeira a falar. Nesta fala, pode-se observar que também repete algum modelo externo, já que se utiliza de frases feitas que, na verdade, não expressam opiniões ou sentimentos próprios, restringindo-se a preencher a lacuna então deixada pelo grupo. Sua postura física, seus gestos delicados, a preocupação com sua aparência, fazem denotar uma consciência e tentativa de controle dos aspectos inerentes à sua sexualidade já aflorada.

EDVALDO. 11 anos, 3.ª série do 1.º grau. Extremamente tímido e inseguro, não consegue, em momento algum, realizar as atividades propostas, tanto por falta de compreensão das mesmas, quanto de recursos internos que promovam alguma resposta adequada. Sua postura corporal revela impermeabilidade interna à realidade que o

PROGRAMA DE ASSISTÊNCIA GLOBAL
(GRUPO P – SÃO PAULO)

243

cerca. Usa o riso como fuga e o olhar para pinçar furtivamente, das outras crianças, qualquer modelo que ele possa, ainda que precariamente, reproduzir. Mesmo essa iniciativa, se é que assim podemos chamar, não é bem-sucedida, pela inexistência de uma condição interna que garanta o sentido do que deva ser feito; por isso mesmo, qualquer atividade serve para disfarçar este alheamento. Por todo o seu modo de agir, verbalizar e acompanhar o grupo, concluímos que se trata de uma criança, cujas características encontram-se aquém das esperadas, para a sua faixa etária.

FREDERICO. 13 anos, freqüenta a 4.ª série do 1.º grau. É uma criança bastante sociável. Tímido, diante das atividades que solicitem a verbalização, parece temer que o ouvinte perceba sua dificuldade em falar, pelo fato de trocar letras. Isto, muitas vezes, passa despercebido, pelo tanto que Frederico sintetiza o que irá dizer, falando baixo ou rápido, o suficiente para confundir seu interlocutor, com relação a este problema. Participa bem de todas as atividades propostas, com alegria e determinação. Forma parceria bastante atuante e dinâmica com José Carlos. Infelizmente, porém, sua freqüência às sessões é muito irregular.

JOSÉ CARLOS. 11 anos, freqüenta a 4.ª série do 1.º grau. Bastante ativo nas propostas, o que mais chama a atenção em sua pessoa é sua determinação frente aos desafios e, sobretudo, sua criatividade. Geralmente bem-humorado, aceita relacionar-se com todos, sem, no entanto, alterar seu movimento e seu equilíbrio. Passa grande parte do tempo brincando com Ana, conforme já foi citado, e parece estabelecer com ela um clima de amistosa competitividade. Muitas vezes, é solicitado pelos companheiros, para ensiná-los a manejar adequadamente o instrumental que se encontra à disposição de todos, fato que deixa transparecer sua autoconfiança e orgulho. Apesar de seu comportamento aparentemente tão seguro, constatamos que José Carlos omite informações quanto à ausência de seu pai em sua vida, e resolve a questão afirmando que o mesmo se encontra trabalhando em lugares distantes.

Podemos, então, definir como perfil do grupo, de modo geral, ativo, pela disposição que todos apresentam para o trabalho, e, também, pela receptividade, porque há sempre um envolvimento. Em nenhum momento, recusam-se a fazer o trabalho corporal, ou a proposta diferenciada, ou a verbalização. É um grupo alegre, participativo. Há diferenças entre os elementos, mas não ocorre uma atitude de desrespeito ou impaciência entre eles; há um saber da condição de cada um,

244

COMPARTILHAR EM TERAPIA
SELEÇÕES EM RAMAIN-THIERS

aceitam o modo de participação de cada companheiro, com suas dificuldades, seus erros, suas falhas, seus acertos e suas facilidades.

Uma vez que temos uma noção do grupo, vamos falar sobre o desenvolvimento do trabalho.

Utilizamos o Orientador Terapêutico Thiers para Crianças-CR, e por quê? Pelas avaliações e durante a montagem do grupo, observamos que esses garotos, por uma influência do aspecto social, em particular, possuem experiências mais restritas, evidenciando a força da condição social na relação: maior comprometimento – menores recursos. Então, embora já estejam na idade mais próxima à pré-adolescência, não apresentam condições de lidar com as propostas do Orientador Terapêutico Thiers para Adolescentes-AD. Reforçando essa nossa idéia, as crianças demonstram necessitar, no sentido afetivo, de uma atitude mais acolhedora, de um espaço mais continente e, no aspecto sociopsicomotor, da introdução de certos conceitos imprescindíveis para a realização das propostas Ramain-Thiers, como, por exemplo, os conceitos: figuras geométricas, ângulos, simetria, textura, transposição e, até mesmo, clipes, pasta e outros.

Pedimos, a princípio, que cada criança confeccione sua própria pasta, introduzindo a idéia de que terão diversos trabalhos, que serão guardados como registro da história de cada um, no grupo. Por ser o primeiro trabalho, interessa-nos observar o tipo de atitude que individualmente têm. Numa situação de já deparar com o desempenho dos outros elementos, queremos aquilatar o grau de iniciativa, de criatividade de cada um e, principalmente, conhecer as condições de resolução, diante de um desafio. Isso, efetivamente, acontece. Cada qual resolve de maneira diferente.

Há, desde esse primeiro trabalho, a verbalização através da qual, constatamos a compreensão do respeito ao trabalho e do vínculo de cada um dos elementos e, inclusive, das terapeutas para com o grupo como um todo.

A seguir, temos atividades semidiretivas, tanto individuais, quanto em grupo. A primeira atividade em grupo é a construção de uma maquete, cujo tema, escolhido pelo próprio grupo, é um shopping center (Anexo 22).

Neste momento, observamos o nível de liderança, de participação, de criatividade, de planejamento prévio e, sobretudo, sentimos que se firma o vínculo já esboçado nas propostas de trabalho corporal e nas verbalizações.

Depreendemos que a fase psicossexual predominante no grupo é a fase anal e é assim que, gradativamente, vamos apresentando diferentes propostas, numa progressão de dente de serra, que nos permite acompanhar a evolução, em termos de produto e de conteúdo interno mobilizado.

Com relação ao Trabalho Corporal, observamos uma sensível evolução, porque, a princípio, as crianças se restringem ao espaço central da sala, no qual seguem em fila indiana, revelando certa falta de criatividade e a necessidade de um modelo, numa contenção de seu potencial criativo. Assim, o movimento corporal de cada um é restrito, contido, acanhado, revelando a falta de uma atenção interiorizada. Somente aos poucos é que vão adquirindo certa autonomia, uma soltura física e emocional, denotando a possibilidade de concentração no ato, uma descoberta do próprio corpo, do espaço e, até mesmo, do ar respirado.

Aproximamos-nos do final do ano e, dado o desempenho apresentado pelo grupo, temos condições de avaliar o trabalho até então desenvolvido.

Concluímos que Edvaldo será mais beneficiado, se puder ser atendido individualmente, já que necessita de uma atenção mais específica, de um tempo diferente do exigido pelo grupo. Conversamos, inicialmente, com ele, que mostra compreender e aceitar a idéia. A seguir, conversamos com o grupo, que apresenta a mesma reação de Edvaldo e, mais, demonstram entender o afastamento como temporário, o que ameniza a sensação de separação que nos preocupa. Podemos, então, expor estas considerações ao pai de Edvaldo, cuja resposta é também positiva.

Fazemos uma última reunião com todos os pais, a fim de atualizá-los acerca do período trabalhado. Afastamos-nos para as férias, aguardando definições, já que a rede pública está implantando modificações em sua estrutura.

No início do ano letivo, tentamos entrar em contato com cada um deles e, lamentavelmente, não poderemos contar com o retorno de José Carlos e Frederico, que passam a trabalhar no período contrário ao de aula.

Assim, retomamos nosso trabalho em Ramain-Thiers com Ana e Cecília. É patente a decepção e tristeza de nossas meninas! Mas as duas se reestruturam com as mesmas características de respeito, de vínculo e, aos poucos, o trabalho vai se reenriquecendo e ganhando novas facetas com a conscientização do sentimento de perda, sentimento este concretizado, então, tanto pela alteração do grupo, como pela realidade imposta pela chegada da adolescência, cada vez mais presente nos gestos, no corpo, nos pensamentos de cada uma. Muitas são as falas que trazem a tristeza pela perda da infância, numa postura quase nostálgica, que nos remete para perdas mais significativas. No caso de Cecília, por exemplo, a perda da mãe, que tem sido constantemente trazida, até o momento.

Ocorre, então, a entrada de um novo elemento no grupo: Leonardo, garoto de dez anos e meio, da 3.ª série, cuja queixa inicial da escola é a do baixo rendimento escolar no ano passado, em decorrência de um distúrbio auditivo. Com relação a este problema, sua mãe relata que, desde pequeno, Leonardo precisa de cuidados especiais, pois, por causa de sérias infecções, tem uma perfuração do tímpano, o que sugere a necessidade de uma intervenção cirúrgica, solução que, agora, já não mais parece muito aceita pelo médico, que acredita ser melhor tentar o uso de aparelho. Ocorre que, quando Leonardo se encontra mais resfriado ou indisposto, diz ouvir menos e parece-nos que isto é real. Acreditamos ser ainda necessário observar se não há também uma causa emocional, reforçando o sintoma.

Leonardo é, fisicamente, de estatura menor do que o normal para sua idade e possui uma aparência frágil, que não confere com sua atitude e postura dentro do grupo. Ele participa com interesse; seus comentários são pertinentes e têm profundidade, o que está imprimindo um novo ritmo e sentido para o grupo. Isto é interessante, pois, apesar de marcar sua presença, ele respeita o modo de agir e os limites do outro; questiona, dialoga, opina e sugere. Além do mais, devemos levar em conta que o fato de ser uma presença masculina traz um novo colorido para as dinâmicas do grupo. (Anexo 23).

c) Caso clínico: a transição de um atendimento Ramain-Thiers grupal para o individual

HELOISA R. MUNERATTI*

Falo sobre Edvaldo, 11 anos, 4.ª série do 1.º grau. Fez parte do grupo da Kitty e da Maria Lúcia. Edvaldo é encaminhado a mim a fim de realizarmos um atendimento individual.

Já conhecia Edvaldo e sua família, quando da entrevista com os pais e da avaliação psicológica.

Ao saber que iria novamente trabalhar com ele, procurei entrar em contato com seus desenhos, testes e reler também a anamnese. Pude, então, rememorar o tímido e retraído Edvaldo: meu primeiro contato com ele, durante a observação lúdica, seus movimentos lentos e vagarosos, seu olhar desconfiado, sempre amedrontado; o cuidado com que escolhia um brinquedo, os sustos, quando alguns deles (brinquedos) caíam ou escorregavam; seu andar lento e desequilibrado, o corpo curvado para a frente, a cabeça baixa, os ombros caídos; a falta de criatividade no brincar, somente dois brinquedos foram escolhidos (um livro de história e miniprodutos de supermercado) e alternados no brincar por um longo tempo. Nenhum outro brinquedo foi escolhido até o final da sessão.

No desenho livre, sobressai a falta de organização gestáltica. Os desenhos não se integram em uma idéia diretriz. Os objetos apresentam-se dissociados e desarticulados.

As figuras humanas desvitalizadas, esvaziadas e com aparência de espantalhos, numa tentativa de desenhar os dedos das mãos. (Anexo 24).

A árvore desenhada no canto superior esquerdo da folha dá-nos a impressão de intenso isolamento, desequilíbrio e queda.

A casa é rudimentar, empobrecida e não concluída, deixando transparecer sua criatividade limitada.

Este é Edvaldo, com suas dificuldades, seus medos e sua maneira retraída e amedrontada de ser, que eu havia conhecido e encaminhado para um trabalho em grupo.

Ao receber sua pasta com os trabalhos realizados, no período em que integrou o grupo, tive uma visão mais atualizada de seu desempenho.

---

* Psicóloga, Sociopsicomotricista Ramain-Thiers, Supervisora do Núcleo Ramain-Thiers de São Paulo-SP.

Nos trabalhos em grupo, observei que a execução se apresentou completamente desvinculada do modelo, como, por exemplo: CR04/07 (banana).

Notei que Edvaldo apresenta dificuldades na organização grafo-perceptiva-motora de espaço. Os desenhos apresentam repetição de traços, desconfigurando a proposta. Notem também sua dificuldade em assimilar um aspecto, uma propriedade do objeto.

Principalmente no CR 04/06 (tartaruga), demonstra uma percepção atípica, ao copiar a figura proposta.

Vejo, nesse trabalho de simetria, CR10/01 (Anexo 25), que Edvaldo tem dificuldade no desenvolvimento da organização espacial, da lateralidade e da capacidade analítico-sintética. Percebi, também, uma incapacidade de integração, citando Thiers:

A nível emocional, este conjunto mobiliza integração, e a prática já comprovou que são negados e, ainda, com a integração passividade-atividade da bissexualidade. (THIERS, S. *Orientador terapêutico Thiers para Crianças-CR*. CR/10 Motivos Simétricos. Rio de Janeiro: CESIR, 1992).

Em fevereiro, entrei em contato com a mãe de Edvaldo, para iniciarmos o atendimento, mas, devido às reformulações na rede pública de ensino, a mãe não soube informar o período em que Edvaldo freqüentaria as aulas, e não pudemos marcar um horário.

Aguardei por algumas semanas e, como não houve retorno, entrei novamente em contato com a família. Fiquei sabendo que Edvaldo já estava em atendimento na Colméia e que participa de um trabalho em grupo do projeto de Pedagogia oferecido pela instituição.

O que havia acontecido foi a grande pergunta, pois as terapeutas Kitty e Maria Lúcia, ao encerrarem as atividades em dezembro de 1995, conversaram com a criança e com o pai e informaram que Edvaldo seria encaminhado para um atendimento individual, e eu mesma, Heloisa, havia entrado em contato com a mãe poucas semanas antes.

Ainda procurando uma resposta, descobri que a secretária, também chamada Heloisa, havia recebido o telefonema da mãe e, por um mal-entendido, inscreveu Edvaldo no projeto de reforço escolar.

Procurei a coordenação do projeto que, por sua vez, me colocou em contato com a Pedagoga que o atendia. Fiquei surpresa ao saber que ela também estava à minha procura. Seu trabalho com Edvaldo não fluía como o esperado, e os pais dele também haviam pedido seu retorno ao atendimento anterior, pois Edvaldo recusava-se a participar daquele grupo e estava mais retraído, embora mais agressivo.

Por parte da pedagoga, fiquei sabendo que a presença de Edvaldo no grupo comprometia o desenvolvimento dos trabalhos, pelo tipo de comportamento que ele apresenta, como risos compulsivos e falta de assimilação das atividades propostas.

A pedagoga, comunicando-se com os pais de Edvaldo, encerrou seu atendimento.

Marquei, então, uma reunião com os pais de Edvaldo, e, juntos, esclarecemos todos os percalços ocorridos naquele período. Senti um grande interesse e receptividade por parte dos pais, tanto que eles se posicionaram como se não houvesse ocorrido esse lapso de mais ou menos seis meses.

Logo no início da entrevista, grande parte do conteúdo de suas informações referiu-se ao que havíamos conversado no último encontro, quando da entrevista devolutiva. Relatavam como Edvaldo não se adaptou às aulas de reforço escolar, mostrando-se agressivo, muito mais calado e retraído, pedindo sempre para voltar ao atendimento em Ramain-Thiers.

Relataram, também, que a professora da escola os chamava para conversar sobre o comportamento tímido dele, sua pouca compreensão do que estava sendo transmitido e sua produção limitada.

Coloquei aos pais que Edvaldo seria atendido por mim num trabalho individual e que o iniciaria na semana seguinte. Os pais concordaram e também se dispuseram a comparecer mensalmente à Colméia em encontros com toda a família.

Na primeira sessão de terapia individual, aguardei que Edvaldo relatasse alguns dos acontecimentos por ele vividos durante os meses em que havia estado em terapia Ramain-Thiers e no grupo de reforço escolar, mas ele manteve-se calado.

Fiz algumas perguntas, e Edvaldo as respondeu com poucas palavras e com movimentos afirmativos ou negativos de cabeça. Aos poucos, descontraiu-se, mostrando-se mais falante e desinibido.

Relatou sua viagem à praia de Santos com seus primos, os jogos de futebol no sábado de manhã e os jogos de videogame.

Nas atividades semidirigidas, Edvaldo desenvolveu seu trabalho num ritmo vagaroso, perguntando, repetidas vezes, o que precisava recortar, onde deveria colar as figuras, dando a impressão de não ter compreendido as instruções, evidenciando sua falta de atenção, concentração, insegurança e dificuldade em tomar decisões.

Essa rigidez que caracteriza o seu brincar, geralmente utilizada frente às ansiedades muito primitivas, tem também como objetivo conservar os limites, dado que qualquer modificação ou situação nova pode desorganizá-la ou provocar confusão. Esse tipo de defesa empobrece o ego e dá como resultado uma brincadeira monótona e pouco criativa.

Iniciei, assim, meu trabalho individual em Ramain-Thiers com Edvaldo, buscando, no Orientador Terapêutico Thiers para Crianças, as propostas que condizem com a fase de seu desenvolvimento psicossexual, utilizando sempre dente de serra. Acredito, desta forma, trabalhar, concomitantemente, o aspecto social, o psíquico e o motor cognitivo.

BIBLIOGRAFIA

DECHERF, G. *Édipo em grupo: Psicanálise e grupos de crianças*. Trad. De Carlos Eduardo Reais. Porto Alegre: Artes Médicas, 1986.

MANNONI, M. (1965) *A primeira entrevista em psicanálise*. Rio de Janeiro: Campus, 1988.

THIERS, S. *A sociopsicomotricidade Ramain-Thiers*. São Paulo: Casa do Psicólogo, 2.ª ed., 1998.

_____. *Orientador terapêutico Thiers para crianças-CR*. Rio de Janeiro: CESIR, 1992.

_____. *Teoria e técnica Ramain-Thiers*. Vol. 1, 2, 3 e 4. Rio de Janeiro: CESIR, 1992.

WINNICOTT, D. W. (1963). *O ambiente e os processos de maturação – Estudos sobre a teoria do desenvolvimento emocional*. Porto Alegre: Artes Médicas, 1983.

4

A Sociopsicomotricidade Ramain-Thiers contribuindo na recuperação de adolescentes em dependência química

Angela Renner*

O uso de drogas na adolescência não é mais novidade: é epidemia começada desde os anos 60. A diferença é que os jovens de hoje, buscando estados alterados de consciência, são um tanto diferentes daqueles que levaram seus pais a lutar pelo direito de usar drogas.

A juventude anos 60/70 questionava hábitos e conceitos, brigava contra a repressão sexual e todos os preconceitos sociais. A luta era para liberar sexo e drogas, e os efeitos colaterais aconteciam através do elevado índice de doenças sexualmente transmissíveis, gravidez na adolescência e abuso de drogas ilícitas.

Estes mesmos pais hoje se angustiam com os efeitos da liberdade que conquistaram para os seus filhos. E é esta liberdade que facilita inúmeros comportamentos de risco entre os adolescentes e faz crescer índices de mortalidade entre jovens de 15 a 24 anos. Morrem por acidentes, homicídio e suicídios, uso do álcool e/ou drogas ilícitas.

É uma hipocrisia tratar como criminoso um adolescente flagrado com um "baseado". O abuso de drogas na adolescência é um sintoma de uma sociedade em que o jovem está perdendo o seu papel. Percebo

---

* Educadora, Psicomotricista, Sociopsicomotricista Ramain-Thiers, Sócia Fundadora e Titular da Sociedade Brasileira Ramain-Thiers-SBRT, Sócia da Sociedade Brasileira de Psicomotricidade-SBP.

famílias, freqüentemente, desagregadas e pouco atentas aos anseios mais íntimos do adolescente, através de um diálogo real e afetivo em toda a relação de encontros.

É claro que o prazer químico é sedutor à solidão, incerteza e alienação. Formas rígidas para driblar o desencontro familiar.

Os estudantes brasileiros apresentam surpreendente homogeneidade, de norte a sul do país, no tocante ao tipo de substância pricoativa preferida. Dados levantados por diferentes autores em diferentes cidades e em duas pesquisas mais amplas, abrangendo cerca de 47.000 estudantes e 17 cidades do Brasil, em escolas públicas e particulares, apontaram que as drogas mais utilizadas (exceto álcool e tabaco) são, pela ordem, os solventes ou inalantes (17% de escolares já os experimentaram), os ansiolíticos e benzodiazepínicos (7%), as anfetaminas e anorexígenos (4%), a maconha (3,5%), os barbitúricos (2%), os xaropes antitussígenos (1,5%), os anticolinérgicos (1%) e a cocaína (0,7%). Estes números referem-se ao uso na vida, ou seja, aqueles casos em que o estudante utilizou qualquer droga, pelo menos, uma vez na vida.

De acordo com a Organização Mundial de Saúde (OMS), o uso de drogas deve ser classificado em:

- Uso na vida. Quando a pessoa fez uso de qualquer droga, pelo menos uma vez na vida.
- Uso no ano. Quando a pessoa utilizou drogas, pelo menos uma vez nos doze meses que antecederam à consulta.
- Uso no mês ou recente. Quando a pessoa utilizou, pelo menos uma vez nos 30 (trinta) dias que antecedem à consulta.

Uma pessoa só deve ser considerada dependente, se o nível de consumo incorrer em pelo menos três dos seguintes sintomas ou sinais, ao longo dos últimos doze meses antecedentes ao diagnóstico:

- Forte desejo ou compulsão de consumir drogas.
- Consciência subjetiva de dificuldades na capacidade de controlar a ingestão de drogas, em termos de início, término ou nível de consumo.
- Uso de substâncias pricoativas, para atenuar sintomas de abstinência.
- Estado fisiológico de abstinência.
- Evidência de tolerância, necessitando doses crescentes da substância requerida para alcançar os efeitos originalmente produzidos.
- Estreitamento do repertório pessoal de consumo, quando o indivíduo

passa, por exemplo, a consumir drogas em ambientes não propícios a qualquer hora, sem nenhum motivo especial etc.

- Negligência progressiva de prazeres e interesses outros em favor do uso de drogas.
- Persistência no uso de drogas, a despeito de apresentar clara evidência de manifestações danosas.
- Evidência de que o retorno ao uso da substância, após um período de abstinência, leva a uma reinstalação rápida do quadro anterior.

A OMS considera a pessoa com menor possibilidade de utilizar drogas:

- Bem informada;
- Com boa saúde;
- Com qualidade de vida satisfatória;
- Bem integrada na família e sociedade, e
- Com difícil acesso às drogas.

A SOCIOPSICOMOTRICIDADE RAMAIN-THIERS NUMA ABORDAGEM DE EDUCAÇÃO AFETIVA

A abordagem centrada na educação afetiva, numa leitura emocional, corporal e social, visa modificar os fatores desencadeantes que podem predispor ao uso de drogas. Com a Sociopsicomotricidade Ramain-Thiers, propõe-se a desenvolver a auto-estima, a capacidade de lidar com ansiedades e tensões, frustrações e angústias, a habilidade de decidir e interagir em grupo, comunicação verbal e expressão não-verbal, bem como de sua própria identidade, redimensionando, dentro do setting terapêutico, um contexto amplo de valorização da vida.

A SOCIOPSICOMOTRICIDADE RAMAIN-THIERS NUMA ABORDAGEM TERAPÊUTICA

O corpo é o grupo, e o processo terapêutico, o próprio tratamento de um corpo enfermo; corpo que é psiquismo e também sociedade. (THIERS, S. *Sociopsicomotricidade Ramain-Thiers – Uma leitura emocional, corporal e social.* São Paulo: Casa do Psicólogo, 2.ª ed., 1998, p. 76).

254

COMPARTILHAR EM TERAPIA
SELEÇÕES EM RAMAIN-THIERS

CASO CLÍNICO

O caso clínico que será apresentado é de um adolescente de 14 anos, envolvido com o álcool e a maconha, desde os doze anos de idadé.

Como diagnóstico inicial, apresentou: imaturidade motora (atenção, memória, ritmo, coordenação motora ampla), interferindo em seu desenvolvimento escolar, desde os dez anos de idade; instabilidade emocional relacionada ao comportamento depressivo; e imaturidade afetiva acompanhada de insegurança pessoal e inibição, dificultando o seu relacionamento social.

O Orientador Terapêutico Thiers aplicado foi o de Adolescentes, e o início da terapia se deu após entrevista com o jovem, onde ficaram identificadas as queixas principais, assim como a duração das sessões e os dias (duas sessões semanais – 60 minutos cada) e a possibilidade futura de agrupamento e acompanhamento familiar mensal.

Anamnese familiar

Figura materna alcoólica, transgredindo na adolescência com maconha. Casos em sua família de neurose obsessiva e esquizofrenia.

Figura paterna com dependência por fumo. Álcool social.

Figura da irmã em início das experimentações.

Apresentação

Sinto-me feliz em poder compartilhar essa experiência clínica, onde a Sociopsicomotricidade Ramain-Thiers contribuiu para a recuperação de um jovem. Este tinha catorze anos e, desde os doze, envolveu-se com o consumo de drogas.

Na escola, apresentava rendimento insatisfatório e, a partir dos dez anos, começou a repetir as séries consecutivamente. Percebendo as dificuldades do aluno, a escola indicou o nosso serviço à família, com o intuito de aumentar o rendimento do mesmo.

Mesmo ciente do problema, inicialmente, a família mantinha uma posição de neutralidade. Porém, o comportamento social do jovem, cada vez mais isolado e depressivo, mobilizou a família a buscar auxílio terapêutico, crendo que suas atitudes eram oriundas de uma vida escolar deficiente.

Z. chegou ao consultório trazido por sua mãe, demonstrando apatia, desânimo e melancolia.

Após a avaliação, constatei imaturidade em algumas habilidades motoras, decorrente de bloqueios emocionais relacionados à sua maturidade afetiva.

Z. conseguia expressar, através de seu corpo, a angústia interna que vivia. Seus cabelos cobriam seu rosto, numa tentativa de esconder-se. Respondia de forma tímida ao que era solicitado.

Nas oito primeiras sessões, fomos conhecendo-nos, e senti um desafio em poder ajudá-lo, diante do seu silêncio. Antes das propostas específicas do Orientador Terapêutico Thiers para Adolescentes, foram feitas sessões de tempo livre e propostas corporais. Z. mantinha-se calado e só respondia com frases curtas, porém ficava descontraído nas brincadeiras com jogos infanto-juvenis.

Nas sessões com atividades semidiretivas, manifestava interesse em desenhar com giz de cera.

A sua primeira criação foi o desenho de sua auto-imagem. Após o cenário pronto, verbalizou seu prazer em poder dividir com alguém sua garrafa de vodca (Anexo 26).

Senti, neste momento, que Z. queria ser ajudado, ao quebrar o seu silêncio. Nesta sinalização, solicitei o desenho de sua família.

Desenhou o pai e a mãe enormes. Desistiu. Refez todos em tamanhos menores. Apontou sua irmã como a melhor da família, e o quanto seus pais tinham orgulho em tê-la. Mostrou seu pai que, mesmo ausente, sentia muito orgulho pelo que fazia dentro da política. Ao apresentar sua mãe, calou-se. Disse estar cansado. Havia bebido muito no dia anterior e sentia-se sonolento. Pediu para ir embora dormir.

Nas sessões seguintes, começamos com propostas específicas dos conjuntos, onde percebi o prazer e a concentração em propostas, predominantemente, em estágio oral (cópias simples, transposição, recortes e integração). Após as execuções das propostas diferenciadas, não conseguia verbalizar de forma solta. Seu corpo traduzia toda uma solidão e reservas como grande defesa. Suas emoções eram escritas em frases curtas ou pedia para desenhá-las de forma livre, registrando, assim, seu momento atual.

Após oito meses de Terapia Psicomotora Ramain-Thiers, as verbalizações começaram a fluir mais durante o desenvolvimento das propostas, liberando sempre situações atuais que estava vivendo.

Sua saída da fase anal ficou clara em uma proposta regressiva, onde deveria ser feita uma cópia de um balanço infantil com lápis preto no papel pontilhado.

Enquanto copiava, Z. teve um acesso de riso, dizendo lembrar que, aos seis anos de idade, seus amigos roubavam seu *playmobil*, e ele nunca reclamava. Lembrou de sua mãe brigando muito com seus amigos, para que trouxessem seus brinquedos roubados. Sua mãe sempre comprava suas brigas e sempre falava com ele elevando mais a voz.

Quando separou as partes e as recortou, para colar nos papéis coloridos, associou a maconha àquele momento. Falou sobre a percepção forte, intensa, como o colorido daqueles papéis, quando acabava de fumar. Sentia-se forte, livre e solto para criar o que quisesse, e isso lhe dava um certo poder, sinalizando, aí, a vontade de experimentar o ácido A.C., uma droga mais potente, para se sentir o dono do mundo, do seu próprio mundo.

O balanço pronto em simetria revivia-lhe o álcool. Algo pesado, impotente, submisso e inferior, assim como seus sentimentos após a bebedeira.

Na conclusão, registrou o efeito do álcool em si mesmo, como a madeira que sustentava o balanço. Lembrava de sua mãe, um pedaço de madeira podre. (Anexo 27).

As cores fortes representavam o fumo que lhe dava a liberdade de sentir-se solto nas formas e cores, livre do poder de sua mãe, sempre manipuladora em sua vida.

Após estas sessões, foram trazidos sonhos com sua mãe, onde o fogo e a morte eram sempre constantes. Z. pedia materiais, para deixar registrados seus sonhos. Queria sempre papéis quadriculados, pretos, prateados e vermelhos.

A possibilidade de oferecer uma proposta onde os recortes teriam separações favorecia a revivência do núcleo da morte, das dificuldades de deixar de ser o desejo do outro, de não repetir a vida do outro. Os conteúdos inconscientes que emergiram e se vinculavam com sentimentos de perda e luto sinalizavam o temor à castração.

Em seu estado emocional, retomar esta vivência edípica o fez reviver conteúdos de seus seis anos de idade, onde a não entrada do pai impediu a elaboração deste complexo. Em nível inconsciente, sua mãe não permitiu a entrada do pai nesta relação.

A partir desta proposta, pude pontuar e clarificar, ajudando-o a construir sua personalidade, facilitando a integração de partes internas danificadas, através da reparação de suas culpas.

O uso da tesoura mobilizou os conteúdos emocionais agressivos e a cisão interna (lidar com partes boas ou más). A reparação surgiu, quando o objeto tornou a ser vivenciado como objeto inteiro, na colagem dos papéis recortados, que se reconstruíram.

Numa próxima vivência com Quebra-cabeças Volumes, sentiu necessidade de retratar, através do desenho, o bem e o mal. A partir daí, verbalizou sua experiência, aos seis anos de idade, num acidente sexual. Registrou que havia sido estuprado, no banheiro de sua escola, por quatro colegas maiores que ele, de forma agressiva. Não consegui contar a ninguém sobre o ocorrido, pois sentia muito medo – colocou-me.

Percebi Z. verbalizando baixinho sua insegurança hoje, em nível sexual. Não conseguia chegar-se às meninas, pois tinha a sensação de que iriam rir dele ou achá-lo homossexual – como se soubessem de sua história infantil. Ao término destas verbalizações, Z. apresentava enjôos e ânsia de vômito.

Pude perceber, na vivência com Quebra-cabeças, em Z., a tentativa do encontro da saída para o Complexo de Édipo.

Nas propostas corporais, manifestava sudorese intensa, mas não resistia tanto, como inicialmente nas sensibilizações. Relaxava muito, passando óleo nos pés e nos dedos, momentos intensos do seu estado fálico.

Z. adoeceu, faltando a três sessões. Sintomas: vômitos e diarréia.

Foi observada, em seu retorno, uma certa resistência nas propostas estimativas (aquelas que precisam de cálculo ou predeterminação da quantidade de materiais que se ajustem à necessidade, sem experimentação). Z. sinalizava, neste tipo de vivência, sua dificuldade perante os limites. No início, escolhia pouco ou muito material. Por muitas vezes, amassava sua construção e jogava-a fora, manifestando raiva.

Lidar com o limite e aceitá-lo é vincular-se à lei maior, que é a interdição do incesto. A tentativa de não encontrar o real levava Z. a permanecer em negação, mobilizando a agressividade e o medo da castração.

Z. começou a questionar sobre ele, enquanto pessoa. Nesta fase terapêutica, percebia-se diferente de sua mãe, de sua irmã, do seu pai. Queria ajudar a sua família. Começou a trazer seu pai para seus depoimentos e o álcool que era consumido pelo mesmo, utilizando-os como anestesia a seus problemas familiares.

Seguindo a proposta de uma cópia simples, ao reproduzir um pássaro, Z. demonstrou alegria após a execução. Pediu para levá-la consigo, pois queria mostrar ao seu pai o novo vôo dentro da terapia.

Numa sessão, disse que seu pai havia ganho as eleições e se sentia feliz.

Em momentos vivenciando recorte (figura fundo), já percebia a

258

busca de sua individualização: separação do que é seu e do outro e a interligação no entrosamento.

Ao vivenciar um caleidoscópio, onde a proposta primordial era a escolha da parte mais significativa para cobrir com fios, sua escolha foi analítica, apesar de registrar um vínculo narcísico de descoberta pessoal, autônoma.

A possibilidade de lidar com aspectos vinculados à totalidade (o bem, o mal, o masculino, o feminino), em processo de integração, facilita uma escolha melhor.

Z. começou a perceber sua autonomia, quando, em uma proposta, onde a cópia seria feita em recorte e colagem somente das partes internas, registrou em frase curta: a quebra da dependência de sua mãe por ele.

Seguiu-se com êxito a sua realização nas propostas com superposição, demonstrando, desta forma, seu estágio genital.

Após a superação de seu estado de Édipo, Z. mudou o visual: cortou os cabelos, arrumou-os para trás, deixando seu rosto livre.

Começou a se interessar por uma menina do seu grupo terapêutico. A partir de dois anos e meio de terapia pela Sociopsicomotricidade Ramain-Thiers, fazíamos sessões individuais e em grupo. Manifestou vontade de aprender a dirigir. Aprendeu e ganhou um carro. Passou a freqüentar discotecas e verbalizar seus desejos sexuais.

Nos conjuntos de entrelaçamentos e recortes, ficavam registradas a sua integração e organização egóica em torno da aceitação de sua sexualidade.

Parou com a maconha, após dois anos de Sociopsicomotricidade Ramain-Thiers, registrando que o cheiro da droga fazia lembrar de quando era desequilibrado. A bebida diminuiu consideravelmente. Montou uma banda de rock e animava festas e eventos.

Deu-se alta, após quatro anos de Sociopsicomotricidade Ramain-Thiers, indicando o trabalho a outros jovens. Foi para os EUA aprender técnicas de mixagem.

A partir de Z., novos grupos de dependentes químicos foram iniciados, apresentando bastante êxito em suas recuperações.

A participação comunitária na abordagem do abuso de drogas

Através deste jovem, o trabalho da Sociopsicomotricidade Ramain-Thiers, durante um período de cinco anos, contribuiu em vinte e cinco outros jovens, de forma terapêutica e hoje preventiva, diminuindo discussões acaloradas e não elucidativas referentes ao consumo de drogas em comunidades, as quais denominamos de condomínios fechados.

O problema mais sério da drogadição, dentro das comunidades fechadas, classe média alta, é o alcoolismo. Porém, o uso e abuso de substâncias psicoativas na comunidade devem ser abordados como um todo, não com campanhas que induzem os pais a medidas punitivas e drásticas.

A Sociopsicomotricidade Ramain-Thiers consegue penetrar no somatório de fatores – entre os quais, destacam-se conflitos pessoais, dificuldades escolares, sociais – para trabalhar, de forma clara, a verdadeira identidade do indivíduo, e é neste momento, que o jovem resgata seus valores e o seu papel social.

BIBLIOGRAFIA

BUCHER, R. (Org.) *As drogas e a vida: uma abordagem biopsicossocial*. São Paulo: EPV, 1988.

CARLINI, E.A.; CARLINI-COTRIM, B.H.R.S.; SILVA FILHO, A.R.; BARBOSA, M.T.S. *Levantamento nacional sobre o uso de psicotrópicos em estudantes de primeiro e segundo graus, em 1989*. São Paulo: EPM/ CEBRID, 1990.

CEBRID – CENTRO BRASILEIRO DE INFORMAÇÕES SOBRE DROGAS PSICOTRÓPICAS. Departamento de Psicobiologia da Escola Paulista de Medicina.

LEVISKY, D. e cols. *Adolescência e violência – conseqüências da realidade brasileira*. Porto Alegre: Artes Médicas, 1996.

OMS/OPS. ORGANIZAÇÃO MUNDIAL DE SAÚDE/ORGANIZAÇÃO PANAMERICANA DE SAÚDE.

THIERS, S. e cols. *Sociopsicomotricidade Ramain-Thiers – Uma leitura emocional, corporal e social*. São Paulo: Casa do Psicólogo, 1994.

_____. *Orientador terapêutico Thiers para adolescentes–AD*. Rio de Janeiro: CESIR, 1992.

5

A Sociopsicomotricidade Ramain-Thiers na Zona Rural – Relato de uma experiência

CYBELE AMADO DE OLIVEIRA*

INTRODUÇÃO

O Ramain-Thiers está tornando-se conhecido do público leigo e profissional e, cada dia mais, será utilizado em variados segmentos da sociedade humana. Saiu dos limites elitistas dos consultórios e é empregado também com menores carentes, com população da zona rural, com crianças faveladas e institucionalizadas, com jovens infratores (...) (THIERS, S. *Sociopsicomotricidade Ramain-Thiers, Uma leitura emocional, corporal e social.* 1.ª ed., São Paulo: Casa do Psicólogo, 1994), cumprindo, assim, sua vocação. A experiência, a seguir, retrata o atendimento de crianças, no período de quatro anos, hoje tendo também um trabalho com adolescentes.

A área geográfica na qual está sendo desenvolvida essa experiência fica situada na Chapada Diamantina do Estado da Bahia. Sua localização é fácil de ser vislumbrada em um mapa, porque se trata do centro geográfico do estado. Neste vale, chamado de Caeté-Açú e, também, de Capão, encontramos uma pequena vila, onde habitam mais ou menos 500 pessoas e casas espalhadas em uma grande extensão,

---

* Pedagoga com especialização em Orientação Educacional, Sociopsicomotricista Ramain-Thiers, Supervisora da cidade de Salvador-BA.

superando a faixa dos mil habitantes. Faz parte do Município de Palmeiras, sito a 450 km de Salvador. O vale tem uma altitude de 1.000m; as montanhas ao redor alcançam os 1.450m e, assim, têm uma temperatura agradável, podendo apresentar temperaturas de até 6°C no período invernal. Em regra geral, é bem servido por chuvas. Nos últimos anos, apresentou queda significativa dos índices pluviométricos, devido ao desmatamento. Sua população vive basicamente de agricultura de subsistência. No entanto, encontramos algumas pessoas que trabalham com fretes de caminhonetes e rurais, pedreiros, marceneiros e trabalhadores domésticos. Existe um número representativo de pessoas que vieram de outros lugares e moram no vale – são os chamados "de fora" pelo povo nativo ou alternativos.

A EDUCAÇÃO E A RELAÇÃO FAMILIAR

No contexto familiar, a mulher ocupa uma posição de submissão ao companheiro, apesar de com ele dividir o trabalho pesado na roça. As crianças, em sua maioria, são educadas dentro de um sistema repressor, com gritos, cipó e muita agressividade.

As famílias, de um modo geral, apresentam número de filhos superior a quatro. As observações que tenho feito demonstram que, a partir dos cinco anos, recebem pouco acolhimento, colo e, praticamente, deixam de ser tocadas com afeto. Em entrevistas feitas com os pais, estes costumam dizer que não têm tempo e que foi assim que aprenderam.

Ainda nessa leitura transversal (termo utilizado em Ramain-Thiers, que significa a leitura do social, do mundo onde está inserido o indivíduo e o grupo que estamos trabalhando), percebi, para minha surpresa, que as crianças apresentam fortes tensões musculares. Eu supunha que, pela vida livre – com árvores, muitas possibilidades de diversões – as crianças do campo fossem menos tensas que as citadinas. No entanto, ficou claro, nesses quatro anos de trabalho com crianças e, mais recentemente, com adolescentes do Vale do Capão, que a maioria apresenta tensões crônicas no pescoço posterior, na cintura escapular ou na região pélvica. Esta tensão e rigidez articulares são bastante evidentes nos exercícios corporais que proponho. Atribuo este fato à maneira com que são tratadas pelos pais, com exigências não compatíveis com a idade (trabalho na roça, por exemplo), agressividade e, também, a má alimentação (as crianças, em sua maioria, têm idade aparente aquém da idade biológica considerada normal).

O processo Ramain-Thiers

Diante desta realidade, formei 5 (cinco) grupos de seis crianças, dentro das seguintes faixas etárias: 6 a 8, 8 a 10 e de 10 a 12 (pré-adolescente), um deles apenas com crianças filhas de camponeses autóctones; um com crianças filhas de pessoas de fora que vieram aqui viver (algumas já estão aqui há cerca de 10 anos, outros, bem menos); outros grupos com crianças representativas de ambos os grupos. Atualmente, são oito grupos bastante heterogêneos.

As crianças são indicadas pela Orientadora Educacional da escola, e a grande maioria chega para o atendimento com as seguintes queixas:

- não acompanham o grupo da escola, estão repetindo a alfabetização ou não compreendem os deveres;
- muito nervosos (comentários dos pais), e
- só vivem doentes (asma e bronquite, principalmente).

Um fato importante é que, dentro de uma visão psicossomática, crianças vítimas dessas doenças, em sua maioria, têm mães frustrantes que, em alguns casos, podem esconder sua rejeição pelas crianças com hiperproteção. Estas tendem a ter auto-estima baixa e introversão. Hodiernamente, foram atendidas 52 crianças e 7 adolescentes.

Durante o processo diagnóstico, foram listadas as seguintes queixas dos pais e professores desses jovens:

- Não acompanham o ritmo da série em que estão, ficam sempre atrasados (fala dos professores).
- Repetem a alfabetização; algumas chegaram a repetir dois anos seguidos. Sabem escrever, mas não sabem ler de jeito nenhum (fala de alguns pais que acabei comprovando em avaliações posteriores, já que, em realidade, essas crianças apenas sabiam copiar).
- Não entendem os deveres de casa (fala de professores e pais).
- Muito nervosos (fala dos pais).
- Observando-as, concluí que apresentam:
  - ⇒ Dificuldade em expressar, através da palavra falada e escrita, suas idéias e pensamentos.
  - ⇒ Troca de letras com grafias similares.
  - ⇒ Dificuldade na interpretação de texto.
  - ⇒ Dificuldade nas relações pessoais.
  - ⇒ Leitura lenta, silábica e subvocal.

264

COMPARTILHAR EM TERAPIA

SELEÇÕES EM RAMAIN-THIERS

⇒ Nível alto de dispersão (pouca atenção).

⇒ Dificuldade na apreensão do esquema/imagem corporal.

⇒ Auto-estima baixa.

⇒ Pouca autonomia.

⇒ Grande dificuldade na realização de propostas corporais que tenham como objetivo psicomotor dissociação e organização de tempo.

Todas as propostas de trabalho realizadas com as crianças e pré-adolescentes tiveram como ponto central e emergente os itens acima.

Dispersão e atenção interiorizada

Quando se formaram os grupos, as crianças pouco falavam, escondiam seus rostos dentro dos braços. Comecei, então, a desenvolver com elas propostas de sensibilização com jogos e brincadeiras. Aos poucos, foram adquirindo confiança e, então, propus que elas sugerissem brincadeiras. As crianças nativas apresentam um grau de dispersão bastante elevado.

Na Sociopsicomotricidade Ramain-Thiers, existem muitas propostas de psicomotricidade diferenciada, como propostas corporais. Entre os seus muitos objetivos, há o desenvolvimento da autoconsciência que Ramain intitulou de atenção interiorizada, e que Thiers definiu como:

> *É um estado que não depende nem do interesse, nem da vontade, mas de uma disponibilidade energética interior, que mobiliza de forma emocional, porque abranda as censuras e oferece condições de ação.* (THIERS, S. *Sociopsicomotricidade Ramain-Thiers – Uma leitura emocional, corporal e social.* 2.ª ed., São Paulo: Casa do Psicólogo, 1998).

Segundo o que percebo dessas observações, a atenção interior pode ser mais que o fruto do interesse. Pode ser um instrumento de criação de interesse. Atenção interiorizada surgiria antes do interesse, o que nos levaria a uma mudança de atitude frente ao mundo. Em nossa sociedade, o hábito é desenvolver aquilo que é apreciado por uma parte de nosso ser. O habitual é que desenvolvamos aquilo que, por diversos motivos, nos atrai. Isto não é errado, pelo contrário, mas devemos prestar atenção. Também há essa visão, que nos alerta para o fato de que a atenção pode ser anterior ao interesse. Neste mundo que criamos, educamos

A Sociopsicomotricidade Ramain-Thiers na Zona Rural...
Cybele Amado de Oliveira

265

nossas crianças a saírem desse estado de atenção e, assim, ainda muito pequenos, vão aprendendo a estar fazendo sempre alguma coisa e, ao mesmo tempo, pensando em outra completamente diferente. Essa dissociação vem conduzindo, juntamente com a desorganização familiar, carência alimentar e afetiva, distanciamento do conteúdo escolar com a realidade e a opressão social, muitas das crianças de Caeté-Açú a não acompanharem o ritmo escolar ou a serem denominadas de crianças-problema (utilizando uma linguagem do povoado, crianças malinas, nervosas, sem idéia).

A PREPONDERÂNCIA DA FASE ORAL

Era bastante evidente o movimento a que denominamos, na metodologia Ramain-Thiers, de fase oral, dentro do trabalho terapêutico. Neste período, as crianças realizavam as propostas (cópia, seqüências codificadas) com rapidez, pedindo, logo depois, outra atividade. Nos grupos de crianças nativas, a fase oral predomina por um longo período. A transferência do grupo com relação à figura da mãe foi demonstrada em algumas falas, como: Olha Cybele, hoje M. disse que sonhou com você e que você era a mãe dela (*sic*).

Atribuo esse longo período da fase oral à conjuntura social que estão inseridas, onde o nível de frustrações e carências afetivas e materiais é bastante elevado. Também em seu ambiente familiar, a maioria dessas crianças tem seus objetos de uso pessoal misturados com os dos irmãos, além de dormirem juntos. Há uma falta de identidade, o que, em muitas propostas, especialmente de Cópias, do CR, ficou demonstrado o quanto é difícil para elas se verem separadas e diferentes do outro, de sentir-se, de saber que têm um corpo possuidor de desejos e vontades.

Estava consciente da extrema importância de estar, promovendo a maternagem, sendo, naquele momento, uma mãe boa que acolhia, aceitava e oferecia ajuda.

Acredito que, de todas as contribuições que poderia oferecer a essas crianças, a maior delas era possibilitar que tivessem a oportunidade de um tocar amoroso, permitir que tivessem em suas vidas um local onde eram respeitadas e aceitas. Um dado interessante que venho observando é que a maioria dessas crianças, apesar de apresentarem dificuldades na compreensão das propostas, fica evidenciado que tais dificuldades são mais a nível grafomotor, do que a nível cognitivo, e que respondem ao processo terapêutico Ramain-Thiers, vivenciando, no nível emocional, suas construções, descobertas, frustrações, que ampliam suas percepções e as fazem crescer.

A continuidade dos grupos

A entrada na fase anal, nos grupos Ramain-Thiers, mobiliza conflitos entre os membros do grupo que assumem uma postura mais crítica, a luta pela liderança, o controle entre eles. Entre as crianças nativas, observei que essa fase não se apresentou tão intensamente, se comparadas com crianças que vivem em outra conjuntura social.

A educação que recebem é muito forte na repressão dos impulsos e, muito cedo, são intensamente induzidas a não brigar, criticar ou dizer o que pensam.

Um momento foi muito marcante nesse período, quando, após uma proposta de Seqüências Codificadas, uma criança (que, naquele período, liderava o grupo) descreveu como sua professora a tratava na sala e o medo que tinha de seu pai.

Pedi que o grupo realizasse um teatro, dramatizando como acontecia a aula. Escolheram os papéis que, a cada momento, eram trocados entre os participantes. Dessa maneira, todos passaram pelo papel de professora, assim como de alunos. Enquanto professores (imitando as professoras da escola), gritavam, eram duros na maneira de falar, e diziam: você não sabe nada mesmo, não sei por que está estudando, ou: menino, leia, não é possível que a essa altura você não saiba, é burro mesmo (*sic*).

Após esse momento, falamos sobre como se sentiam. Durante a verbalização, as crianças deixaram bem claro que, em casa e na escola, têm medo de serem xingadas (dentro do linguajar local, xingar é o mesmo que ralhar, brigar, não necessariamente, a utilização de palavras de baixo calão), e de tomarem surra.

Os trabalhos com Símbolos do Orientador Terapêutico Thiers para Crianças-CR quase sempre não são bem-vindos neste grupo. Essas propostas mobilizam as transferências negativas, ou seja, transferência de sentimentos hostis, relacionados com as figuras parentais. Nesses grupos, em particular, era bem evidente que os conteúdos que chegavam no espaço terapêutico estavam vinculados às frustrações que essas crianças vivenciam no seu dia-a-dia e onde existe um reforço constante de baixa auto-estima e punições.

Portanto, todo o trabalho com essas crianças estava voltado para a construção, ou melhor, para a reconstrução do potencial que elas possuem e da capacidade de trazer ao mundo suas qualidades, numa busca de estruturação do ego, num encontro com sua identidade, permitindo que, através das propostas, tanto de psicomotricidade diferenciada, quanto trabalhos corporais, respeitando o movimento de cada grupo, para que pudessem ir identificando e discriminando percepções acerca de si mesmas, do outro e do meio em que vivem.

Estas crianças sofrem muito pela educação que recebem e pelas dificuldades financeiras pelas quais passam seus pais. A alimentação pobre em proteínas e rica em carboidratos amiláceos não favorece o desenvolvimento cerebral nos primeiros anos de vida. No entanto, ao alcançarem a juventude, muitas delas desenvolvem uma boa massa muscular e, mesmo ainda pequenas, apesar do corpo fraco, muitas delas demonstram ter uma força maior do que a esperada. Parafraseando Euclides da Cunha: O povo do Vale do Capão é, antes de tudo, um forte (no original: "O sertanejo é antes de tudo um forte." *In*: CUNHA, Euclides. *Os Sertões*. São Paulo: Ediouro). Dentro do contexto social que estão inseridas essas crianças, desde muito cedo, exercem atividades físicas que requerem força, como por exemplo pegar na enxada, lavar roupas no rio, carregar baldes de água na cabeça etc. Se por um lado estas atividades as impedem de brincar livremente, por outro, levam ao aumento da resistência física, da força (o exercício físico aumenta a quantidade e a qualidade das mitocôndrias, aumentando, assim, a capacidade de produção de energia – informação prestada pelo Dr. Ângelo Castro Lima, Diretor médico da Clínica Castro Lima, Auxiliar de Ensino da Escola Baiana de Medicina, em entrevista a jornal soteropolitano).

A vida psíquica tem uma base biológica, conforme assinalaram Freud (FREUD, S. *Edição Standard Brasileira das Obras Completas*. Vol. XIX, São Paulo: Imago), Reich (BOADELA, D. *Nos caminhos de Reich*. São Paulo: Summus. LOWEN, A. *O corpo em terapia*. São Paulo: Summus) e outros. Sabemos que nossas emoções estão diretamente vinculadas ao nosso corpo físico, que guarda a nossa história traumática. Acredito que as crianças que acompanhei aumentaram sua capacidade emocional, com base nessa força que desenvolveram.

A entrada no social dos primeiros anos escolares, quando necessitam lidar com a dinâmica da alfabetização, leva a uma das suas maiores dificuldades. Faltam-lhes apoio e orientação familiar, assim como afeto; têm dificuldades alimentares (algumas crianças passam fome na escola) e falta treinamento aos professores que, por sua vez, repetem o modelo familiar de obediência, a partir da ameaça. Além disso tudo, tenho observado, também, que crianças aprisionadas pelo eterno jogo de controles e, quando se tornam depositárias das dores de seus pais, simplesmente, demonstram uma certa recusa em aprender a ler e escrever.

A Sociopsicomotricidade Ramain-Thiers permitiu a essas crianças de zona rural a possibilidade de construir, passo a passo, o processo de alfabetização e também de socialização, de crescimento, interação com o ambiente. A mudança de lápis de cor e outros aspectos da metodologia Ramain-Thiers, como a aceitação do erro, a possibilidade de afirmar sua individualidade e opinião contribuíram para uma relação menos sujeita ao medo com o material de aprendizado escolar.

O material utilizado pelas crianças, em algumas propostas, é retirado de recursos naturais que encontramos por aqui, tais como: bambu, cachopa (a parte não aproveitada de alguns produtos alimentícios ou outros, como a casca da vagem dos feijões, a parte branca da laranja, que é desprezada depois de chupada) de babatimão ou feijão, algodão (a planta), pedras roliças ou lajes, diferentes folhas e flores, sucatas naturais, usadas para a construção de objetos (folhas secas, casca de licuri, imbira, ramos de árvores, tocos de pau).

Um exemplo da utilização de material local foi a proposta que intitulei de pé-de-algodão.

Começamos essa proposta com a visita ao pé-de-algodão que existia nos fundos da casa, onde acontecia o trabalho com as crianças. Pedi às crianças que colhessem as flores e as colocassem em um saco. Quando retornamos à sala, as crianças realizaram uma proposta que, em Ramain-Thiers, está relacionada com vivências de sensibilidade que despertam recalques corporais vinculados à carência de maternagem e estabelecem consciência de limites, relação com a figura materna. Após a colheita, as crianças debulharam o algodão, retirando a cachopa, e a maioria dos grupos retiraram também a semente. Na seqüência, as crianças passaram o algodão no corpo, caminharam sobre o algodão e, durante a proposta, verbalizavam bastante, começavam a falar do nascimento do pé-de-algodão e, em muitos momentos, comparavam com o nascimento de um bebê na barriga da mãe. Começaram a investigar, entre elas, como nasciam os bebês; algumas falavam que seus pais diziam que Deus colocava uma semente. Davam risada e, em um dos grupos, uma criança trouxe um livro que tratava do nascimento dos bebês e mostrou para o grupo. Algumas perguntavam se era verdade, e comecei a observar que fatos como esses lhes possibilitavam um espaço para verbalizarem suas fantasias e curiosidades sexuais.

Nesse caminho, muitas voltas, idas e vindas aconteceram, tal como muito bem descrito por P. de 11 anos de idade que fechou o seu processo de atendimento, deixando como avaliação de sua caminhada a construção a seguir. (Anexo 28).

Este é um cone feito volta por volta para no final uma fila esquecer as voltas e sair sem se preocupar com nada e ir se cruzando com todos os outros. Este desenho foi feito por mim, meu nome está no próprio desenho, com o primeiro nome em uma ponta e o segundo na outra. P., 11 anos.

BIBLIOGRAFIA

BOADELLA, D. *Nos caminhos de Reich*. São Paulo: Summus.

CUNHA, E. da. *Os Sertões*. São Paulo: Ediouro.

FREUD, S. *Edição Standard Brasileira das Obras Completas*. Vol. XIX, São Paulo: Imago.

LIMA, A. C. Entrevista ao jornal soteropolitano *A Tarde*. Diretor médico da Clínica Castro Lima, Auxiliar de Ensino da Escola Baiana de Medicina.

LOWEN, A. *O corpo em terapia*. São Paulo: Summus, 1978.

THIERS, S. *Orientador terapêutico Thiers para crianças-CR*. 1. ed., Rio de Janeiro: CESIR, 1992.

_____. *Sociopsicomotricidade Ramain-Thiers – Uma leitura emocional, corporal e social*. São Paulo: Casa do Psicóiogo, 2.ª ed., 1998.

6

Possibilitando a Estruturação Afetiva de uma Criança

ETHEL QUERINO BASTOS*

E., de 5 anos, foi trazida a mim, porque estava trocando letras ao falar e na escrita. Na avaliação escolar do final de ano letivo (Jardim II), a professora sinalizou que a mesma tinha apresentado um ritmo lento em relação à aprendizagem.

Filha mais nova, tendo apenas uma irmã mais velha (11 meses), pais separados. Em sua história familiar, traz dados de gravidez não desejada, com bastante tensão afetiva e dificuldades relacionais por conflito conjugal, acarretando também, posteriormente, dificuldades na relação mãe/bebê.

E. nasceu de parto cesáreo em boas condições orgânicas.

E. apresentava conhecimento de seu esquema e imagem corporal de forma verbal. No seu grafismo, observava-se traçado com estruturação de formas. Seu desenho da figura humana, ainda incompleto, mostrava uma defasagem das funções intelectivas, tais como:

- percepção visual;
- orientação espacial e temporal;
- atenção;
- compreensão e raciocínio;
- memória, e
- coordenação visomotora.

---

* Pedagoga, Sociopsicomotricista Ramain-Thiers.

Seu tom de voz era muito baixo, e sua fala, infantilizada. Mostrava-se muito insegura, não se colocando frente às situações.

Sua mãe coloca-se com dificuldades nas suas relações afetivas; sentia-se muito confusa, principalmente no que se refere à maternidade, chegando a verbalizar seu desconforto com a situação; apresenta-se fálica na dinâmica familiar.

Seu pai mostra-se consciente de suas dificuldades (frágil e com muitas culpas), porém a sua fragilidade afetiva impossibilita uma atuação reparadora.

Diante destas relações parentais mal assumidas, a sua irmã mais velha assume ser representante destes papéis, o que dificulta a sua relação com E. Mostrava-se autoritária, mandona, tomando sempre a frente de E. diante de quase todas as situações. E. reagia com choro e apresentava uma postura de vítima, reclamando com as pessoas, falando choramingando e, assim, às vezes, as pessoas lhe davam afeto ou irritavam-se com ela. Em outros momentos, E. era totalmente submissa à irmã.

Nas primeiras sessões, foram realizadas propostas livres e semi-diretivas, como:

- desenho livre;
- pintura;
- construção com sucatas, e
- brincadeiras com miniaturas e outras.

Numa sessão em que E. realizava uma proposta do CR, Conjunto Texturas, que a nível emocional favorece a vivência da separação e já a nível psicomotor trabalha os conceitos de localização, E. verbalizava muito seus conflitos familiares, expressando em sua fala dificuldades em relação a dormir, crescer, separação dos pais. A separação dos pais foi sentida com muita tensão, refletindo em E. sentimentos de falta de proteção, sem referenciais, culpas, buscando nos avós paternos a proteção que faltava em casa (Anexo 29).

Durante as sessões, o que E. trazia de conteúdos de afeto vinha na relação com o pai. A relação com a mãe ⇒ em cima do fazer (existia a falta da relação afetiva); proteção ⇒ figura dos avós paternos. Ao longo da terapia, ocorre uma organização interna. E. lida melhor com esta dinâmica, mostrando a sua possibilidade de diferenciação dos papéis parentais.

Um dia, quando E. realizava uma proposta do CR, Conjunto Texturas – que tem como objetivo trabalhar a oralidade e a nível psicomotor, conceitos de localização (entre-sobre-ao lado), as noções de horizontalidade e verticalidade, paralelismo e noção de superposição, além de favorecer a sensibilidade tátil, trabalha o tônus, a discriminação tátil e percepção visual –, ela verbalizou que estava sentindo dor na barriga e nos olhos e disse que a empregada tinha ido embora.

E. disse que a mãe tinha mandado a empregada embora, porque ela não fazia o serviço direito. Ah! Ela não estava servindo, disse E. Disse também que sua irmã não gostava da empregada. O tom de voz de E., enquanto falava, era normal e, num ritmo rápido, cheia de autoridade.

Eu lhe perguntei: – E você, o que achava da empregada?

Ela respondeu-me: – Ah! Minha irmã não gostava da empregada.

Neste momento, a expressão do rosto de E. ia modificando-se, e seu tom de voz também. E. respondeu baixinho que estava triste, pois ela gostava da empregada. É importante ressaltar que E. mantinha uma boa relação com a empregada, e esta era também um elemento afetivo, de referencial e de atenção.

Conversamos sobre seu sentimento. Minha atitude, frente ao momento, foi de aceitação e respeito ao sentimento de E. Porém, a relação de E. com a empregada não ficou ainda totalmente elaborada. Neste momento do atendimento, ficava clara a dificuldade de E. em assumir seus próprios sentimentos, pois eles ainda ficavam misturados em sua mãe, seu pai e sua irmã.

Na sessão seguinte, E. trabalhou com argila e realizou uma proposta corporal e, durante uma etapa do trabalho corporal em que eu massageava o seu corpo com objeto intermediário, E. começou a falar que não gostava da antiga empregada (a que tinha sido despedida uns dias antes) e partiu para desqualificá-la, dizendo que a empregada não lhe dava comida, não deixava que ela fizesse os trabalhos da escola (o que E. falava não correspondia com o real) e, de repente, com raiva, E. disse que a empregada estava trabalhando em outro apartamento no prédio e chorou. Disse que a empregada gostava mais da outra menina do que dela. Minha atitude frente ao momento foi de aceitação e respeito ao sentimento de E. No momento em que E. começou a desqualificar a empregada, era como se quisesse encontrar motivos para ela não gostar da mesma e, assim, não sentiria a perda, ou talvez, não se sentisse rejeitada.

Eu permiti que E. expressasse seu sentimento de raiva e, depois, chorasse. Assumiu que estava com saudades da antiga empregada e disse que ia perguntar à mãe se poderia ir à casa da colega para visitá-la. Na sessão seguinte, E. verbalizou que a mãe lhe disse que poderia visitar a empregada na hora que desejasse.

Após um tempo, seus pais voltaram a morar juntos.

Através das vivências Ramain-Thiers, E. começou a expressar mais facilmente seus desejos, sua raiva, seus medos.

Enquanto E. realizava a proposta do CR, Conjunto Cópia, que tem como objetivo mobilizar questões pertinentes a poder, com onipotência (fase fálica) e, a nível psicomotor, mobiliza atenção, orientação espacial, organização no espaço, E. verbalizou que tinha medo que sua avó morresse (a mesma estava com problemas de saúde) e que gostaria de poder fazer alguma coisa para que ela ficasse boa. E. ficou calada por uns minutos e disse: – Ah! Eu não posso fazer nada, só gosto dela.

Procuro orientá-la para sua realidade, ajudando-a a assumir sua própria identidade. Em alguns momentos, isto é difícil, pois E. nega qualquer clarificação de minha parte, comportando-se como bebê ou fazendo gracinhas. Quando isto acontece, às vezes, sou firme, noutras, considero melhor não falar nada.

Tenho observado meu próprio crescimento, assumindo o material contratransferencial. Se cometo um erro na minha intervenção, ele logo vem à superfície. Neste momento, paro e examino o que a criança está fazendo; como estou reagindo e de onde estão vindo as minhas próprias reações. Diante disto, sigo minhas constatações, sentindo-me livre para mudar a direção da intervenção.

A partir da melhor elaboração das questões vinculadas à relação materna, E. pôde permitir-se expressar os conflitos edípicos, como aparece com evidência num desenho em que E. pediu para fazer (Anexo 30), após ter vivenciado uma proposta do Conjunto Socius – que tem como objetivo desenvolver o indivíduo globalmente (inteligência + psiquismo + expressão motora + social), cujo tema era festa junina. Enquanto desenhava, E. verbalizou que seus pais estavam namorando e perguntou a sua mãe de quem ela gostava mais; dela, de sua irmã ou de seu pai. Disse que a mãe respondeu que do pai, e, logo depois, E. falou: – É diferente o gostar, namorar é só com meu pai (vivência do terceiro excluído em direção à fase genital).

Emergem conteúdos da relação com os irmãos e lembranças vinculadas às figuras parentais durante as sessões.

A forma como o grupo se experiencia mutuamente e como reage e se relaciona é algo que revela o crescimento de E.

E. encontra-se com estruturação egóica, para suportar perdas vividas, tais como: mudança de escola, mudanças de empregadas. O trabalho vem prosseguindo com sua dinâmica alterada.

Hoje, E. mostra-se com um bom rendimento escolar, sua expressão psicomotora bem organizada, com um bom padrão gráfico, simétrico, criativo. Coloca-se diante das situações, verbalizando de forma clara seus sentimentos, com boa fluência verbal. Sua relação com sua irmã melhorou muito, não se apresentando mais submissa. Hoje, está mais segura, mais confiante.

BIBLIOGRAFIA

THIERS, S. *Orientador terapêutico Thiers para Crianças-CR*. Rio de Janeiro: CESIR, 1992.

_____. *Sociopsicomotricidade Ramain-Thiers: Uma leitura emocional, corporal e social*. São Paulo: Casa do Psicólogo, 2.ª ed. 1998.

7

A Redescoberta do Afeto

HELENICE SOARES*

A escolha deste caso tem como objetivo mostrar que, ao tentar compreender o indivíduo em sua totalidade, no trabalho desenvolvido em Sociopsicomotricidade Ramain-Thiers, pude constatar que, atrás de uma organicidade comprometida, existem problemas emocionais evidentes.

DADOS DA CRIANÇA

Esta criança foi encaminhada para Terapia Psicomotora, após ter sido submetida a uma avaliação diagnóstica por uma equipe multidisciplinar sob a suspeita de autismo.

Na ocasião, S., com 5 anos e 6 meses, cursava o 3.º período do pré-escolar num colégio de freiras e apresentava um estranho comportamento que interferia em sua aprendizagem e relações sociais.

Comumente, na hora das novidades, quando as crianças se reúnem com a professora, em círculo, para contar suas histórias, ele não participava da atividade, não se incluindo no grupo. Fugia para um canto da sala ou ia para debaixo de uma mesa ou cadeira e lá ficava encolhido, tentando esconder-se. Outras vezes, fugia da sala de aula, correndo pelo corredor afora ou, então, escorregava pelo corrimão abaixo, colocando toda a escola em polvorosa.

---

* Pedagoga, Psicopedagoga Clínica, Sociopsicomotricista Ramain-Thiers.

278

Recusava-se a fazer recortes e colagem, pois não conseguia pegar a tesoura corretamente, assim como, após as aulas de Educação Física, não queria vestir-se nem se calçar, não aceitando ajuda. Aprendendo a escrita das vogais, só as escrevia em letra maiúscula, utilizando linhas retas, no modelo *script*. Seus desenhos eram bem primitivos.

Do tipo desligado, interessava-se quando a atividade era música ou contar histórias, fugindo das que pudessem causar algum tipo de frustração. Com uma grande agitação psicomotora, não conseguia permanecer quieto por nenhum momento. Era descrito como se tivesse uma mola dentro dele, que o fazia pular até mesmo quando estava parado.

Tendo sido encaminhado pela psicóloga da escola para a avaliação diagnóstica, esta não confirmou a suspeita de autismo, quando, então, lhe foi indicada a Terapia Psicomotora.

Em sua anamnese, foram observados os seguintes dados:

- Filho único, desenvolvimento normal, saúde boa, apresentando apenas crises de bronquite alérgica, não muito freqüentes;
- Pais trabalhando fora, ficava sob os cuidados da avó em casa e na escola;
- Pai muito exigente quanto às produções do filho, não aceitava os seus erros, assim como não conseguia elogiá-lo em suas pequenas conquistas;
- Mãe fazia todas as vontades do filho e dava-lhe tudo o que pedia;
- Gostava de ouvir histórias, preferindo aquelas sobre dinossauros e músicas clássicas. Também lhe agradavam programas científicos e desenhos infantis na televisão;
- Tendo um quarto de TV e brinquedos, passava a maior parte do seu dia com atividades solitárias, não tendo amigos com quem conviver;
- Apresentava uma enorme curiosidade, sempre perguntando sobre tudo o que via e demonstrava também grande criatividade, inventando nomes e coisas, além de ser muito crítico, sempre julgando aquilo de que tomava conhecimento, e
- Com alto nível de inteligência, apresentava distúrbios psicomotores e dificuldades de relacionamento.

ATENDIMENTO PELA SOCIOPSICOMOTRICIDADE RAMAIN-THIERS

Nesse caso, optei pelo atendimento individual, com duas sessões semanais de uma hora cada, além de encontros periódicos com os pais.

O processo apresentou momentos característicos, que dividi em dois:

- Primeiro momento: trabalho realizado apenas com propostas corporais, e
- Segundo momento: utilização de propostas do Orientador Terapêutico Thiers para Crianças-CR.

Primeiro momento

Na abordagem terapêutica, parti de uma postura de disponibilidade, aproveitando suas iniciativas, avançando cautelosamente com propostas corporais, num trabalho de sensibilização, prioritariamente.

Sua grande intolerância às frustrações, que eram inevitáveis frente às suas limitações, fazia com que ele se utilizasse da fantasia onipotente. Não querendo entrar em contato com a realidade interna que o fazia sofrer, ele interrompia a atividade e fugia da situação e, para tal, utilizava-se de seu alto nível de inteligência.

Este sentimento de onipotência, manifestado pelo afastamento de situações frustrantes e ameaçadoras, mostrava seu mecanismo de defesa de negação, do qual se utilizava freqüentemente, até então.

De início, apresentava alto grau de agressividade, recusando-se a realizar as propostas que lhe eram apresentadas, ora questionando o atendimento, ora jogando-se sobre os almofadões e ali permanecendo por longo tempo, chegando, até mesmo, a tentar me chutar, sem sucesso. Estava, assim, constatada a transferência negativa, pois a revivência da mãe má e a ansiedade persecutória emergidas, durante as vivências eram projetadas contra mim, enquanto terapeuta.

Nesta fase, apresentei propostas corporais, cujas tônicas eram de sensibilização, liberação dos recalques corporais, relaxamento e respiração.

Nos trabalhos de sensibilização, utilizei materiais diversos, para despertar este corpo objeto para as sensações de um corpo vivido, tais como: bolinhas de algodão, pompons coloridos, esponjas de espuma, diversos tipos de papéis e de tecidos, sacos de grão e areia, almofadas, colcha para se enrolar, espuma de sabonete e óleo infantil.

Sempre explorava o material utilizado em seu corpo, através de todos os sentidos, buscando todas as sensações possíveis, a fim de fazê-lo sentir seu próprio corpo e, assim, poder liberar sua raiva e seus sentimentos hostis encapsulados.

Foram feitas massagens com bolas de espuma. De início, ele mesmo fazendo na sola dos pés, dos dedos ao calcanhar, sentado no chão. Após ter experimentado esta sensação, não se recusou mais a tirar o tênis, passando a fazê-lo espontaneamente, logo após chegar para a sessão.

Foi muito interessante a proposta com a colcha, numa vivência de aconchego materno. No início, enrolou-se com certo receio, permanecendo com a cabeça para fora. Só depois enrolou-se totalmente e lá ficou quietinho por algum tempo. Na verbalização, ao descrever suas sensações, disse ter sido muito bom, quentinho.

Este foi um grande passo inicial para a liberação dos seus afetos. Ele que até então não me beijava, apesar dos insistentes pedidos da mãe, neste dia, ao se despedir, espontaneamente, veio e me deu um beijo na face.

No relaxamento, trabalhei o tônus e o afetivo, sempre utilizando um fundo musical, do qual ele muito gostava. Nestes momentos, ele mostrava uma grande disponibilidade, entregando-se à música, expressando-se através de movimentos corporais, acompanhando o ritmo.

Nas propostas com bola, inicialmente, recusava-se, dizendo que não gostava de bola. Quando se permitiu experimentá-la, não conseguia jogá-la, não se desgrudando dela. Foram trabalhadas trocas, entregando e recebendo a bola, pegando e soltando, para poder liberar-se desta relação simbiótica com a mãe, expressa naquele movimento inicial.

S. gostava muito de atividades de construção com blocos de madeira, quando, então, eu colocava um fundo musical bem suave e baixinho. Numa sessão, ele interrompeu a atividade que estava fazendo, ficou parado escutando a música e disse: – Que música bonita! Era a música *Yesterday*, de John Lennon, tocada ao som de harpas. Foi um momento muito bonito, no qual ele mostrou mais um pouco a sua sensibilidade.

Já no final deste período, introduzi o conjunto CR-06 – Texturas, utilizando diferentes tipos de recortes com materiais diversos, como: papéis, tecidos, lixas e acetato. Fiz algumas adaptações, considerando sua dificuldade de coordenação motora fina e, então, transpus os recortes de papel comum para papel cartão ou cartolina, apresentando as mesmas propostas.

S. pôde revelar a fase que Melaine Klein denomina de esquizo-paranóide. (Anexo 31).

Na escola, de início com um comportamento muito agressivo, não participava das atividades de grupo. No final do ano letivo, surpreendeu a muitos, participando de uma festa comemorativa do colégio. S. fez uma apresentação com a sua turma de uma parte do balé Quebra Nozes, integrado ao grupo, com movimentos em sincronia. Nesta época, também participou de um desfile de moda infantil, num clube da cidade.

Segundo momento

Nesta fase, introduzi propostas de outros conjuntos do Orientador Terapêutico Thiers para Crianças-CR, como propostas de arame, ditados de sons e formas, expressão motora com fundo musical, além de atividades livres, semidiretivas e histórias.

Frente a estas propostas, recusava-se a fazê-las, tentando destruir o material oferecido ou querendo controlar a sessão.

Os trabalhos de Sinuosas eram mal feitos, e utilizava-se de muito durex para prendê-lo no papel, mostrando o próprio desejo de manter controle sobre esta figura ameaçadora – a mãe – que emergia na vivência (Anexo 32). Ele reclamava, ao realizar esta proposta, amassava muito o arame, chegando a jogá-lo no chão com raiva.

Numa proposta do Conjunto CR-03 – Seqüências Codificadas de Sons, em que se utiliza prancha de pregos, num momento de mobilização mais intensa, colocou a prancha na cadeira e sentou-se sobre a mesma, recusando-se a realizar a atividade.

Nas propostas de recorte, se errava, não admitia o uso do durex para correção e as interrompia. Também não assumindo o erro, não fazia a troca dos lápis de cor.

Nas sessões de movimento corporal, foram oferecidas propostas de trajetórias com obstáculos e ritmos impostos, além de equilíbrio, simetrias corporais e dissociação.

O menor começa a perceber os contrastes, as diferenças e a discriminação. Passa a se limpar sozinho, após fazer cocô, mas, num jogo de poder, pedia para alguém fazer para ele. Mãe e avó foram orientadas para que pudessem promover a sua independência.

Orientados, os pais, nesta época, iniciaram a Terapia Familiar, apesar de uma certa resistência por parte do pai.

Este trabalho traz maior proximidade com o pai, que passa a ajudá-lo e ensiná-lo a fazer pequenas tarefas, como preparar o sanduíche e o achocolatado do lanche. Passaram a sair juntos, indo jantar em restaurante, apenas os dois. A mãe procurava facilitar esta entrada do pai na relação.

Nas suas verbalizações, falava sobre a superestima do pênis e a sua disputa da mãe com o pai, clarificando seu ingresso na fase edipiana: descreve a cena como estando ele deitado na cama com a mãe (Anexo 33).

Sua melhora refletiu-se na aprendizagem, tendo sido alfabetizado com excelentes notas.

No retorno às aulas, no início do ano letivo, conheceu uma nova colega de turma pela qual se apaixonou. Confidenciou a um colega e, através deste, ela ficou sabendo do seu apaixonado. Foi rejeitado e, então, sofreu muito com a sua primeira paixão e desilusão.

Neste período, os pais abandonam a Terapia Familiar, justificando falta de tempo, depois da transferência de local de trabalho do pai para uma cidade vizinha.

Conclusões

Pelo desenvolvimento do trabalho, ficou bem caracterizada a revivência das fases do desenvolvimento psicossexual por esta criança, chegando até à fase fálica.

Segundo Lacan, a sexualidade psíquica da criança depende da relação com os pais, seus investimentos e sua identificação. O menino investe na sua mãe e identifica-se com o pai. É importante o papel que cada integrante da relação assume no momento do Complexo de Édipo.

A descontinuidade dos pais na Terapia Familiar não permitiu ao seu filho uma passagem satisfatória pelo Complexo de Édipo. Assim a mãe permaneceu fálica, e o pai não lhe ofereceu o modelo de identificação.

Ele tem condições de fortalecer o ego no enfrentamento com os conflitos emergentes, permitindo-lhe uma organização interior. Assim, S. faz, retomando fases anteriores, buscando seus próprios recursos egóicos e retornando à fase atual, num movimento que o liberará para criar seus caminhos, através de seus próprios investimentos em si. Este investimento em si mesmo e no outro, com certeza, permitir-lhe-á mais descobertas prazerosas do afeto.

Esta criança foi inserida num grupo, para lhe favorecer o reviver deste conflito edípico, na relação tríade: pai-mãe-filho, através das transferências que ocorrem no grupo terapêutico em Ramain-Thiers.

Bibliografia

BARONE, L. *De ler o desejo ao desejo de ler*. Rio de Janeiro: Vozes, 1993.

DUARTE, A. M. A. *Conceitos básicos da teoria de Melaine Klein*. Apostila do Caderno V. Formação Técnica do CESIR, 1990.

KUSNETZOFF, J. C. *Introdução à psicopatologia psicanalítica*. Rio de Janeiro: Nova Fronteira, 1982.

MANCEBO, E. C. Sociopsicomotricidade Ramain-Thiers. Revista *Continuidade*. Rio de Janeiro: CESIR, 1993.

THIERS, S. *Orientador terapêutico Thiers para crianças-CR*. Rio de Janeiro: CESIR, Biblioteca Nacional, reg. n. 75.307, 1992.

_____. *Sociopsicomotricidade Ramain-Thiers*. São Paulo: Casa do Psicólogo, 2.ª ed., 1998.

8

Caso Clínico

FÁTIMA ALVES*
E MARIA PAULA COSTA RAPHAEL**

O caso clínico que será apresentado é de um grupo de adolescentes constituído por 4 meninas e 3 meninos, na faixa etária de 12 a 15 anos.

As sessões têm duração de 1 hora e 30 minutos, duas vezes por semana.

O Orientador Terapêutico Thiers aplicado é o AD (adolescentes), e a formação desse grupo se deu através de identificação de clientela, a partir de entrevistas iniciais, suas características e queixas principais.

A primeira etapa realizada foi a entrevista individual com os pais, onde o filho não esteve presente, porém informado da consulta. O ideal é a presença do pai e da mãe, porém prevaleceu o comparecimento por parte das mães ou tia, e isto foi um dado revelador do funcionamento familiar.

A entrevista não deve parecer um interrogatório aos pais; muito pelo contrário, devemos tentar aliviar a sua angústia e culpa pelo conflito de seu filho. Desta forma, devemos, desde o início da entrevista, assumir o papel de terapeuta do adolescente.

Esta entrevista, realizada com os responsáveis de cada adolescente do grupo, teve como objetivo que nos falassem sobre o cliente e sua relação com ele (pais x cliente), para que pudéssemos conhecer dados básicos, tais como: motivo da consulta, sua história de vida, como

---

* Fonoaudióloga, Sociopsicomotricista Ramain-Thiers, Supervisora do Rio de Janeiro-RJ.
** Fonoaudióloga, Sociopsicomotricista Ramain-Thiers.

286

Compartilhar em Terapia
Seleções em Ramain-Thiers

transcorre o dia do adolescente, como é a relação dos pais entre si e com ele.

Constatamos que a maioria dos componentes do grupo apresentavam problemas emocionais e de fala, distúrbio de aprendizagem e imaturidade, como queixa principal, e suas relações familiares eram bastante conflituosas, como: pais separados, alcoólatras, criadas por tia com problemas psiquiátricos, criados pela avó devido a rejeição e abandono da mãe ou órfão de pai ou mãe.

Após realizada a entrevista com os pais ou responsáveis, realizamos entrevista individual com cada adolescente para uma prévia avaliação, onde este já foi informado de que o trabalho realizado seria o de grupo.

No primeiro encontro com o grupo, realizamos um contrato (acordo inicial), para definir as bases do trabalho, tais como: freqüência de duas sessões semanais com duração de uma hora e trinta minutos, dando um total de três horas semanais, e mostrar-lhes que tudo que seria vivenciado e verbalizado faria parte de um sigilo e que o *setting* terapêutico, ou seja, aquele espaço seria deles, e informar-lhes que o grupo é aberto para a entrada de um novo componente, sendo que, inicialmente, haverá uma prévia com o indivíduo sobre seu suposto ingresso e, ao mesmo tempo, o grupo será trabalhado para receber esse indivíduo, sem haver alteração no movimento do grupo. Os indivíduos são informados que o Ramain-Thiers os fará vivenciar seus conflitos, seus medos, dúvidas de forma lúdica e saudável, de maneira que possam, a partir daí, aprender a lidar com suas próprias dificuldades, buscando dentro de si caminhos e soluções individuais conscientes de acordo com suas necessidades.

É importante saber do indivíduo, se ele deseja alcançar este objetivo, mediante atividades realizadas com propostas de mesa, utilizando os desenhos do AD (Orientador Terapêutico Thiers para Adolescentes), trabalhos corporais e verbalização.

Atmosfera de Trabalho

1.°) A relação do grupo com as terapeutas se deu através do respeito e confiança, ainda que demonstrasse bastante dependência no início do trabalho (como se desejassem a nossa aprovação).

2.°) Após algumas sessões livres de início de tratamento, traziam para todos os atendimentos pacotes de biscoitos, balas que comiam durante as sessões.

3.°) Queriam muito a nossa aprovação para o certo ou o errado de suas atividades, buscando em nós o deslocamento da mãe, chamando-nos por vezes de tia.

4.°) No decorrer das sessões, percebemos pelas características do grupo que o mesmo necessitava ser trabalhado com propostas de fase oral, com os desenhos do AD, assim também como a nível de trabalho corporal.

5.°) O grupo encontrava-se, no momento inicial do trabalho, vivenciando a fase oral. Devido à importância de melhor estabelecimento da transferência, utilizamos uma proposta de Seqüência Codificada – formas simples.

6.°) Tínhamos, habitualmente, a preocupação de montar a progressão personalizada do grupo, sempre escolhendo propostas fáceis, médias e difíceis, para a realidade do grupo, respeitando o desenvolvimento psicossexual manifesto na vivência grupal.

7.°) Foi observada no grupo uma boa atmosfera de trabalho, assim como uma boa acolhida ao método, ainda que, por vezes, houvesse recusas na execução de algumas propostas, sendo manifestadas mediante tendências agressivas as quais estavam reprimidas, manifestando-se por mecanismo pessoal de defesa. Com o decorrer do trabalho, essa resistência foi reduzindo-se, a partir do momento em que o grupo atingiu maior nível de confiança.

8.°) Dentro das propostas realizadas com o grupo, a melhor aceitação aconteceu diante das propostas diferenciadas; todavia, com os trabalhos corporais havia muita resistência, principalmente, quando era solicitada a retirada dos sapatos. Quanto à verbalização, no princípio, foi difícil e, quando acontecia a manifestação, era de agressividade.

9.°) Devido a situações vividas em relação à dispersão e falta de limite, encontramos certa dificuldade para dar o retorno necessário ao indivíduo, devido ao alto grau de resistência vivenciado neste momento. No trabalho corporal, observamos que alguns atingem uma dispersão maior. Observamos os casos de A., W. e F., particularmente, devido a situações vividas durante as propostas aplicadas, tais como:

A. apresenta uma resistência muito forte, tentando fazer com que o grupo se disperse;

W., em quase todas as suas criações, tanto em trabalhos livres, quanto nas vivências das pranchas, fazia presentes desenhos de cruzes e túmulos; ele era emergente no grupo, isto é, representava, em seus trabalhos, a angústia de castração e do grupo (Anexo 34).

F. desenhou uma casa sem porta, nem janelas e, ao verbalizar sobre sua criação, expressou: Tenho medo que minha mãe (adotiva) me deixe e tenho medo que ela morra. Fala de uma menina de 13 anos, fala de um emergente do grupo, isto é, aquele que fala pela problemática do grupo, ao falar de si (Anexo 35).

Nós, terapeutas, realizando uma leitura horizontal, percebemos que o grupo estava vivendo uma intensa simbiose.

10.°) Após 3 meses de tratamento, já tendo superado parte desta simbiose, o grupo começa a vivenciar certas rivalidades entre alguns componentes; agrediam-se verbalmente e, às vezes, ocorriam tentativas de agressão física; pediam para sair constantemente, para irem ao banheiro e, nesta etapa, pudemos destacar Fe. que representava o bode expiatório do grupo, o chamando de beicinho; o grupo projetava nele as coisas ruins que não conseguiam vivenciar consigo mesmo.

11.°) Fe. era portador de uma fissura palatina e lábio leporino (já operado). Falavam que Fe. incomodava muito o grupo, pois não respeitava as regras, não tinha limite.

12.°) Durante este período, ocorreu a morte do piloto Airton Senna, onde Fe. e o grupo desenhavam constantemente algo que associavam ao piloto (característica da transversalidade).

13.°) Decidimos trabalhar nesta etapa com atividades semidiretivas, tais como: argila e tintas que possibilitaram, junto ao trabalho de verbalização, a passagem para uma etapa posterior do desenvolvimento psicossexual, pois percebemos que o grupo se encontrava em transição da fase oral para a fase anal (Anexo 36).

14.°) Após alguns meses de Sociopsicomotricidade Ramain-Thiers, a relação entre terapeutas e o grupo se intensificou mais. A confiança e o respeito eram aparentes. Houve facilidade de se colocar limite. Diante das propostas de mesa, podíamos observar que existia maior entendimento. Havia mais facilidade por parte do grupo. Não ocorriam tantas dúvidas e dificuldades, como antes. Mesmo que a proposta fosse julgada difícil pelo grupo, eles procuravam fazer, e alguns não se importavam em errar.

15.°) Alguns se tornaram independentes para suas iniciativas; já se permitem ser respeitados, lutando por isso. Seus trabalhos não demonstram tanta desestruturação como antes, estão mais discriminados.

Características de alguns componentes do grupo

W. Criado pela tia (portadora de problemas psiquiátricos), rejeitado pelo pai, mãe ausente. Em todas as suas criações, realizava desenhos de cruzes e túmulos. Emergente do grupo, simbolizando a angústia de castração.

F. Criada pela madrasta, pois foi rejeitada pela mãe. Obesa e não aceitava seu corpo. Tinha muita dificuldade nos trabalhos corporais. Desenhou uma casa sem janelas e porta e disse: Quem morava dentro era eu e minha mãe (madrasta), tenho muito medo que ela morra. Leitura horizontal (grupo), simbolizando simbiose intensa.

Fe. Portador de fissura palatina e lábio leporino, bode expiatório do grupo. Pai alcoólatra, mãe em tratamento neurológico. Assiste, constantemente, às agressões físicas do pai para com a mãe.

A. Pais separados, não mantendo contato com o filho, que foi entregue pela mãe à avó paterna, quando este tinha dois anos e meio, não estabelecendo mais contato. Quando está em casa, cuida do seu avô, sendo este paralítico, necessitando que faça tudo por ele, na ausência da avó que trabalha como diarista.

BIBLIOGRAFIA

THIERS, S. *Orientador terapêutico Thiers para adolescentes-AD*. Rio de Janeiro: CESIR, 1992.

THIERS, S. e cols. *Caderno de teoria e técnica Ramain-Thiers*. Nºs 1, 2, 3 e 4, Rio de Janeiro: CESIR, 1993.

9

Caso Clínico

FÁTIMA PRADO MAIA*

M. era uma adolescente de 18 anos que veio encaminhada por um Psiquiatra, tendo como queixa principal: dificuldades de atenção, percepção visual, desorganização em espaço-tempo e, conseqüentemente, baixo rendimento escolar, acompanhado de padrão atípico de deglutição, disto resultando em sérios problemas familiares.

Na entrevista inicial, só houve a presença da mãe. O pai nunca compareceu a nenhuma sessão de acompanhamento familiar.

M., na época, era atendida por uma Psicóloga e foi indicada, após minha avaliação para Terapia Psicomotora Ramain-Thiers, duas vezes por semana, com sessões de uma hora e quinze minutos, aberto a futuro grupamento, incluindo acompanhamento familiar mensal ou segundo orientação terapêutica.

Aproximadamente sete meses depois de iniciar a terapia, M. havia deixado o atendimento psicoterapêutico e revelou um problema muito mais sério, que era uma compulsão a comer, acompanhada de vômitos intensamente freqüentes, iniciada em torno de 16 anos. Nesse momento, foi dado um enfoque mais específico à problemática, continuando o acompanhamento familiar, ao qual só compareciam M. e sua mãe.

A mãe de M. era uma mulher muito bonita, de meia-idade, que valorizava intensamente a estética, vestindo-se inadequadamente como uma adolescente.

---

* Fonoaudióloga, Sociopsicomotricista Ramain-Thiers.

Era uma família muito rígida em sua dinâmica e, ao mesmo tempo, muito solta. Havia uma irmã mais velha que estudava na Europa, tida como a certinha dos filhos. M. era a filha que aceitava o papel de depositária das dificuldades familiares, disputando com a mãe as atenções do pai (muitas vezes ausente e de idade muito mais avançada que a mulher); e um irmão dois anos mais novo que não ligava para nada que fossem obrigações, muito menos para problemas de família, mantendo-se, muitas vezes, viajando ou em casa de colegas. A família tinha um padrão de vida bem elevado. Todos os outros parentes moravam na Europa, sendo visitados nas férias e durante o ano por M. e sua família.

Ao iniciar a terapia com M., observei sua falta de referencial, dificuldade em organização espacial, em distribuição da proposta, na decoração e na qualidade de execução. Dificuldades na discriminação das partes copiadas, recortadas e decoradas. Demonstrava muita raiva e apresentava muita resistência ao trabalho terapêutico. O trabalho corporal era bem aceito. M., até esse momento, não havia tido contato de qualquer espécie com rapazes e nem ficado com nenhum colega. Era uma adolescente muito bonita, chamando a atenção por sua beleza, porém com auto-estima e auto-imagem muito baixas e desvalorizadas.

Essas dificuldades apareciam nas propostas de entrelaçamento, onde ela não conseguia executar, nem mesmo se soltar com papéis quadriculares ou linhas, realizando superposição. Em propostas com fios elétricos, o aspecto afetivo era evidenciado; conteúdos inconscientes vinham à tona, trazendo as falhas na relação parental: ela sentia-se melhor trabalhando com o diâmetro mais grosso, onde apareciam a rigidez de sua mãe e a enorme flexibilidade (ou ausência) de seu pai; muitas vezes, estes fios finos nem eram modelados.

A partir daí, foi observada a necessidade de não haver nenhuma proposta de recortes (com perdas), nada que fosse separado ou cindido e, sim, atividades de cópia, decalque. No movimento corporal, foram utilizadas bolas de silicone, de borracha, de meia para dissolução de nós corporais. Combinou-se que M. traria um lanche para fazer trabalho em deglutição atípica, ora eu dando o alimento, ora ela mesma se alimentando sozinha. Ela estava em um momento oral muito evidenciado.

Foram realizados trabalhos com talco, argila, espuma, seda, tecidos, tinta, papel e, mais adiante, lixa fina, onde apareceu a mãe má, através de fantasias e sonhos persecutórios. Havia necessidade de M.

transferir comigo a mãe boa, sendo cuidada e assistida e, ao mesmo tempo, indicando-lhe autonomia, para que ela criasse responsabilidades, obrigações e prazeres. Foi necessário fazer um trabalho de maternagem, colar-me a ela, para que ela se descolasse (simbiose instrumental) e formasse sua imagem corporal, reconhecendo-se. Ao usar tinta com as mãos, fez uma floresta verde muito densa, com árvores muito parecidas com órgãos genitais, masculino e feminino. Ela ficou muito mobilizada e, ao se lavar, eu a acompanhei para ajudá-la a se limpar, assim como mãe faz com filha. Ela aceitou um pouco a ajuda, mas, em seguida, quis lavar-se sozinha.

A partir dessa sessão com M., eu comecei a sentir ânsia de vômito, em situações as mais variadas possíveis e, só um mês depois, durante a supervisão, ficou claro para mim a contratransferência, havendo um deslocamento da simbiose da mãe para mim. Segundo Bleger, o vínculo simbiótico é um vínculo de controle, onde se mobiliza no outro a nossa própria parte psicótica. Quando ela se vinculou comigo, a mãe se desestruturou e fazia constantes atuações, que verifiquei serem ataques freqüentes ao tratamento, vendo a melhora de M. como ameaça à própria segurança.

Agora, escrevendo o relato e associando a outras experiências clínicas, eu poderia arriscar dizer que é impossível ao terapeuta escapar de algum sofrimento. A saúde dela dependia da minha disponibilidade interna de acalentá-la, de dar conta da falta de cuidados e carinhos.

Nessas sessões, foram utilizadas propostas com cola, argila, tinta e, em movimento corporal, foram realizadas atividades de esquema corporal, imagem corporal, massagem e automassagem, músicas suaves, muito toque corporal, onde ela ia se reconhecendo, explorando e confirmando sua própria imagem.

Nesse período, os vômitos eram cada vez mais freqüentes e intensos. Havia também os ataques de M. em relação a mim, culpando-me pela intensidade dos vômitos e sentindo-se pior do que antes de revelar seu problema específico.

Ao mesmo tempo, ela não conseguia namorar nenhum rapaz, nem ter nenhuma experiência sexual, enquanto suas amigas namoravam, e uma delas até engravidou.

Em um determinado momento, M. conseguiu diminuir os vômitos, e seu sentimento foi de vazio.

Iniciou-se, então, um processo de depressão, isolando-se, sentindo-se inadaptada aos lugares e indicando-me filmes e peças muito

294

COMPARTILHAR EM TERAPIA
SELEÇÕES EM RAMAIN-THIERS

depressivas. Depois de algumas indicações dela, eu coloquei para ela que eu não queria a escuridão, o *dark*, eu queria sol, cores, vida, música, enfim, que o que eu desejava era a vida, e era também o que ela deveria estar precisando naquele momento. Ela ficou atônita, olhando-me e começou então a falar sobre o que era a vida para ela.

Paralelamente a este período, M. perdeu um amigo, cuja morte foi trágica, inesperada e não muito explicada pelas autoridades policiais. Houve muito sofrimento nesta perda. Já havia transcorrido um ano de terapia, sendo utilizado o Orientador Terapêutico Thiers para Adolescentes-AD.

Foi feita uma proposta de cópia em Simetria direita/esquerda, onde várias pranchas foram apresentadas, e ela escolheria uma delas. Pranchas oferecidas: Aves: garça, pintinho, tucano, galo e cisne.

Escolha: cisne. A proposta seria realizada em várias etapas.

1.º) copiar o modelo em simetria direita/esquerda;
2.º) recortar e colar em cartolina;
3.º) decoração com material oferecido: lantejoulas, canutilhos, miçangas, penas coloridas, purpurina, pilotos;
4.º) apoio da ave sobre dois suportes, onde ela deveria sustentar e manter-se em pé,
5.º) criar uma história daquela ave por escrito.

Iniciou-se a proposta que teve a duração de, aproximadamente, oito sessões e, várias vezes, L. fez associações de sua vida e o momento atual pelo qual estava passando. Foram realizadas todas as etapas, onde ela não demonstrava qualquer preocupação com o tempo e o número de sessões utilizadas, parecendo precisar de todo aquele tempo para elaboração de seus conteúdos internos. Houve momentos de muitas emoções e sentimentos, como: raiva, culpa, tristeza, alegria, melancolia, negação, frustração, aceitação. Enfim, L. escreveu a seguinte história:

> *Eu estava sentada em uma caverna. A caverna não era uma caverna majestosa, com água cristalina. Eu encontrava-me lá e quando gritava não escutava o eco. A minha voz simplesmente se perdia. Essa caverna da qual eu estava falando, na realidade, é um buraco. Um buraco escuro, muito pequeno, cavado na parede de uma montanha alta. Quando eu olhava para fora do buraco, a única coisa que eu encontrava era um imenso abismo. Eu não enxergava o topo da montanha. Essa caverna me deprimia. Eu*

estava com medo de que o buraco me esmagasse, sufocasse. A minha vontade de fugir não podia ser realizada porque a conseqüência seria a queda no fundo desse abismo. Eu estava sendo confrontada com dois extremos que iam me levar ao mesmo fim. Ou eu ficaria vegetando nesse buraco até achar a paz na morte ou eu terminaria no abismo.

Eu encostei a cabeça na parede gelada da caverna, pensando, tentando achar um meio-termo. Esse meio-termo seria a saída desse buraco, o afastamento do abismo e a descoberta de um novo caminho. Aí se eu pudesse voar... eu abriria as asas, fazia um esforço enorme, me afastaria desse vale, formado por uma montanha e um abismo e depois iria planar na direção que o vento me levasse. Eu prendi a respiração por alguns segundos, surpreendida que esse pensamento tão espontâneo, poderia ser o básico de uma idéia nova. Eu fechei os olhos, relaxei e comecei a desenvolver esta idéia.

Eu tinha que formar um pássaro dentro de mim. Eu tinha que ser dominada completamente pela vontade de ser um pássaro e me libertar de vez dessa prisão, o mais importante agora era construir essa ave. Eu escolhi o cisne. A forma dele surgiu na minha cabeça. Ele era esbelto. O pescoço dele era forte e longo. A cabeça um pouco inclinada. As asas entreabertas, o bico também. O meu cisne não era um cisne comum. Ele não era branco e penudo. Ele brilhava em várias cores. O pescoço e a cabeça eram azuis. Esse azul me lembrava do mar. Um azul profundo que passa a idéia de paz interior. Os olhos negros pareciam sérios e dedicados. O bico tinha uma cor fosforescente. Ele chamava a atenção. Ele queria falar, cantar e gritar. As asas tinham uma cor púrpura. Uma cor intensa que me lembrava do nascer do sol. Uma parte do corpo eu cobri de lantejoulas e via a minha imagem. Esse cisne era eu. No final das asas e na ponta do rabo cor de ouro, eu colei penas brancas e macias. O vento nessas penas e elas começavam a se mexer, dando um impulso para voar.

O meu cisne era lindo!

Eu estou falando como se esse cisne pertencesse ao passado, mas ele está dentro de mim, aguardando, esperando para abrir as asas e sair voando.

Porque esse é o seu direito!

Naquela época, houve um episódio muito marcante, quando a família viajou em um fim de semana, e M. ficou só com a mãe em casa. Conversaram muito e M. relata à mãe que os doces europeus que ela tirava dos armários da família e o fato de ela comer muito faziam-na sentir-se muito mal e, então, ela havia concluído que, se comesse menos, vomitaria menos. A mãe concordou, e conversaram muito a esse respeito. À tarde M. saiu e, ao voltar, a mãe lhe diz muito feliz: Olhe, M., eu fiz 8 potes de mousse de chocolate, porque sei que você adora. M. enfureceu-se, mas comeu todos eles e vomitou bastante como conseqüência.

Ao relatar este episódio em terapia, clarifiquei que ela havia entrado no desejo da mãe. E que o primeiro vômito e os outros, até aquele momento, estavam relacionados ao veneno que introjetava e colocava para fora em forma de vômitos.

Mais tarde, à medida que a terapia transcorria, e ela aos poucos melhorava, os vômitos eram relacionados a sua sexualidade, como orgasmos, que diminuíram no momento que encontra o outro e se relaciona como namorada na troca e percebendo já as diferenças.

Fazendo uma leitura, hoje, sobre este episódio, entendo que M. tentava, através de uma decisão, de um poder seu, proteger-se, diminuindo o sintoma (em relação aos doces que vinham da Europa, ela poderia decidir comer menos; a família que estava na Europa não a ameaçava, não tinha poder suficiente de invadi-la). Ao passo que sua atitude não é essa ao ver-se frente aos oito potes de mousse feitos pela mãe. Não consegue poder decidir tomar um só, porque, quando a mãe dá os oito potes, ela come compulsivamente os oito potes, significando dizer: Eu não tenho o poder para impedir que você me invada. E engole a mãe e, por isso, tem que vomitar e não deixar que a mãe ocupe todo o espaço dentro dela como mousse de chocolate.

Neste momento, gostaria de citar Bleger e acrescentar algumas citações como ilustração ao estágio de desenvolvimento psíquico de M.:

> *A simbiose é uma estreita interdependência entre duas ou mais pessoas que se complementam para manter controladas, imobilizadas e, até certo ponto, satisfeitas as necessidades das partes mais imaturas da personalidade; tais partes exigem condições que estão dissociadas tanto da realidade como das partes mais maduras ou integradas da personalidade. Esta parte imatura e mais primitiva da personalidade permaneceu segregada do ego mais integrado*

> *e adaptado, e configura um todo com características específicas que me conduziram a reconhecê-lo como o núcleo aglutinado da personalidade. A segregação deve ser rigidamente mantida porque, caso contrário, pode-se produzir a desagregação psicótica. A característica fundamental desta parte psicótica da personalidade é o não haver nela discriminação entre eu e não-eu, e, tampouco, entre os diferentes componentes ou identificações de diversas experiências de momentos distintos, nem entre objeto bom e mau ou entre as diferentes fases (oral, anal e genital).*

Enquanto sua melhora acontecia, mais sua mãe atacava sua terapia e a mim como terapeuta e, finalmente, sua mãe encontrou uma Fonoaudióloga para M. fazer exercícios para deglutição atípica. Ocorreu, então, o choque das duas terapias e passou a acontecer uma desvalorização real, porque passou a ser financeira, em relação ao meu trabalho. Em uma sessão comigo, M. pagou-me com um cheque de valor muito superior ao meu preço e desculpou-se dizendo que aquele pagamento era da outra terapeuta e pagou com o outro cheque de valor bem inferior. Guardei esta atitude para falar mais tarde em um outro momento mais adequado.

Porém fatos foram ocorrendo em um tempo muito curto e M. faltando a algumas sessões também, o que terminou acarretando um ataque violento de sua mãe ao trabalho realizado comigo e foi marcada uma data para M. finalizar a sua terapia psicomotora.

Durante este período, M. já havia tido um relacionamento com um rapaz na Europa, durante suas férias e um outro de pouca importância aqui no Rio. E estava no momento namorando um rapaz seis anos mais velho que ela, e houve, então, sua primeira experiência sexual. Foi uma época muito bonita para M., de muita riqueza em trocar com ele, viajar, aceitá-lo, dentro do possível, como ele era e buscar uma harmonia na relação. Havia interferências da mãe, desqualificando o namorado de M. e suas amizades também. Os vômitos diminuíram bastante e já conseguia ficar cinco meses sem provocar vômitos.

Com a finalização de sua terapia, foi solicitado que realizasse uma proposta do Orientador Terapêutico Thiers-AD-15- Trabalhos de grupo e AD-15-15 - O Bouquet.

É uma atividade de grupo, porém eu a transformei em individual, dando-lhe o desenho em xerox, papel de cópia em cores rosa, azul, amarelo e verde, lápis preto e de cor, tesoura, cola, cartolina e papéis

298

COMPARTILHAR EM TERAPIA
SELEÇÕES EM RAMAIN-THIERS

laminados nas mais variadas cores. A realização seguiria as seguintes etapas:

1. Completar o interior do seu bouquet a seu modo.
2. Decalcar as flores, usando papel de cópia colorido.
3. Decalcar as folhas do bouquet em verde.
4. Recortar as flores e folhas separadas e transpor para os papéis laminados em cores escolhidos por ela.
5. Montar sobre uma folha de cartolina o seu bouquet, com as flores e folhas que seriam coladas só pela parte central, a fim de que as pétalas e folhas ficassem levemente levantadas.

M. iniciou a proposta. Demorou bastante na execução, na realização e na finalização, usando muito este tempo como forma de se despedir, se separar, se desligar da terapia e, ao mesmo tempo, construindo algo para si mesma e levar para casa.

As sessões eram intercaladas com movimento corporal de saída, de soltar, desligar, despedir-se, com vários materiais usados por ela até aquele momento. Ela demonstrava muita seriedade nesses movimentos, tendo internalizado bastante a terapia e elaborando inúmeros conteúdos inconscientes seus, reconhecendo como foi importante para ela aquele período todo comigo. Como ela havia melhorado, porém sentindo-se impotente diante da decisão de sua mãe em interromper o processo terapêutico. Ao mesmo tempo, dizia sentir-se muito bem com a Fonoaudióloga, porque ela fazia muitos trabalhos de relaxamento facial e era mais agradável para si ir a ela do que vir a mim.

Foi marcado um encontro com M. e sua mãe para fazer um fechamento e falar de sua evolução até aquela data.

Essa entrevista foi extremamente difícil; a mãe jogou toda a sua raiva em mim, de uma forma muito grosseira, desqualificando-me, não reconhecendo nenhuma melhora em M.

Naquele momento, devolvi que as falas e atuações dela funcionaram como ataques violentos, toda a sua própria desqualificação como mãe, que este material era dela e não meu, que ela não pode suportar a melhora de M. e precisava interromper a terapia, e que o cisne que M. havia construído tinha um paralelo com sua história de vida e os contos de fadas: como o patinho feio que se transforma em cisne com direito à vida; e João e Maria, onde, após matar a bruxa e obter o dinheiro de que a família precisava, as crianças fizeram a travessia do lago carregadas por um cisne, retornando à casa paterna.

A mãe de M. transtornou-se, perdeu o controle. M. chorava, e eu coloquei-me como autoridade no caso, sinalizando todas as suas falas e não permitindo que a mãe saísse do consultório no momento mais crítico. Foram minutos extremamente difíceis para mim, M. e sua mãe. E disse isso para a mãe, que ela precisava terminar a entrevista daquela maneira, até para que M. não levasse com ela uma boa despedida e, sim, levasse consigo a sua desqualificação, menos valia, a sua impotência, mas que isso não seria possível, porque M. já se reconhecia e se discriminava dela.

Após alguns minutos, terminou a entrevista de M. e sua mãe com o objetivo de interromper a terapia psicomotora de M.

M. havia escolhido em sua pasta alguns trabalhos que havia realizado, entre eles, o cisne. Levou o envelope com ela e nos despedimos. Senti-me bastante emocionada, ao abraçar M. na despedida.

Um ano após esta data, encontrei M., e ela relatou-me que iria para a Europa no mês seguinte, estudar lá. Ela gostaria de fazer Psicologia aqui, porém achava melhor ir para a Europa, entrar na universidade e voltar com uma transferência para o Rio de Janeiro.

Hoje, dois anos depois, ao desenvolver este caso clínico mais detalhadamente, senti necessidade de telefonar para M. para saber se ela estava no Rio e se havia guardado o cisne, para que eu pudesse ilustrar este escrito. Deixei recado em sua residência, e ela me retornou a ligação no mesmo dia. Conversamos um pouco ao telefone, e marcamos um horário, para que ela falasse um pouco mais. Ela veio ao consultório em dezembro de 1996 e relatou os seguintes fatos:

- Foi para a Europa em abril de 1994 para fazer terapia ocupacional. Não conseguiu entrar na faculdade. Ficou lá trabalhando em diversos lugares, inclusive por um mês em uma instituição de psiquiatria que atendia deficientes mentais e físicos, como estagiária, intercalando um trabalho e outro com viagens pela Europa.
- Em fins de setembro de 1994, a mãe de M. descobriu uma metástase de um câncer de pele que havia tido dez anos atrás. A mãe fez uma cirurgia nos Estados Unidos e foi para a Europa, onde M. estava, para se recuperar. Nesse período, M. relatou que havia parado os vômitos há mais ou menos um ano, e com a visita da mãe, M. voltou a vomitar algumas vezes na Europa. M., nessa época, entrou para a faculdade de Letras, mas parou de estudar, porque não era o que ela queria. Durante este tempo, M. trabalhava na Europa, e sua mãe fazia tratamentos aqui no Brasil, porém seu quadro clínico piorava, e M.

resolveu voltar ao Brasil em julho de 1995. Chegou ao Brasil e cuidou de sua mãe até o seu falecimento, durante seis meses. Usou tudo que havia aprendido no estágio na Europa, para poder lidar melhor com a mãe.

- M. relata que, durante sua vida toda, só ouviu sua mãe lhe dizer uma única vez: Eu te amo, minha filha, durante um dia que cuidava dela em um momento difícil.
- Em dezembro do mesmo ano, sua mãe faleceu, e hoje M. cursa Faculdade de Psicologia no Rio de Janeiro; faz análise junguiana e reconhece que o início de sua análise ocorreu com Ramain-Thiers. Mostrou-se interessada na técnica.

Hoje, fazendo uma última leitura sobre o encontro com M., entendo que M. se sentiu amedrontada com o meu telefonema, e a solicitação de que comparecesse ao setting seria voltar à cena comigo. Porque voltar lá, inevitavelmente, traria a lembrança da despedida, como se um pouco de sua mãe tivesse ficado comigo, como se eu estivesse envenenada, não sabendo se me encontraria inteira ou despedaçada. Ela viu a mãe fazer comigo o que fazia com ela, e foi importante voltar um tempo depois e me encontrar inteira e, principalmente, sem nenhuma raiva dela.

BIBLIOGRAFIA

BLEGER, J. *Simbiose e ambigüidade*. 2.ª ed., Rio de Janeiro: Francisco Alves, 1977.

THIERS, S. *Orientador terapêutico Thiers para adolescentes-AD*. 1.ª ed., Rio de Janeiro: CESIR, 1992.

Capítulo IV

CONCLUSÃO

A Ciranda do Compartilhar

SOLANGE THIERS*

Conferência de Encerramento do I Encontro Nacional Ramain-Thiers

Estamos despedindo-nos deste I Encontro Nacional Ramain-Thiers. Esta conferência A Ciranda do Compartilhar propõe-se a falar do compartilhar, entrelaçando eu e vocês, através de cantigas de roda.

Proponho que compartilhem comigo desta conferência, aproveitando os momentos dos temas musicais, para entrarem em contato consigo mesmo, com todo o ambiente externo e perceberem a relação com o outro, acompanhando o seu sentir.

Ciranda... cirandinha
Vamos todos cirandar
Vamos dar a meia-volta
Volta e meia vamos dar.

Ouvindo estes versos de uma das mais conhecidas cantigas de roda, do que vocês lembram? Sem dúvida, a melodia faz despertar um passado distante... evocam-se imagens de crianças brincando nos pátios de escola, nos parques, nas calçadas... Quem não se lembra de um grupo de crianças brincando de roda? Crianças que, girando seus corpos,

---

* Psicanalista, Psicóloga, Psicomotricista, Presidente do I Encontro Nacional Ramain-Thiers.

encontram alegria, prazer, divertimento, quando reunidas em círculos, cantam, dançam em diferentes cirandas infantis.

Na nossa lembrança, ficou impregnada a melodia suave. No nosso sentir, a saudade de um tempo introjetado como bom e que foi um tempo de brincar... um tempo de criança... E a nossa criança interna pode despertar nas associações de cada um.

Escolhi encerrar falando da ciranda do compartilhar pela riqueza de conteúdo latente que existe no movimento das cirandas, no que se refere à construção do sujeito social e que tem origens sociológicas, antropológicas, psicológicas.

As cirandas infantis são formas lúdicas do compartilhar que desenvolvem a capacidade tônica do dar, do receber, do ouvir, ser ouvido, do respeito a regras, desenvolvendo não só o físico, como também o emocional, o mental e o social. Tudo isto nos remete ao psicomotor: o corpo movimenta-se de forma primitiva, liberando tensões. O ritmo é um único bem marcado por palmas, passos, enquanto braços e pernas acompanham, no balanço, o movimento de coesão grupal. Cada ciranda exige um preparo antecipatório, a memória da evocação e, na hora exata, a espontaneidade da ação, a improvisação.

A perspectiva da sociabilidade é trabalhada no contágio grupal e na busca de adaptação para integrar-se a normas, a questões de aceitação e rejeição dentro de um grupo social.

Freud, quando se refere à descrição de vida mental coletiva em Psicologia de Grupo, cita a importância do folclore e das canções populares como agentes sociais capazes de promover a criatividade. O que antes podia parecer criação individual, nada mais é que o aperfeiçoamento de um trabalho mental, em que muitos já participaram grupalmente.

Vários estudiosos preocuparam-se com o estudo do folclore, no que se refere a cirandas e jogos infantis como agentes catárticos das necessidades das crianças.

O psicólogo alemão Karl Gross foi quem primeiro percebeu as funções psicológicas, sociológicas e pedagógicas dos jogos cantados. Claparède referia-se às cirandas infantis como continuidade de fins fictícios. E que fins fictícios são estes que não o reviver inconsciente de fantasias infantis, que são cantadas em roda, repetindo movimentos antropológicos de rituais de iniciação?

As cirandas são de origem portuguesa e francesa e foram trazidas para o Brasil pelos colonizadores em geral. Aculturadas ao povo brasileiro, através do contato com o negro e com o índio, fazem parte hoje do nosso folclore. Buscam recriar antigos costumes, processos de iniciação, de origem tribal realizados em círculos, ora no sentido horário, ora no sentido anti-horário... assim como diz a letra de ciranda, cirandinha.

... Vamos dar a meia-volta
Volta e meia vamos dar

Consultando teóricos sociólogos e antropólogos que pesquisaram os ritos de iniciação, encontramos que eles são marcos de transição usados entre os povos primitivos que vivem, na fantasia do ritual, a tradição de seus costumes, a perpetuação de seus valores, como fenômenos que sustentam o sujeito dentro de sua sociedade.

Repensemos no hoje... Nós também vivemos nesta sociedade multifacetada, onde, nas trocas do compartilhar, sempre buscamos, dentro de nós, os valores introjetados pela qualidade da relação anterior. As crianças de hoje estão perdendo a oportunidade de transformar-se em seres sociais mais eficazes no seu tempo, porque a perda precoce da fantasia infantil as transformou numa espécie de adultos-mirins que respondem a contento aos inúmeros apelos do mundo exterior, vivendo fora de si pela chamada incessante dos eletrônicos, do consumismo. É a conseqüência natural da verticalização das cidades e da violência dos grandes centros que tiraram as crianças das calçadas e do seu brincar mais livre.

A criança de hoje está crescendo sem referências internas, oriundas das experiências em grupo, afastando-se da estrada da sua própria vida, preenchendo o seu mundo interno com máquinas que criam modelos estereotipados que vivem por ela e para ela, sem lhe dar o direito de sentir. É o brincar solitário. O resultado é este: uma sociedade que vive à margem de sua estrada de vida, no acostamento do viver realmente, pela perda da introjeção de valores que servem de referência no mundo adulto. Assim como os primitivos têm suas regras, seus rituais, sua forma de vida comunitária, nós também só podemos pensar na construção da cultura de um povo, se for possível conviver com o avanço tecnológico, sem retirar das crianças o direito de construir a sua história particular, cheia de lembranças infantis afetivas, boas ou más, porém impregnadas de valores e tradições de cada núcleo familiar. O povo brasileiro, ficando no acostamento da vida, não reconhecendo em si o direito de construir a sua história, deixa também de construir uma história cultural melhor para nossa sociedade. Nós fazemos parte de uma era de vazio de valores, de dificuldades de compartilhar, de um estado de solidão interna, que se manifesta pela insatisfação, ambição, voracidade, inveja, o que nos leva a constatar que as ansiedades mais precoces não puderam ser elaboradas por carência do viver, sentir, explorar as situações.

Haveria, então, diferença entre as crianças do passado e as crianças da atualidade? Existe sim, e eu percebo que a diferença fundamental está na violência social e na verticalidade que gerou uma tecnologia, que é mal administrada. Sem dúvida, não se vive mais sem estas máquinas, extensões do homem, mas é preciso repensar que também não existe no mundo tecnologia que ocupe o lugar da relação afetiva, e não há saber mais importante que a relação amorosa no vivenciar. O brincar espontâneo das crianças cede espaço à repetição de estereótipos, e elas crescem, sem dúvida, com boa capacidade de conhecimentos, informações, excelente manejo de máquinas, mas afetivamente carentes, sem os valores culturais, tradições que se perderam e que retiram delas a capacidade de buscar e encontrar, dentro de si, as condições de lutar – ceder – dar – receber, quando a vida assim solicita. A maior contribuição terapêutica é, exatamente, facilitar o autoconhecimento, descobrir o eu oculto, aceitar a Lei Maior, entrar na cultura.

No desenvolvimento psíquico, a criança passa pelos diferentes processos de evolução. E como é bom quando ela pode projetar seus sentimentos nas suas brincadeiras... nós sabemos muito bem disto. As cirandas infantis trazem uma variação bem vasta de temas que coincidem com os momentos de ansiedade e angústia da transição. Por exemplo: vocês lembram de *O cravo brigou com a rosa*? Muitas vezes cantada no momento em que, no pequeno grupo que brinca, uma das crianças vive o conflito de pais que brigam em casa e sugere ao grupo brincar para liberar o brigar. É cantada, a partir do emergente do pequeno grupo que libera a tensão grupal.

> *O cravo brigou com a rosa*
> *Debaixo de uma sacada*
> *O cravo saiu ferido*
> *A rosa despedaçada...*

Cantar *O cravo brigou com a rosa* é, inconscientemente, liberar a representação do masculino e do feminino que se defronta, é o compartilhar das identificações com as figuras parentais, é reviver a relação alucinatória do desejo infantil de sair vencedor na disputa tríade.

As cirandas permitem a liberação catártica de angústias e a constatação dolorosa das perdas.

> O anel que tu me deste
> Era vidro e se quebrou
> O amor que tu me tinhas
> Era pouco e se acabou.

Aqui, as crianças, identificando-se com os movimentos amorosos, cantam as questões do compartilhar. O ser humano adulto não deseja para si o simbólico do anel de vidro, mas aceita muitas vezes as relações pouco felizes, onde o amor que era pouco se acabou, e o vidro se quebrou.

Submeter-se a um tipo de relação assim é não compartilhar. Pode estar vinculado ao desconhecimento que se tem de si, preso na pulsão de morte, que determina a não vida. A perseguição interna paralisante ocupa o espaço de vida.

O anel que se quebrou... O amor que era pouco e se acabou falam, também, do conflito entre a pulsão de vida e a pulsão de morte, da quebra do vínculo afetivo e o conseqüente surgimento de perda.

O anel simboliza o elo que une...

O vidro, a fragilidade que se quebra.

O conflito entre as duas pulsões: vida x morte é precursor de uma insegurança paranóide que remete às raízes do não poder introjetar e que será a solidão interna.

> Como pode um peixe vivo
> Viver fora d'água fria
> Como poderei viver
> Como poderei viver
> Sem a tua, sem a tua
> Sem a tua companhia...

Nesta cantiga infantil, torna-se evidente a simbiose materna, o movimento de não vida, paralisante, através do simbolismo do peixe que não pode viver fora da água fria – a representação da mãe má que aprisiona e que impede o rompimento da célula narcísica.

308

Não é possível viver... sem a tua companhia... porque não tem desejo... não se tem vida própria... não surge a ferida narcísica.

A capacidade de compartilhar está na elaboração da perda, quando se podem integrar partes que trazem a sensação de solitárias, danificadas. A diminuição da fragmentação interna, a crescente tomada de consciência da realidade fazem com que se encontrem, dentro de si, as fontes de esperança.

Muitas vezes, as fontes de esperança surgem mescladas na fantasia pelo brilho e luminosidade.

Assim é que os diferentes momentos de transição do crescimento psíquico são cantados em cantigas de roda. Voltando à análise dos trechos das cirandas, podemos ouvir esta cantiga que nos fala de enamoramento.

> *Se esta rua, esta rua*
> *Fosse minha...*
> *Eu mandava... eu mandava ladrilhar*
> *Com pedrinhas... com pedrinhas de brilhante*
> *Para o meu... para o meu amor passar.*

É desta forma que o pré-adolescente canta o futuro, seus sonhos amorosos. Enamorado... apaixonado... ele se sente onipotente e com o poder... utiliza-se do simbolismo do brilhante, a pedra mais preciosa. O brilhante é um diamante lapidado, símbolo da verdade, da luminosidade, da maturidade, muito belo como referência para a sua descoberta do estado de enamoramento. Ladrilhar é para nós, Ramain-Thiers, fazer mosaicos... que são formas de quebra-cabeças... reeditando a situação edipiana. É interessante constatar isto e contrastar que o enamoramento de hoje passa pela Internet, pelos computadores, onde os adultos também vão esquecendo suas formas afetivas, corporais, de amar e compartilhar.

As crianças, cantando, brincando, repetindo, projetando e introjetando os valores sociais que servirão de suporte ao eu adulto, ainda podem descobrir nuanças do compartilhar. Coincidentemente, o folclore brasileiro resgata a pureza do povo através de seus jogos, através de suas cirandas...

O movimento emocional fica novamente explicitado, quando, por exemplo, o grupo, brincando de roda, escolhe cantar a cantiga rimada Teresinha de Jesus:

Teresinha de Jesus
De uma queda foi ao chão
Acudiram três cavaleiros
Todos três chapéu na mão
O primeiro foi seu pai...
O segundo, seu irmão...
O terceiro foi aquele
Que a Teresa deu a mão.

No crescimento emocional e preparo para a vida adulta, as meninas cantam o movimento edipiano: A queda de Teresinha pode ser lida como o momento da angústia de castração, quando é vivida a diferença anatômica dos sexos, a entrada no movimento edipiano.

Identificando-se com a mãe, reconhece os três homens de sua vida.

- Primeiro foi seu pai – para quem são dirigidos os seus primeiros sentimentos afetivos, heterossexuais. O pai é o primeiro a despertar na menina o amor heterossexual.
- Segundo, seu irmão – aquele para quem são deslocados os sentimentos proibitivos dirigidos ao pai. É o primeiro namorado, com quem ela vive ainda uma relação de irmão, pouco sexualizada.
- Terceiro foi aquele que a Teresa deu a mão...

Dar a mão significava, no passado, ficar noiva para casar, para partilhar o viver maduro da idade adulta e que tem como representação a plenitude da vivência sexualizada, a aprovação para o gozo e prazer, o compromisso de vida a dois.

Na vida, só se pode compartilhar quando, elaboradas as perdas, se criam vínculos... vínculos afetivos... ideativos... morais e filosóficos. A estes vínculos eu chamo de engajamento. Engajamento exige renúncia a posturas narcisistas alienantes da realidade, mobiliza a necessidade de compromisso, de respeito mútuo e solidariedade social. Prosseguindo na análise das cirandas infantis, continuo trazendo a cantiga de ciranda... cirandinha... no trecho em que a canção diz assim:

E assim... meu amigo
Entre dentro desta roda
Diga um verso bem bonito
Diga adeus
E vá se embora.

Neste trecho, pude encontrar a nossa ciranda do compartilhar...
o nosso I Encontro Nacional Ramain-Thiers:

Cada convidado com o seu saber, engajado no movimento de dar
e receber, dizia seu verso mais bonito, para enriquecer o evento com o
seu conhecer, o seu sentir.

Vocês, os participantes, na ciranda do compartilhar, giravam de
uma sala a outra, davam meia-volta, volta e meia, entrando e saindo
das rodas que se reuniam para acolher aquele que dizia o seu verso mais
bonito: a sua contribuição científica, a sua experiência clínica ou a sua
proposta vivencial.

Neste momento, vocês estão aqui para ouvir o meu verso mais
bonito.

E o meu verso, neste momento, é aquele que brota do mais
profundo do meu ser e que é simplesmente o agradecer pelo conhecer...
agradecer pelo sentir... agradecer pelo compartilhar...

- Agradecer a vocês que estiveram e estão conosco nesta ciranda.
- Agradecer às Comissões da Organização Científica e Divulgação, que
  montaram este evento com muito amor e entusiasmo.
- Às Equipes de Coordenação e Supervisão das cidades, que difundem
  Ramain-Thiers.
- A todos os terapeutas Ramain-Thiers que beneficiam milhares de
  pessoas neste imenso Brasil.
- Aos grupos em formação: a vibração dos novos!
- Aos amigos que transformam os momentos difíceis pela capacidade
  do co-sentir.
- À minha família, pelo compartilhar na ciranda da vida!

Este Encontro Nacional é um dos momentos de construção
histórica Ramain-Thiers, e eu compartilho com vocês a minha alegria.

Ramain-Thiers é um processo sociopsicoterapêutico que foi
construído pelo meu compartilhar com inúmeros grupos brasileiros,
durante mais de vinte anos, sentindo as necessidades da mente coletiva
de um povo, conhecendo o que era preciso ser feito e criando as bases
de Ramain-Thiers.

Foi em Recife, Pernambuco que, trocando as cores dos lápis, se
delineou o momento de transformação, após um tempo de preparo,
organização e coesão grupal.

A ciranda é uma amostragem da história coletiva de Ramain-

Thiers. Este evento é uma amostragem coletiva de profissionais que aqui estiveram, que aqui contribuíram e participaram da ciranda.

Na ciranda do compartilhar, fica a mensagem coletiva de que sempre é e será possível transformar através do conhecer, do sentir, do viver.

Como agradecimento à vida por esta oportunidade que me levou a assumir o transformar, homenageio o berço histórico de Ramain-Thiers, através do trecho do vídeo No balanço do mar. A dança folclórica é uma representação grupal de resgate da cultura brasileira, é a preservação da pureza e da beleza, do ritmo e da coesão de um povo que sente prazer e engajamento, quando, dançando nas areias das praias, canta junto o seu compartilhar.

BIBLIOGRAFIA

ARAÚJO, A. *Folclore nacional – Danças, recreação, música*. São Paulo: Melhoramentos, 1967.

D'ASSUMPÇÃO, J. *Curso de folclore brasileiro*. Rio de Janeiro: Freitas Bastos, 1967.

FREUD, S. Psicologia de Grupo. *In: Obras Completas*. Vol. XVII, Rio de Janeiro: Imago, 1976.

KLEIN, M. *O sentimento de solidão*. Rio de Janeiro: Imago, 1975.

KLEIN, M.& outros. *A educação de crianças à luz da investigação psicanalítica*. Rio de Janeiro: Imago, 1973.

KLEIN, M. & RIVIERE. *Amor, ódio e reparação*. Rio de Janeiro: Imago, 1975.

KONDER, L. Os intelectuais e o poder. *O Globo*, Caderno Opinião, 14.04.96.

LEAL, A. & GUIMARÃES, V. *No balanço do mar*. Vídeo, Recife, Projeto Experimental da UFP, Curso de Comunicação Social. Habilitação Jornalismo, 1995.

THIERS, S. & cols. *Sociopsicomotricidade Ramain-Thiers – Uma leitura emocional, corporal e social*. São Paulo: Casa do Psicólogo, 2.ª ed., 1998.

ANEXOS

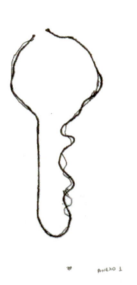

Anexo 1

Anexo 2

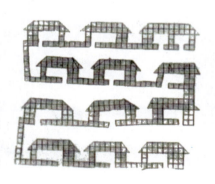

Anexo 3

Anexo 4

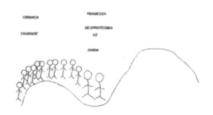

Anexo 5

Anexo 6

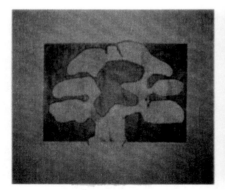

Anexo 7

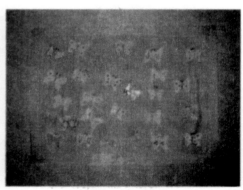

Anexo 8

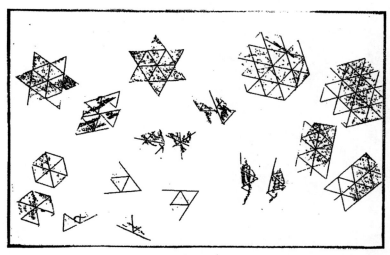

Anexo 9

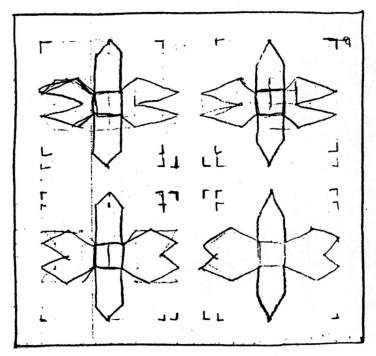

Anexo 10

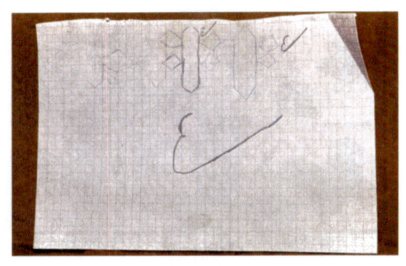

Anexo 11

Anexo 12

Anexo 13

Anexo 14

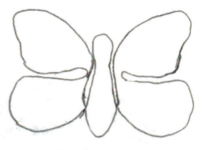

Anexo 15

Anexo 16

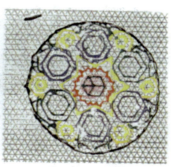

Anexo 17

Anexo 18

Anexo 19

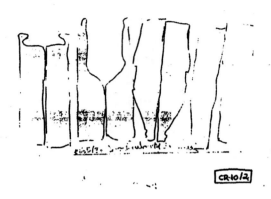

Anexo 20

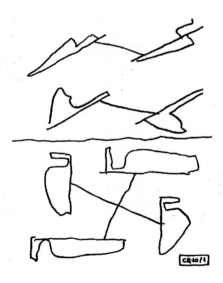

Anexo 21

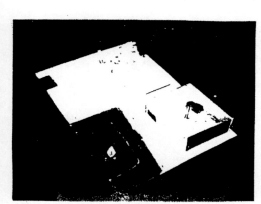

Anexo 22

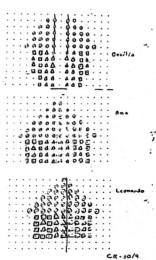

Anexo 23

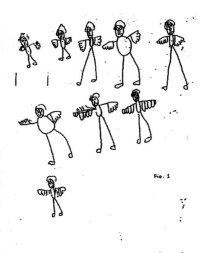

Anexo 24

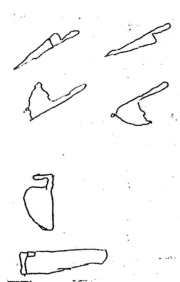

Anexo 25

Anexo 26

Anexo 27

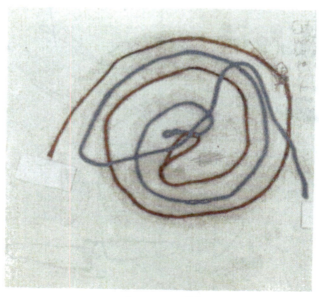

Anexo 28

Anexo 29

Anexo 30

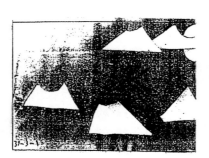
Anexo 31

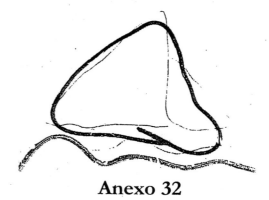
Anexo 32

Anexo 33

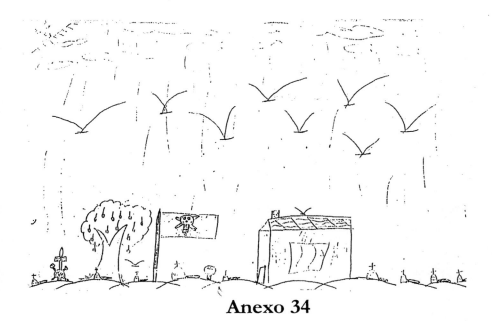

Anexo 34

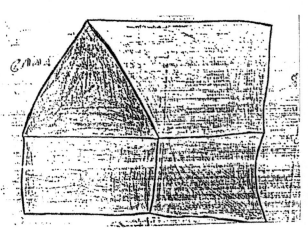

Anexo 35

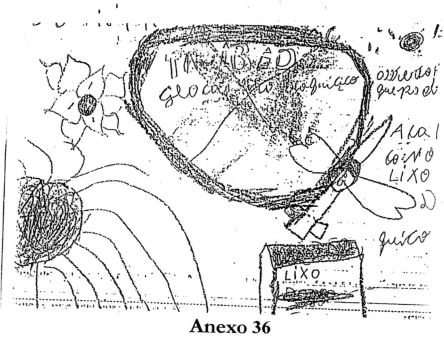

Anexo 36

Os Autores

Ana Lúcia Mandacaru Lobo (SP) – Psicóloga, Coordenadora do Núcleo Ramain-Thiers da cidade de São Paulo, Terapeuta de formação Ramain-Thiers, Mestranda do Departamento de História Social da USP.

Angela Maria de Albuquerque Duarte (RJ) – Psicóloga, Sociopsicomotricista Ramain-Thiers, Supervisora da cidade do Rio de Janeiro e das cidades de Salvador e São Paulo, Psicóloga do Setor de Saúde Mental da Secretaria Municipal de Saúde do Rio de Janeiro.

Angela Renner (RJ) – Educadora, Psicomotricista, Sociopsicomotricista Ramain-Thiers, Sócia fundadora da ARB, Sócia Titular da Sociedade Brasileira Ramain-Thiers-SBRT, Sócia da Sociedade Brasileira de Psicomotricidade-SBP.

Beatriz Mazzolini (SP) – Psicóloga, Psicopedagoga, Sociopsicomotricista Ramain-Thiers, Supervisora do Núcleo Ramain-Thiers da cidade de São Paulo, Mestranda de Psicologia Escolar no Instituto de Psicologia da USP.

Cybele Amado de Oliveira (BA) – Pedagoga especializada em Orientação Educacional, Sociopsicomotricista Ramain–Thiers, Supervisora Ramain-Thiers da cidade de Salvador.

Daisy Floriza Cavalcanti Amaral (PE) – Psicóloga, Sociopsicomotricista Ramain-Thiers, Supervisora Ramain-Thiers da cidade de Recife.

Elisabete Cerqueira Mancebo (RJ) – Psicóloga, Pedagoga, Sociopsicomotricista Ramain-Thiers, Psicoterapeuta de grupo, Psicanalista.

Ethel Querino Bastos (RJ) – Pedagoga, Sociopsicomotricista Ramain-Thiers.

Fátima Alves (RJ) – Fonoaudióloga, Sociopsicomotricista Ramain-Thiers, Supervisora da cidade do Rio de Janeiro.

Fátima Prado Maia (RJ) – Fonoaudióloga, Sociopsicomotricista Ramain-Thiers.

Gregório F. Baremblitt (BH) – Médico Psiquiatra - Universidade Nacional de Buenos Aires, Fundador do Grupo Psicanalítico Plataforma, Coordenador do Instituto Félix Guattary de Belo Horizonte.

Helenice Soares (RJ) – Pedagoga, Psicopedagoga Clínica, Sociopsicomotricista Ramain-Thiers.

Heloisa R. Muneratti (SP) – Psicóloga, Sociopsicomotricista Ramain-Thiers, Supervisora do Núcleo Ramain-Thiers da cidade de São Paulo.

Henriqueta Ferreira Brunoro (SP) – Pedagoga, Sociopsicomotricista Ramain-Thiers.

Jussara Teixeira Orlando (DF) – Psicóloga, Sociopsicomotricista Ramain-Thiers, Psicodramatista e Terapeuta de Família, Supervisora Ramain-Thiers da cidade de Brasília-DF.

Karina Codeço Barone (SP) – Psicóloga pelo Instituto de Psicologia da USP, Sociopsicomotricista Ramain-Thiers, Supervisora do Núcleo Ramain-Thiers da cidade de São Paulo.

Luís Carlos Alvarenga Valim (MS) – Médico, Psiquiatra, Sociopsicomotricista Ramain-Thiers, Membro da Equipe de Supervisão de Campo Grande - MS.

Margot Duarte (PE) – Psicóloga Escolar e Clínica, Sociopsicomotricista Ramain-Thiers, Supervisora Ramain-Thiers da cidade de Recife.

Maria da Graça Veiga Conceição – Psicóloga, Sociopsicomotricista Ramain-Thiers, Presidente e Titular da/pela Sociedade Brasileira de Psicomotricidade-SBP Cap PR-1997, Mestranda em Psicologia Clínica.

Maria Goretti E. Nunes (PE) – Psicóloga, Sociopsicomotricista Ramain-Thiers. Supervisora Ramain-Thiers da cidade de Recife.

Maria Lúcia Gomes (SP) – Pedagoga, Especialista em Psicopedagogia, Sociopsicomotricista Ramain-Thiers.

Maria Paula Costa Raphael (RJ) – Fonoaudióloga, Sociopsicomotricista Ramain-Thiers.

Marilene Verão (MS) – Psicóloga, Sociopsicomotricista Ramain-Thiers, Supervisora Ramain-Thiers da cidade de Campo Grande-MS e Belém-PA.

Solange Thiers (RJ) – Psicóloga, Psicanalista, Fonoaudióloga, Psicomotricista, Pedagoga, Diretora do CESIR - Núcleo Ramain-Thiers Ltda., Presidente da Sociedade Brasileira Ramain-Thiers-SBRT, Criadora da Metodologia Ramain-Thiers, Sócia Titular com especialização da Sociedade Brasileira de Psicomotricidade-SBP.

Sonia Aroucha (PE) – Psicóloga Clínica e Escolar, Sociopsicomotricista Ramain-Thiers.

Sonia Grubits (MS) – Psicóloga, Sociopsicomotricista Ramain-Thiers, Mestre em Psicologia Social pela PUC-SP, Doutora em Saúde Mental pela UNICAMP-SP, Pós-doutoranda em Semiótica, na Universidade Paris VIII, França, Coordenadora Ramain-Thiers da cidade de Campo Grande, Coordenadora do Curso de Mestrado da Universidade Católica Dom Bosco – UCDB.

Virgínia Chamusca (SP) – Psicóloga, Sociopsicomotricista Ramain-Thiers, Especializada em Psicoterapia Psicanalítica pelo INEF, Mestranda do Departamento de Psicologia da Faculdade de Educação da USP.

89,70